■新编高等院校经济类“十二五”规划系列教材

马克思主义哲学原理

主　编　徐文江　李凤龙　张洪亚
副主编　樊富强　吕　庆　朱晓星

中国商业出版社

图书在版编目(CIP)数据

马克思主义哲学原理 / 徐文江，李凤龙，张洪亚主编. —北京：中国商业出版社，2013.7
ISBN 978-7-5044-8120-7

Ⅰ.①马… Ⅱ. ①徐…②李…③张… Ⅲ.①马克思主义哲学 Ⅳ.①B0-0

中国版本图书馆CIP数据核字(2013)第116656号

责任编辑:蔡凯

中国商业出版社出版发行
010-63180647 www.c-cbook.com
(100053 北京广安门内报国寺1号)
新华书店总店北京发行所经销
北京燕龙印刷有限公司印刷

* * * *

*开本:787×1092毫米 1/16 印张:12.25 字数:280千字
2013年7月第1版 2013年7月第1次印刷
定价:29.80元

* *

(如有印装质量问题可更换)

编写说明

《马克思主义哲学原理》是各类高等院校重要的基础课程，也是对当代大学生进行世界观、人生观教育的重要理论基础。在当前形势下，我们在努力探索如何把马克思主义哲学思想与我们党的改革发展创新的理论有机结合，让当代大学生通过本书的学习，可以理论联系实际，实事求是地分析问题，正确处理好各种现实生活的实际问题，从而树立起正确的人生观、世界观、发展观，以便为我们国家的繁荣发展做贡献。

《马克思主义哲学原理》教学体系的编写坚持两个原则：一是坚持，既然讲马克思主义哲学原理，“原理”就是坚持哲学的基本原理；二是发展和创新，也就是在坚持辩证唯物观和历史唯物观的同时，也要实事求是地与时俱进，联系当前我国发展的实际情况，来进行分析和解读马克思主义的哲学原理。本教材尽可能地吸收学术界的教学研究新成果，以引导当代青年学子尊重科学，从而为传播马克思主义科学思想起到抛砖引玉的作用。

本书主要阐述了马克思主义哲学是科学的世界观和方法论、世界的物质性与人的实践把握、世界的普遍联系和永恒发展、世界联系和发展的基本规律、世界联系和发展的基本环节、认识的本质和过程、社会的本质和结构、社会发展规律和历史创造者等内容。

本书由武警北京指挥学院教研部徐文江（第一、二章）、武警北京指挥学院教研部李凤龙（第四、五章）、北京工业大学张洪亚（第六章）担任主编，由武警北京指挥学院樊富强（第三章）、吕庆（第七章）、朱晓星（第八章）担任副主编，由徐文江总纂。

尽管我们做了许多积极的准备和尝试，但由于水平有限，我们的主观愿望与实际成果之间，难免存在差距，希望广大读者多提宝贵意见。

编者

2013 年 7 月

◆目　录

第一章　马克思主义哲学是科学的世界观和方法论 …………………………（1）

第一节　哲学和哲学基本问题 ……………………………………（1）

第二节　马克思主义哲学及其特征 ………………………………（8）

第三节　马克思主义哲学与现时代 ………………………………（16）

第四节　学习马克思主义哲学的意义和方法 ……………………（23）

第二章　世界的物质性与人的实践把握 …………………………（32）

第一节　世界的物质统一性 ………………………………………（32）

第二节　意识的能动性 ……………………………………………（40）

第三节　人对物质世界的实践把握 ………………………………（44）

第三章　世界的普遍联系和永恒发展 ……………………………（58）

第一节　物质世界的普遍联系 ……………………………………（58）

第二节　物质世界的永恒发展 ……………………………………（65）

第三节　辩证决定论 ………………………………………………（70）

第四章　世界联系和发展的基本规律 ……………………………（75）

第一节　对立统一规律 ……………………………………………（76）

第二节　质量互变规律 ……………………………………………（83）

第三节　否定之否定规律 …………………………………………（86）

第五章　世界联系和发展的基本环节 ……………………………（92）

第一节　本质和现象 ………………………………………………（92）

第二节　内容和形式 ………………………………………………（94）

第三节　原因和结果 ………………………………………………（96）

第四节　必然性和偶然性 …………………………………………（97）

第五节　可能性和现实性 …………………………………………（100）

第六章　认识的本质和过程 ………………………………………（102）

第一节　认识的本质和特征 ………………………………………（102）

第二节　认识的辩证发展过程 …………………………………………………（110）
第三节　认识的真理性及其检验标准 …………………………………………（115）
第四节　辩证思维的基本方法 ……………………………………………………（123）

第七章　社会的本质和结构 ……………………………………………………（128）
第一节　社会历史观及其基本问题 ……………………………………………（128）
第二节　人类社会的产生及其本质 ……………………………………………（133）
第三节　人类社会的基本结构与形态 …………………………………………（140）

第八章　社会发展规律和历史创造者 …………………………………………（160）
第一节　社会发展的基本规律 …………………………………………………（160）
第二节　阶级斗争是阶级社会发展的直接动力 ………………………………（166）
第三节　科学技术革命是社会发展的重要动力 ………………………………（169）
第四节　人民群众是历史的创造者 ……………………………………………（173）

参考文献 …………………………………………………………………………（187）

◆第一章
马克思主义哲学是科学的世界观和方法论

马克思主义哲学是由马克思和恩格斯创立的哲学。它从诞生到现在的一百五十多年中，在世界文明大道上不断地总结、概括和吸收实践、科学和人类文化的一切积极成果，丰富和发展自己，因而是当代最富于生命力的哲学。它是工人阶级和一切进步人类为实现崇高理想而认识世界和改造世界的精神武器。学习马克思主义哲学，对于树立正确的世界观、人生观和价值观，自觉为中国特色社会主义伟大事业而奋斗，具有重大的指导意义。

第一节　哲学和哲学基本问题

一、哲学的性质和功能

要学习马克思主义哲学，先必须弄清楚什么是哲学。哲学是社会意识的一种形式，是一种专门的学问。早在原始社会就有了哲学的萌芽。但作为一种专门的学问，哲学是在奴隶社会才产生的。古代亚洲的中国和印度，古代欧洲的希腊和罗马，都有自己的富有特色的哲学。不过，当时在欧洲之外还没有“哲学”这个概念。① 在两千多年的发展演变历程中，由于时代特征、民族特点、文化背景、知识水平、阶级结构等等的不同，哲学探究的对象和重点也经常变化，经常“转向”，以至“什么是哲学”成了一个很不容易用定义式的简洁语言解释清楚的问题。但是，如果我们对哲学产生以来的实际情况作一番考察，就不难看出，哲学探究的总是人与世界的各种关系中最普遍最一般的关系，总是对整个世界(包括人自身)的总体的看法，因而是一种世界观。

但是，这并不是说任何一种世界观都能叫做哲学。世界观是每一个有相当生活经验的正常人都具有的，这是因为人们在同周围世界发生关系的过程中，除了形成对具体事物的看法之外，还会形成对整个世界的看法，这就是世界观。但是，有些人的世界观是自发的、凌乱的、无系统的，这样的世界观并不能算是哲学。又如，宗教也是一种世界观，也有相当的系统，但它不是靠事实材料和逻辑论证使人们信服它，而是以虚构的内容使人们盲目地信仰它，它也不是哲学。再如，原始社会的图腾崇拜，稍后出现的祖先崇拜，以及直到现在还存在的各种迷信，也是世界观，这些更说不上是哲学。一切哲学，哪怕是内容非常错误的哲学，

---

① “哲学”一词是 philosophia 的汉译，原意为“爱智慧”。这种学问在中国古代叫“玄学”、“道学”、“理学”，在印度叫“察”、“见”、“探究之学”。19 世纪日本哲学家西周用“哲学”一词译 philosophia，经中国晚清学者黄遵宪传入中国，得到公认，遂有此名。

总要概括相当的事实材料（包括科学成果），用概念和命题来进行逻辑论证，构成自己的理论系统。否则，就不成其为哲学。可见，哲学并不是随便一种世界观，而是系统化和理论化的世界观，或者说是世界观的理论体系。

哲学与各门具体的科学知识有什么不同呢？哲学与具体科学的不同不仅在于研究范围的广度不同，而且还在于所关注的问题的层次不同。具体科学在研究特定对象的时候，是把一些前提性的问题当做不言而喻的当然道理加以“预设”或“承诺”的，而哲学却恰恰要对这些前提性的问题进行穷根究底的追问和探索。自然科学对自然现象的描述和对自然规律的揭示，属于具体科学知识。但是，自然界究竟是独立于意识之外的客观存在，还是人的精神或神的意志的产物？自然规律究竟是自然现象本身的必然联系，还是理性的创造？人的理性有没有能力认识自然规律？这些都是哲学问题。历史学对通史、断代史、国别史乃至历史事件、历史人物的研究成果属于具体科学知识。但是，历史究竟有没有规律？如果没有，历史又是怎么运行的？如果有，这种规律与自然规律有没有区别？区别何在？历史规律与人的自觉活动有什么关系？人能不能对历史的发展变化作出选择？这种选释的幅度有多大？个人与群体在历史上的作用如何？这些也都是哲学问题。人类学、民俗学对风俗习惯、文化传统、生活样式等等的研究成果属于社会科学知识。但是，有没有普遍的人性？人性是与生俱来的还是后天获得的？是一成不变的还是发展变化的？是什么原因引起人性的发展变化？这些都属于哲学问题。而且，“什么是科学”这个问题本身也是一个哲学问题。当然，哲学的结论在某种意义上也是一种知识，但它不是关于局部现象的知识，而是关于整个世界的知识，特别是关于一切知识的前提性问题的知识。

在这里，有两个问题需要加以说明:第一，哲学在早期曾经是知识的总汇。那时，有许多本来不属于哲学的具体科学知识也混杂在哲学里面，以哲学的名义出现。这并不能说明哲学与具体科学知识没有区别。随着实践和认识的发展，那些本来不属于哲学的具体科学知识逐渐从哲学中分化出来，形成了各门具体科学，而哲学本身也就凸现出来，与具体科学的界限愈来愈明晰了。第二，具体科学的研究不可能完全不涉及哲学问题，有时甚至还会提出新的哲学问题。例如，当代迅猛发展的科学技术就提出了许多非常重大的哲学问题。但是，这并不表明科学就是哲学。对具体科学提出的哲学问题的回答仍然是哲学而不是具体科学。如果科学家来回答这些问题，那么他此时的身份就不是科学家而是哲学家。

有些不了解哲学的人常常提出“哲学有什么用处”的问题。提问者所理解的“用处”实际上是指具体知识的功能。要求哲学像某一门具体知识那样去直接“解决”具体问题，是对哲学的性质和功能的误解。确实，哲学不能提供造桥的知识、治病的知识、办案的知识，甚至连补鞋的知识也不能提供。对于这些问题，哲学一个也“解决”不了，可以说是“无用”之极。但是，要求哲学具有这样的“用处”本身就是不合理的，因为它本来就没有这样的功能。那么，哲学的功能何在呢？就在于为人们提供系统化和理论化的世界观，从而为人们提供观察和处理问题的方法论。

人们无论观察和处理什么问题都不可能没有一定的方法（method）。方法是多种多样的，有非常具体的解决某一种特殊问题的技术性的方法，有解决某一类问题的普遍性较大的方法，也有解决一切问题都离不开的最普遍的方法。这种最高层次的方法就是哲学意义上的方法。这种方法不一定被每个人自觉地运用，有些人甚至没有意识到自己在运用着某种方法。但是，方法实际上在影响着他的思想和行为。关于方法的哲学理论就是方法论（methodology)。方法论不是由人们任意规定的，它取决于世界观。人们有什么样的世界观，对世界的总体看法如何，就会依据这种看法形成一套关于应当怎样对待周围世界和对待自己、怎样观察问题和处理问题的理论。这就是方法论。有了一定的方法论作指导，人们运用方法就有了自觉性。方法和方法论虽然并不能直接“解决”具体问题，但是“解决”一切具体问题都离不开它。作为世界观和方法论的统一，哲学的功能就在于为人们的理想、信念、道德、情操乃至整个立身处世的态度提供理性精神支柱和理论导向。这种功能是任何别的思想或理论体系所不具备的。

哲学虽然都表现为哲学家的作品，具有哲学家个人的风格和特性，但是真正的哲学又都是反映一定的时代精神的。马克思说：“任何真正的哲学都是自己时代精神的精华。”①哲学以高度抽象的形式反映着一定时代人们普遍关注的问题，并凝结着一定时代人们最精致、最珍贵和看不见的思想精髓，因而具有鲜明的时代性。离开了时代的特征和要求就不能理解哲学。同样，与时代的特征和要求背道而驰的哲学也不是马克思所说的“真正的哲学”。但是，任何真正的哲学又不是过眼烟云，它必定包含着作为人类认识史的积极成果的内容，这些内容可以超越自己产生的时代而成为人类永恒的精神财富。古代希腊罗马的哲学和春秋战国时期的中国传统哲学是反映那个时代的哲学，离现在两千多年了，但它们的思想精华仍然活在现代人的精神世界里。

在有阶级存在的社会里，哲学亦有阶级性。哲学家总是隶属于一定的阶级的，不可能不受阶级利益和倾向的影响，不可能不用阶级的眼光看世界。这是一个客观事实，并不会因为哲学家本人承认与否而改变。但是，这并不是说所有的哲学家都在自觉地编造出一套体系来为自己的阶级利益做辩护，而是说哲学家在理论上得出的结论事实上总是渗透着一定阶级的利益、要求和倾向，因而无法超出一定阶级的眼界。哲学是以高度抽象的形式反映世界的，它比政治思想、经济思想、法律思想等其他意识形态离经济基础更远，其与阶级利益的联系往往要通过许多复杂的中间环节，大量的哲学命题并不直接论及阶级利益。哲学的阶级性是通过哲学的总体倾向以及它的社会作用体现出来的。哲学的阶级性也并不排斥它具有全人类的内容。凡是在哲学史上值得一提的哲学，即使它反映特定阶级的利益、带有特定阶级的感情和偏见，也或多或少包含着可以为全人类利用的智慧。不同阶级的哲学之间的对话、借鉴和继承之所以可能，就是因为哲学不仅有阶级性，而且有全人类性。掩盖和抹杀哲学的阶级性，或者简单化地理解哲学的阶级性，都会歪曲哲学的实际情况。

哲学还具有强烈的民族性。各民族的生存状况、文化背景、理想信念等都凝聚在哲学的内容和形式中。哲学思想是世界性的，是超越国界和民族界限的。但这不等于说哲学没有民族特色。即使对外来哲学的吸取也要经过民族化的过程才能在本民族生根。没有民族特色的哲学不能成为世界哲学的一部分，正如没有民族特色的文学不能成为世界文学的一部分一样。哲学的民族性不仅不与世界性相抵触，而且正是它具有世界性的必要条件。哲学对民族至关重要。它既是民族精神的升华物，又是民族精神的铸造者。它是一个民族思维水平和创造能力的集中标志，是民族的灵魂和精神支柱。没有哲学思想的民族是不能在人类思想史上留下伟大足迹的。中国是世界哲学的发源地之一，中国哲学有两千多年灿烂的历史，有极其深刻丰富的内容和独特的风貌，体现着中国人民自强不息的奋斗精神和为人处世的大智大睿。它

① 《马克思恩格斯全集》第1卷，人民出版社1956年版，第121页。

不仅是维系中华民族的最深层的精神纽带，也为世界哲学作出了一份杰出的贡献。马克思主义哲学传入中国以后，与中国革命建设的伟大实践和中国传统哲学的优秀成分相结合，形成了毛泽东哲学和邓小平哲学，这是中国化了的马克思主义哲学，也是马克思主义化了的中国哲学。这就是当代中国的主流哲学和中华民族的精神支柱。

二、哲学的基本问题

哲学研究的问题极其广泛而且经常变动，不同时代、不同民族、不同流派的哲学研究的问题往往大不相同，对同一问题研究的侧重点也很不一样。一部哲学史往往呈现出纷繁复杂的景观，使人眼花缭乱。但是，正如恩格斯精辟概括的："全部哲学，特别是近代哲学的重大的基本问题，是思维和存在的关系问题。"①用别的术语来表述，也可以称为精神与物质、意识与物质、主观与客观、心与物等等的关系问题。这个问题是贯穿于全部哲学发展过程的不可回避、也不能取消的问题。这不是任何人为的规定，而是客观的事实。

为什么不是别的问题，而恰恰是思维与存在②的关系问题成为哲学的基本问题呢？

说到底，这是由人类活动的性质和哲学的性质决定的。

人类从动物界分化出来之后，一方面仍然隶属于自然界，是自然界的一部分；另一方面又与自然界相对立，具有能够按照自己的需要改造自然的本质力量。人与一般动物的根本区别，就在于不是依靠本能消极地适应自然，而是依靠意识的力量有目的、有计划地改造自然，获取物质生活资料，来满足不断增长的需要。人类从制造第一把石斧的蒙昧时代到现在知识经济的时代，生存方式的变化之巨大是毋庸置疑的。但无论变化如何巨大，人类进行的一切活动始终仍然是认识世界和改造世界两件大事。要认识世界和改造世界，就必须每时每刻处理自己的思维与各种各样的外界事物的关系问题，否则无法实现自己的目的，满足自己的需要。不过，在远古时代，人们的思维水平很低，还只能在每一具体的活动中考虑思维与具体对象的关系，例如在采集、渔猎、种植活动中考虑自己的目的、计划、方案与外界对象的关系。随着生产力的发展和脑力劳动的专门化，人们就有可能把在亿万次实践中遇到的问题从特殊形态中抽象出来作寻根究底的思考，这就提出了思维与存在的关系问题。而哲学这一专门学问也就是由于思考这个问题才产生的。古代希腊罗马和中国都探究过世界的"本原"问题、认识的能力问题，这些都是思维与存在的关系问题的表现形式。虽然这个问题只是到了近代才具备鲜明的面貌，但问题本身却早就产生了，因为它是人类进行任何活动都不能不遇到的最普遍的问题，并且只要人类存在着，这个问题就存在着，就得探究下去。这就是思维与存在的关系问题成为哲学的基本问题的最根本原因。

此外，从哲学体系内部的结构看，思维与存在的关系问题也必然成为哲学的基本问题。哲学本来就是由于探索思维与存在的关系问题的需要才产生的，正是为了解释这个问题才不能不涉及许多其他问题，才形成了内容丰富的各种哲学体系。哲学的发展出现了很多分支，很多专门问题。有些问题好像不涉及思维与存在的关系问题。但如果仔细分析一下就可以发现，没有一个哲学问题是可以离开这个问题而孤立地得到解决的。它仍然是解决一切专门问

① 《马克思恩格斯选集》第4卷，人民出版社1995年版，第223页。

② 在这里，"思维"不是专指理性思维，而是泛指一切意识，与"意识"同义；"存在"则是指意识之外的一切客观实在，与"物质"同义。

题的前提和归宿。有些哲学家总想甩掉思维与存在的关系问题，多次宣布它是一个无意义的“伪问题”，可是它像幽灵一样缠住他们，就是驱赶不掉，就是要逼着他们作出回答，否则他们的理论就无法自圆其说，许多人绕了一个大弯子之后也还是不得不作出“本体论的承诺”，实际上还是回避不了这个问题。

三、哲学派别的划分

根据恩格斯的概括，思维与存在的关系问题包括两个重要方面。第一方面是：思维与存在（即意识与物质）何者是本原的，何者是派生的？或者说，何者是第一性的，何者是第二性的？

按照对这个问题的不同回答，哲学就划分为两大派别。凡认为物质是世界的本原，意识是物质的派生物，即坚持物质第一性、意识第二性的哲学，就属于唯物主义（materialism）。凡认为意识是世界的本原，物质是意识的派生物，即坚持意识第一性、物质第二性的哲学，就属于唯心主义（ideal - ism）。

有一种看来好像介于唯物主义与唯心主义之间的派别，就是二元论（dualism）。二元论认为意识和物质两者都是本原，它们各自独立，互不联系，平行发展，都是有限实体。但它们最后都统一于上帝这个无限实体。所以二元论最终还是倒向唯心主义。

唯物主义和唯心主义这两个哲学名词的含义本来就是如此。如果赋予其他的含义，就会造成混乱，得出荒谬的结论。有的人把唯物主义解释为只重视物质的作用而不重视精神的作用的学说，甚至把它说成是鼓吹物欲的学说；而把唯心主义解释为特别重视崇高的精神、重视人格力量的学说。这完全是歪曲。唯物主义和唯心主义的分歧仅仅在于对物质与意识何者是世界本原这一问题的回答上，至于对意识的作用如何估计，则完全是另一个问题。唯物主义从来没有低估意识的作用，而只是对它的作用给以唯物主义的解释，把它放在现实的基础上，反对把它夸大成脱离物质的独立实体而已。

唯物主义在历史上有许多具体形态。古代的唯物主义是朴素的唯物主义。它们把物质的某种或某几种具体形态说成世界的本原，或者把想像的某种物质实体说成世界的本原。例如古希腊的哲学家把“水”、“火”、“原子”等等说成是世界的本原；中国古代的哲学家把“五行”（金、木、水、火、土）或“气”等等说成是世界的本原。近代的西方唯物主义是机械的唯物主义，它们认为当时已知的最小实物粒子就是世界的本原。这些具体看法现在看来当然显得很幼稚，在科学上也是错误的。今天的中学生都可以嘲笑他们的错误。但是，在这些看法中却贯穿着一条正确的哲学路线，就是坚持认为物质世界是不依赖于意识而独立存在的，它不是人的意识的产物，也不是“神”的创造，而意识倒是物质的产物。这一点已经亿万次地被实践和科学所证实。现代科学已经确切地证明，意识不过是人脑的机能，没有脱离了人脑的意识；人是自然界长期发展的产物，在人类出现以前并没有意识，但自然界早已存在。所以，唯物主义关于物质第一性、意识第二性的观点是完全正确的。而唯心主义无论采取什么精巧的说法，变换多少名词，在坚持意识第一性、物质第二性这一点上是完全错误的。

既然如此，每一个精神正常的人就应当都是唯物主义者了。那么，为什么历史上和现实中都有大量的唯心主义哲学，而在实践中按照唯心主义的世界观和方法论行事的更是大有人在呢？这是因为唯心主义有它深刻的认识根源和社会根源。

从认识根源看，在远古的时候，人们还不了解自己身体的构造，不了解做梦的生理机制，不懂得自己的意识是自己头脑的机能，误认为意识是从外界注入肉体而又可以离开肉体独立活动的灵魂。这是蒙昧时代唯心主义萌芽的认识根源。随着社会的进步，这种蒙昧观念虽然消失了，但唯心主义还有深刻的认识根源支撑着。人脑对客观世界的反映不是镜面式的直线式的反映，而是能动的曲线式的反映，是一个充满矛盾的复杂过程。这个过程中的任何一个阶段、片断、因素、成分都可能被夸大成为脱离物质的东西，从而引出唯心主义的结论。例如，如果把认识过程中感觉的成分夸大成了脱离物质的东西，就会陷入主观唯心主义；如果把概念的成分夸大成了脱离物质的东西，就会陷入“客观”唯心主义。而且，人们无论进行什么活动都离不开意识的作用。甚至当你谈到某物在意识之外的时候，此物就已经在你的意识之中。这就很容易使人认为不存在独立于意识之外的物质世界，并进而认为意识是物质世界的创造者。同时，人们做事情总是出于某种动机、具有某种目的的，人们很容易自觉到自己的动机和目的，但是动机和目的背后的物质原因却往往容易被人忽略，以致把动机和目的当成了不依赖于物质的自生的东西。凡此种种，都使人们有滑到唯心主义歧路上去的可能。在科学高度发达的现代之所以仍然有唯心主义存在，甚至有些科学家也信奉唯心主义，是与这种认识根源分不开的。

此外，唯心主义还有它的社会根源。一般说来，进步的阶级和社会集团，由于它们的利益与社会发展的客观要求相一致，因此它们敢于直面客观世界，不惧怕按照世界的本来面貌认识世界和改造世界，代表这些阶级和集团利益的哲学家也就有这种倾向，因而比较容易采取唯物主义的立场。反之，没落的阶级和社会集团，由于它们的利益与社会发展的客观要求相抵触，总想掩盖客观世界的真相，代表这些阶级和集团利益的哲学家也就有这种倾向，因而比较容易采取唯心主义的立场。当然，这只是一般情况，不能当做公式来套。对每一种唯心主义的社会根源必须根据当时的历史情况作具体分析，不可一概而论。但它们都有一定的社会根源，则是无疑的。

在世界的本原问题即思维与存在、意识与物质何者是第一性的问题上，唯物主义是绝对正确的，唯心主义是绝对错误的。承认“意识第一性、物质第二性”的唯心主义命题，就等于断言“没有人脑也可以有思想”、“在人类出现以前地球并不存在”。所以，如果我们不想使自己陷于荒谬的话，就必须坚持唯物主义，反对唯心主义。这是没有什么调和余地的。

但是，在具体分析各种唯物主义哲学和唯心主义哲学的时候，也不能采取简单化的态度。这是因为，任何哲学都不仅仅是对“物质和意识何者是本原”这一问题的回答，而是由一系列推理和论断构成的体系，因而往往呈现出很复杂的情况。有的哲学体系的前提虽然是唯物主义的，但其体系中也包含着唯心主义的成分；有的哲学体系的前提虽然是唯心主义的，但其体系中也包含着唯物主义的成分。有的唯物主义哲学虽然总方向是正确的，但也包含着缺陷和错误；有的唯心主义哲学虽然总方向是错误的，但它提出的某些概念、命题、论断和方法却可能包含着合理成分，甚至有非常深刻的意义。例如，黑格尔的哲学就是一个庞大的唯心主义体系，它把所谓“绝对观念”说成世界的本原是完全荒谬的。但是，黑格尔哲学的辩证法思想比许多不懂辩证法的唯物主义哲学深刻得多，丰富得多，以至它成了马克思主义哲学的直接来源之一。可见，不能因为一种哲学唯物主义地回答了意识与物质的关系问题，就认为它的一切论断都是正确的；也不能因为一种哲学唯心主义地回答了这个问题，就认为它的一切论断都是错误的。

思维与存在的关系问题还有第二个方面，那就是：思维能不能认识存在？能不能正确地反映存在？用哲学的语言来说，就是思维与存在有没有同一性的问题。

这个问题也叫做世界可知性问题。凡认为思维能够认识存在的哲学，被称为可知论；凡认为思维不能认识存在的哲学，被称为不可知论。从哲学史上看，绝大多数哲学都是可知论。唯物主义哲学都是可知论，彻底的唯心主义哲学也是可知论。

在唯物主义看来，世界是统一于物质的，除了物质世界以外，并不存在另一个“彼岸”世界；思维并不是脱离物质的独立实体，而是物质世界长期发展的最高产物即人脑的机能，这种机能就是反映物质世界的机能，提供物质世界正确映象的机能。如果思维不能正确地反映物质世界，人类就不可能实现任何目的，就不可能生存。因此，世界上只有现在还没有被认识的事物，而没有原则上不可能被认识的事物。这是一切唯物主义的共同观点。当然，从现代科学的观点看，辩证唯物主义以前的唯物主义（古代的朴素唯物主义和近代的机械唯物主义）对世界可知性的具体解释并不都是正确的。它们有两个共同的缺点：第一是没有实践观点，不了解思维对存在的反映是在实践基础上的积极的能动的反映，而把它理解为消极被动的照镜子式的反映。第二是没有辩证观点，不了解思维对存在的反映是一个充满矛盾的由浅入深的过程，而把它理解为机械性的一次性完成的动作。这就使许多复杂的思维现象得不到合理的解释，为不可知论留下了可乘之隙。但它们在肯定物质世界可知这一点上是正确的。辩证唯物主义由于从实践的观点和辩证的观点来考察认识问题，克服了以往唯物主义的共同缺陷，才使物质世界的可知性问题得到了科学的说明和彻底的解决。

彻底的唯心主义也肯定世界的可知性。客观唯心主义的重要代表人物黑格尔就是一位可知论者。黑格尔认为，在自然界和人类出现之前就存在着一种独立的“客观”精神，即“绝对观念”，它是世界万物的创造者。“绝对观念”经历了一系列的发展环节就“外化”为自然界，自然界又经过一系列的发展环节就产生了人类和人的精神。人的精神又经过一系列的发展环节，终于在黑格尔的哲学里完满地认识了“绝对观念”。在黑格尔看来，人的精神不过是“绝对观念”发展的一个阶段，人们认识世界就是“绝对观念”自己认识自己。而这当然是不成问题的。因为正如恩格斯指出的，“要证明的东西已经默默地包含在前提里面了”。[①] 再如，主观唯心主义的重要代表人物贝克莱也是一位可知论者。贝克莱认为，“物是感觉的集合”，“存在就是被感知”。在他看来，感觉和感觉的对象、思维和存在本来就是同一个东西，世界当然是可知的了。显然，唯心主义讲的世界可知，并不是“知”的思维之外的物质世界，而是思维自己在“知”自己。这与唯物主义的可知论是有原则不同的。

不可知论就是否认思维与存在的同一性、否认人们能够认识世界的哲学理论。其代表人物是18世纪英国哲学家休谟和德国哲学家康德。休谟认为，被人们叫做“外物”的东西，不过是知觉、印象和观念。至于在知觉、印象和观念“之外”有没有别的东西存在（不管是物质还是精神），这个问题是不可能解决的，因为无论要肯定地或否定地回答这个问题，都只能诉诸经验，而经验仍然是知觉、印象和观念，并不能回答在它们“之外”有没有别的东西的问题。康德的不可知论是在休谟的影响下产生的。他与休谟不同，并不否认意识之外的客观世界的存在，但他认为人们关于客观对象的感觉和表象（他称之为“现象”）与对象本身（他称之为“自在之物”）完全不同。这是因为，人有一套先天的认识形式（他称之为“先天的直观形式”和“先天的思维形式”），当对象作用于“我”的时候，“我”的这些先天认识形式就把获得的印

① 《马克思恩格斯选集》第4卷，人民出版社1995年版，第225页。

象加工成与对象本身不同的东西了。因此，人们认识到的只是事物的现象，而不可能是事物本身。休谟和康德的不可知论对后世的影响很大，直到现在西方哲学中还有许多流派以各种不同的形式继续发挥他们的不可知论。

对哲学基本问题的两个方面的相反回答形成了唯物主义与唯心主义、可知论与不可知论的斗争。这两种斗争当然不是等同的，但它们之间有密切的联系。只有从唯物主义的前提出发，才可能科学地解决世界的可知性问题。从唯心主义的前提出发，虽然也可以论证世界的可知性，但它所"知"的"世界"并不是指的客观的真实的物质世界，而是指的虚构地脱离了物质的精神世界。这样的"世界"并不存在，以这样的方法来"解决"世界可知性问题实际上等于没有解决。同样，也只有解决了世界可知性的问题，才可能彻底说清人们的思维反映的确实是思维之外的客观物质世界，把唯物主义的前提坚持到底。如果采取不可知论的观点，那就只能把思维之外有没有客观物质世界说成不可能回答的问题，结果只能是否定唯物主义而陷入唯心主义。

除了哲学基本问题的两个方面决定的唯物主义与唯心主义、可知论与不可知论的对立之外，还有贯穿于这两个方面的辩证法与形而上学①的对立。这种对立是关于世界的存在状态以及用什么方法观察和思考世界的看法上的对立。在辩证法看来，世界是各种事物相互依赖、有机联系的整体，没有孤立的事物；任何事物都是运动、变化、发展着的，都有发生、发展和灭亡的过程，没有永恒不变的事物；事物发展变化的根本原因是事物内部的矛盾，外部矛盾也起着重要作用。因此，观察和思考任何对象的时候都应当用普遍联系的观点、发展变化的观点看问题，用矛盾分析的方法看问题。形而上学则与此相反，认为世界是彼此孤立的事物的堆砌；事物是永恒不变的，至多只有数量的变化和场所的变更，而没有实质的变化；事物内部也没有矛盾。因此，形而上学观察和思考对象的方法是孤立地、静止地、片面地看问题的方法。辩证法与形而上学的对立是与唯物主义和唯心主义的对立交织在一起的（与可知论和不可知论的对立也有关系）。有形而上学的唯心主义和辩证的唯心主义，也有形而上学的唯物主义和辩证的唯物主义。但是，辩证法本质上是与唯物主义一致的，只有辩证法才符合世界的本来面貌。当唯物主义与形而上学结合在一起时，这种唯物主义必定不能贯彻到底。马克思以前的唯物主义的命运就是如此。同样，当辩证法附着于唯心主义体系时，这种辩证法最终也必然会被窒息。黑格尔的唯心主义辩证法的命运就是如此。

第二节　马克思主义哲学及其特征

一、马克思主义哲学的产生与发展

（一）马克思主义哲学产生的历史必然性

马克思主义哲学的诞生，标志着人类哲学思维发展进入到一个崭新的阶段，是哲学史上的一次伟大变革。发生在19世纪40年代的这次哲学革命并不是偶然的，而是当时社会政治

① "形而上学"（metaphysics）直译为"物理学之后"，原为古希腊亚里士多德的一部著作的书名。后来的哲学家们就以这个名词来泛指不同于实证科学的学问，与哲学同义。黑格尔在他的著作中以这个名词指称反辩证法的思维方法。马克思、恩格斯也在这种含义上使用"形而上学"一词。此处即取此义。

与经济发展、自然科学的巨大进步和哲学理论自身发展的必然产物。

第一，社会历史条件。19 世纪 40 年代，欧洲资本主义已经进入了较高的发展阶段，机器化大生产提高了生产社会化程度，同时使资本主义的固有矛盾日益加深。以往隐藏在政治变革背后起决定作用的经济因素明朗化、阶级关系趋向简单化、社会生活急剧变动等等，都使社会历史发展的唯物辩证性质得到了充分的表现。成熟的资本主义生产方式孕育了成熟的无产阶级。欧洲无产阶级已经从一个自在的阶级逐渐成长为一个自为的阶级，形成为一支独立的自觉反对资本主义的强大力量。从 19 世纪 30 年代开始，欧洲先后爆发了法国里昂工人起义、英国宪章运动、德国西里西亚纺织工人起义，震撼了资本主义的统治，表现了无产阶级打碎旧世界、创立新社会、变奴隶为主人的决心和创造历史、改造世界的作用。生活于这个时代，处在资本主义矛盾尖锐地区的马克思、恩格斯，随着他们的思想和立场的转变，越来越意识到必须创立一种新的哲学作为工人运动的理论支柱。

第二，自然科学前提。资本主义大工业的发展，推动了自然科学的迅速发展。19 世纪中叶，自然科学已经从分门别类“搜集材料的科学”逐步转变为“整理材料的科学”，原来认为自然界绝对不变的形而上学观点，连续遭到了自然科学新发现的冲击，这就为人们全面、准确地把握物质世界的整体特性提供了可能。康德的“星云假说”打开了形而上学自然观的第一个缺口，生动地论证了宇宙的空间联系和天体演化过程；接着，地质学、胚胎学、动植物生理学、有机化学等新学科陆续建立和发展起来，特别是细胞学说、能量守恒和转化定律以及达尔文生物进化论等三大科学发现，具有划时代的意义。细胞学说的哲学意义在于，它说明了植物、动物和人之间不是各自孤立、彼此无关的，而是有着共同的结构和发展规律，从而证明了自然界的联系性和统一性。能量守恒和转化定律的哲学意义在于，它证明了自然界中一切运动形式都不会凭空产生和消失，都遵循着一定的规律进行转化。因此，运动形式既是多样的，又是客观的、统一的。达尔文生物进化论的哲学意义在于，它证明了有机界中的全部植物、动物和人都是从无机界进化而来的，证明了物质世界的发展是一个从低级到高级、由简单到复杂的过程，证明了整个世界的物质统一性，从而有力地驳斥了物种不变的形而上学观点和宗教唯心主义关于上帝造物的理论。正如恩格斯所说：“由于这三大发现和自然科学的其他巨大进步，我们现在不仅能够说明自然界中各个领域内的过程之间的联系，而且总的说来也能说明各个领域之间的联系了，这样，我们就能够依靠经验自然科学本身所提供的事实，以近乎系统的形式描绘出一幅自然界联系的清晰图画。”①

第三，思想理论来源。以亚当·斯密和大卫·李嘉图为代表的英国古典政治经济学，特别是他们的劳动价值论；19 世纪法国复辟时期的历史学家基佐、米涅、梯叶里关于阶级斗争作用的论述；19 世纪初以圣西门、傅立叶、欧文为代表的法国、英国空想社会主义学说，都为马克思主义哲学的创立作了理论上的准备。而德国古典哲学，主要是黑格尔辩证法和费尔巴哈唯物主义，则是马克思主义哲学的直接理论来源。

黑格尔辩证法的合理内核是：把整个自然、历史和精神的世界看成是一个不断运动、变化和发展的过程，矛盾是发展的源泉和动力。从量变到质变的发展形式和从肯定到否定，再到否定之否定的发展道路，以及把辩证法应用于认识过程从而揭示概念的矛盾运动的思想。但黑格尔辩证法不仅是唯心主义的，而且是不彻底的。因为他讲的运动和发展说到底是绝对观

① 《马克思恩格斯选集》第 4 卷，人民出版社 1995 年版，第 246 页。

念的运动和发展，自然界和人类社会的运动和发展只是概念运动的表现。他认为，人类认识的发展有终点，真理有顶峰，这个终点和顶峰就是黑格尔哲学；同时，社会历史的发展也有一个顶点，这就是普鲁士王国。

费尔巴哈批判了黑格尔的唯心主义，恢复了唯物主义应有的权威，认为世界在本质上是物质的，在惟一现实的物质世界之外不存在任何东西。但他同时抛弃了黑格尔的辩证法，陷入了形而上学自然观和唯心主义历史观。

第四，主观条件。马克思、恩格斯站在无产阶级立场上，具有为无产阶级和人民大众争取解放的革命精神；具有投身于现实之中、变革社会的实践精神；具有渊博的科学知识、严谨的科学态度、严密的科学方法和开拓创新的科学精神。他们总结了工人运动的实践经验，概括了科学发展的成就，经过艰辛的理论探索，批判地继承了人类思想发展的全部优秀成果，特别是创造性地继承和改造了德国古典哲学。

马克思、恩格斯抛弃了黑格尔的唯心主义体系，批判地吸收了其辩证法思想的“合理内核”，把黑格尔的概念辩证法改造为现实世界辩证运动的反映，“重新唯物地把我们头脑中的概念看作现实事物的反映，而不是把现实事物看作绝对概念的某一阶段的反映。这样，辩证法就归结为关于外部世界和人类思维的运动的一般规律的科学”。①同时，马克思、恩格斯把黑格尔的辩证法贯彻到了包括认识和历史在内的一切领域，认为整个世界都是不断运动、变化和发展的，世界不是一成不变的事物的集合体，而是过程的集合体。我们对世界的认识也是无限的，没有终点和顶峰，其中各个似乎稳定的事物以及它们在我们头脑中的思想映像即概念，都处在生成和灭亡的不断变化中。由此可见，马克思、恩格斯对黑格尔哲学采取了科学的态度，即批判了其唯心主义形式，继承改造了其辩证法的合理内核，把黑格尔唯心辩证法改造为唯物辩证法，把黑格尔不彻底的辩证法改造为彻底的辩证法。他们抛弃了费尔巴哈的形而上学和历史唯心主义，批判地吸收了其唯物主义的“基本内核”，认为黑格尔的“绝对观念”之先于世界的存在，“不外是对超世界造物主的信仰的虚幻残余”；“物质不是精神的产物，而精神却只是物质的最高产物”。

在此基础上，他们把唯物主义和辩证法、唯物辩证的自然观和唯物辩证的历史观有机结合起来，创立了马克思主义哲学。

总之，19 世纪上半叶的政治、经济发展状况，自然科学发展的水平，哲学自身的发展，都表明马克思主义哲学的产生是历史的必然。如果没有马克思、恩格斯，肯定会出现另外的杰出人物来完成这一历史任务的。可是马克思和恩格斯恰好出生在这个时代、这个地区，而且他们本身就是出类拔萃的杰出人物。因此，由马克思和恩格斯来完成这个历史任务并以马克思的名字来命名这种哲学，就毫不奇怪了。

（二）马克思主义哲学的形成与发展

第一，形成、完善时期。

马克思、恩格斯是马克思主义哲学的创始人，马克思主义哲学的形成过程，是马克思、恩格斯经过长期的理论探索不断实现思想升华而最终创立新世界观的过程。

1837 年至 1842 年初，是马克思、恩格斯青年时代的探索阶段。这个阶段，他们在政治上

---

① 《马克思恩格斯选集》第 4 卷，人民出版社 1995 年版，第 243 页。

坚持革命民主主义立场，世界观上属于青年黑格尔派唯心主义。但从一开始他们就反对鲍威尔等人的纯粹理论批判，而主张哲学批判与政治批判、理论与现实相结合；他们都强调辩证法的能动性、革命性原则，表达了独立和自由的革命要求，提出了战斗无神论思想，表现出实践的、批判的革命精神。

1842 年至 1844 年，是马克思、恩格斯思想两大转变时期，即从唯心主义到唯物主义、从革命民主主义到共产主义的转变。马克思在《莱茵报》上发表一系列政论性文章，揭露封建专制国家的实质，认识到经济关系、物质利益对国家政治法律制度的决定作用。1843 年，马克思在《(黑格尔法哲学批判)导言》中批判了黑格尔的唯心主义国家观。第一次提出了“市民社会”决定国家这一接近唯物主义历史观的结论，这时，马克思已经开始自觉地向唯物主义和共产主义转变。1844 年《德法年鉴》期间是马克思实现思想转变的决定性环节。在《论犹太人问题》、《〈黑格尔法哲学批判〉导言》及其他文章和书信中，马克思确立了新世界观的初步原则，主张要对现存的一切进行无情的批判，在批判旧世界中发现新世界。恩格斯 1842 年来到当时经济最发达的英国，考察了英国的经济、政治关系，了解了英国的状况，同时，研究了英国古典政治经济学和空想社会主义学说。在此基础上，恩格斯在一系列文章，尤其是在《政治经济学批判大纲》中，得出了与马克思基本一致的政治和哲学观点。他指出，只有消灭资本主义私有制，才能过渡到共产主义。他批判了英雄史观，提出了群众史观。由此可见，马克思和恩格斯在 1844 年几乎同时完成了思想的两大最终转变，为马克思主义哲学原理的创立奠定了基础。

1844 年至 1848 年，是马克思主义哲学基本原理创立时期。《1844 年经济学—哲学手稿》是系统创立马克思主义哲学基本原理的开端。在这部著作中，马克思彻底批判了黑格尔辩证法及整个哲学的唯心主义神秘性、不彻底性，并且考察了劳动和物质生产在个人和社会发展中的决定作用。马克思、恩格斯在《神圣家族》中，批判了青年黑格尔派鲍威尔等人的唯心史观，指出：物质生产是历史的发源地，在社会生活中起决定作用；无产阶级能够而且必须自己解放自己。列宁认为，这部著作“奠定了革命唯物主义的社会主义的基础”。① 1845 年，马克思在《关于费尔巴哈的提纲》一书中阐明了马克思主义哲学与一切旧唯物主义的本质区别，把实践看作是马克思主义认识论和社会历史观的基础，并批判了费尔巴哈的抽象人性论。这个提纲被恩格斯称为“包含新世界观的天才萌芽的第一个纲领性文件”。马克思和恩格斯在《德意志意识形态》中，第一次使用了“唯物主义历史观”这个概念，并比较明确、系统地阐述了唯物史观的基本原理，奠定了唯物主义历史观的基础。这标志着马克思“第一个伟大发现”的初步完成。马克思《哲学的贫困》一书批判了蒲鲁东的观点和方法，揭示了资本家剥削工人的秘密，奠定了剩余价值学说的基础，从而初步完成了他的“第二个伟大发现”。1848 年问世的《共产党宣言》“以天才的透彻而鲜明的语言描述了新的世界观，即把社会生活领域也包括在内的彻底的唯物主义、作为最全面最深刻的发展学说的辩证法、以及关于阶级斗争和共产主义新社会创造者无产阶级肩负的世界历史性的革命使命的理论”。② 这就是说，《共产党宣言》第一次系统地阐述了马克思主义思想体系，成为马克思主义及其哲学诞生的标志。

1848 年至 1895 年，是马克思主义哲学完善时期。马克思、恩格斯在《1848 到 1850 年的

---

① 《列宁选集》第 1 卷，人民出版社 1995 年版，第 92 页。

② 《列宁选集》第 2 卷，人民出版社 1995 年版，第 416 页。

法兰西阶级斗争》等著作中，丰富和发展了无产阶级革命和无产阶级专政的理论，阐明了资本主义社会阶级斗争的规律性。在《政治经济学批判》、《资本论》以及《关于历史唯物主义的通信》中，对马克思主义哲学尤其是唯物史观的基本原理作了比较系统的阐述。恩格斯在《反杜林论》、《自然辩证法》、《路德维希·费尔巴哈和德国古典哲学的终结》等著作中，概括了自然科学发展的最新成就，批判了各种唯心主义和形而上学，捍卫和发展了马克思主义哲学基本原理，系统阐述了马克思主义哲学的对象、内容等问题，并初步建构了马克思主义哲学体系的基本轮廓。

第二，发展、创新时期。

20 世纪上半期，世界出现了一系列具有划时代意义的事件，其中尤为重要的是俄国十月革命和中国革命的胜利。十月革命的胜利，开辟了人类历史的新纪元，社会主义第一次由理论变成了现实。列宁在新的历史条件下，继承、捍卫和发展了马克思主义，使马克思主义发展到列宁主义阶段。列宁在《唯物主义和经验批判主义》、《哲学笔记》等著作中，批判了各种错误思潮，概括了科学发展的新成果，继承捍卫发展了马克思主义哲学基本原理。斯大林在《论辩证唯物主义和历史唯物主义》等著作中，比较通俗地解释了马克思主义哲学，推动了马克思主义哲学的传播。

在中国，马克思主义哲学的传播是在对社会变革方法、社会发展道路等问题的探讨和激烈争论中进行的，它不是少数学者埋头书斋玄思冥想的结果，而是直接与当时中国社会实际紧密结合的。因此马克思主义哲学在中国的传播，直接推动了群众革命运动的开展。在十月革命后不到两年的时间，就爆发了中国历史上具有伟大意义的五四运动。五四运动是在马克思主义的影响下发生的，又反过来扩大了马克思主义及其哲学的影响，进一步推动了马克思主义及其哲学的传播，使马克思主义哲学成为更多追求真理的人们认识和改造中国的科学的世界观和方法论。

1921 年，中国共产党正式成立。这一方面使得马克思主义哲学在中国的传播有了组织上的力量;另一方面，使得中国共产党所进行的革命实践有了马克思主义哲学这样强大的精神武器。从此就开始了马克思主义及其哲学中国化的历程，也就是把马克思主义基本原理与中国实际相结合的过程。

马克思主义必须与各国实际相结合，这是马克思主义的一条基本原则。马克思、恩格斯、列宁反复阐述这一原则，反对把马克思主义教条化。毛泽东不仅在理论上反复强调马克思主义与中国实际相结合的重要性和必要性，而且他本人就是坚持马克思主义与中国实际相结合，创造性地推进马克思主义哲学的卓越典范。毛泽东在《实践论》、《矛盾论》等著作中，深刻地论述和发展了马克思主义哲学。他指出，实践的观点是马克思主义认识论首要的、基本的观点，共性与个性的关系问题是事物矛盾问题的精髓。具体问题具体分析是马克思主义活的灵魂。他还系统论述了社会主义社会基本矛盾，提出要正确处理两类不同性质的矛盾，他还提出了关于中国革命斗争、军事斗争和文化方面的思想等，是把马克思主义哲学中国化的典范。

毛泽东逝世后，邓小平以其非凡的胆识和气魄在一个有十几亿人口的社会主义大国，展开了一场以完善社会主义制度为目的的改革运动。邓小平也极为重视马克思主义中国化的问题。他说:“把马克思主义的普遍真理同我国的具体实际结合起来，走自己的道路，建设有中国特色的社会主义，这就是我们总结长期历史经验得出的基本结论。”①“我们多次重申，要坚持马克思主义，坚持走社会主义道路。但是，马克思主义必须是同中国实际相结合的马克思主义，社会主义必须是切合中国实际的有中国特色的社会主义。”②正是在解决中国这样一个经济文化落后的大国如何建设社会主义问题的过程中，邓小平进一步推进了马克思主义哲学中国化的进程。邓小平关于解放思想、实事求是思想路线的阐述，关于社会主义本质理论，关于社会主义市场经济理论，关于“三个有利于”标准理论，关于科学技术是第一生产力原理等等，都是对马克思主义哲学的创造性运用和发展。

总之，中国的马克思主义者为马克思主义及其哲学在中国的创造性运用和发展作出了重大贡献，毛泽东、邓小平等人是最杰出的代表。毛泽东的哲学著作和其他包含着丰富哲学思想的著作，深刻论述和丰富发展了马克思主义哲学，为马克思主义哲学宝库增添了新的财富。党的十一届三中全会以来，以邓小平、江泽民、胡锦涛同志为代表的中国共产党人，对新时期改革开放和现代化建设的新经验、新问题，作出了新的总结和概括，提出了新的观念和理论，先后创立了邓小平理论、“三个代表”重要思想和科学发展观。党的十八大报告指出，“科学发展观是马克思主义同当代中国实际和时代特征相结合的产物，是马克思主义关于发展的世界观和方法论的集中体现，对新形势下实现什么样的发展、怎样发展等重大问题作出了新的科学回答，把我们对中国特色社会主义规律的认识提高到新的水平，开辟了当代中国马克思主义发展新境界。科学发展观是中国特色社会主义理论体系最新成果，是中国共产党集体智慧的结晶，是指导党和国家全部工作的强大思想武器。科学发展观同马克思列宁主义、毛泽东思想、邓小平理论、‘三个代表’重要思想一道，是党必须长期坚持的指导思想。”③这些重大理论成果都是党和人民的实践经验与集体智慧的结晶，也是马克思主义哲学中国化的理论表现。

二、马克思主义哲学的特征

第一，从研究对象看，马克思主义哲学正确地解决了哲学研究的对象问题，它研究的是关于自然、社会、人类思维发展的普遍规律。这样，它就在哲学史上第一次正确解决了哲学与具体科学的关系问题。因此，它在人类认识史上第一次把哲学变成为真正科学的哲学。

对于哲学和具体科学各自研究对象问题的认识，有一个历史的发展过程。在古代，受生产力和科学技术水平的限制，人们对于周围世界的认识往往是笼统的、肤浅的。与此相适应，在最初建立的人类知识体系中，哲学和其他各门具体科学之间还没有明确的界限和严格的分工。随着人们实践水平的提高，哲学和其他的具体科学逐渐形成了相对稳定的研究领域，尤其是资本主义生产关系出现以后，由于以高度分工与合作为特征的社会化大生产的发展，人类的研究领域越来越专门化，越来越多、越来越细的自然科学、社会科学和思维科学相继成为独立的知识部门，哲学与具体科学由合而分的历史趋势明显地表现出来。

然而，马克思主义哲学产生以前的旧哲学并没有认识和自觉顺应这一历史发展的趋势，包括费尔巴哈这样杰出的唯物主义哲学家在内，都无法逾越旧哲学的屏障，把自己的哲学看

① 《邓小平文选》第3卷，人民出版社1993年版，第3页。

② 《邓小平文选》第3卷，人民出版社1993年版，第63页。

③ 胡锦涛:《坚定不移沿着中国特色社会主义道路前进，为全面建成小康社会而奋斗》，人民出版社2012年版。

作是凌驾于一切具体科学之上、并包括一切具体科学的所谓“科学之科学”。他们认为，各门具体科学只能提供不完全的相对的真理。他们抱着解答一切疑难、穷尽一切知识的奢望，君临于各种专门的具体科学之上，用主观幻想的联系代替尚未认识的真实的联系。用臆想的东西填补缺少的事实，用思辨的方法和原则去编织无所不包的绝对真理体系。这种把哲学与具体科学等同不分、用关于物质世界普遍规律的研究代替物质世界各个领域和局部的特殊规律的研究的做法，既妨碍了人们对物质世界具体领域的深入探索，又影响了具体科学的进步，同时也给哲学带来了包袱和障碍，束缚了哲学的发展。

马克思主义哲学否定了那种企图包罗万象的“科学之科学”，明确把哲学规定为研究物质世界最一般的本质和最普遍规律的学说，把具体科学规定为研究物质世界某一领域、某一局部、某一方面、某一层次特殊规律的科学，从而正确地解决了哲学与具体科学的关系问题。这就是马克思主义哲学关于哲学研究对象理论的深刻变革。

第二，从具体内容上看，马克思主义哲学是辩证唯物主义与历史唯物主义相统一的严整的科学理论体系。同以往的哲学不同，马克思主义哲学是唯物主义和辩证法、唯物辩证的自然观和历史观高度统一的彻底、严整的理论体系。马克思主义哲学之所以能够实现这两个统一，则在于它找到了实践这条从“抽象王国通向活生生的现实世界的道路”。

由于马克思主义哲学牢牢确立了科学的实践观，克服了旧唯物主义只是从物质的、客体的角度理解物质世界的局限性，同时也克服了唯心主义只是从主体的角度抽象地理解物质世界，以及否认物质世界的先在性地位的局限性。因而它的唯物主义是辩证唯物主义，它的辩证法是唯物辩证法。同时，由于马克思主义哲学牢牢确立了实践观点，就决定了他能够把唯物辩证的观点贯彻到社会历史领域，实现唯物辩证的自然观和历史观的统一。在马克思主义哲学以前，由于包括唯物主义和唯心主义在内的一切哲学家都没有找到理解社会历史的关键——实践，因而都不可避免地在社会历史领域陷入唯心主义。马克思主义哲学从实践出发理解人和人类社会，把唯物辩证的观点贯彻到底，提出了社会存在决定社会意识的原理，揭示了生产方式及其矛盾运动是社会历史存在和发展的基础，创立了唯物辩证地解释自然界和人类社会的彻底而严整的唯物主义一元论的科学体系，从而把唯心主义从它的最后的避难所中赶了出去。这是马克思主义哲学的伟大创造。

第三，从实际作用上看，马克思主义哲学是以实践性为基础的科学性与革命性相统一的无产阶级世界观与方法论。

实践性是马克思主义哲学的显著特点，是区别于其他一切旧哲学的根本特征。马克思主义哲学不仅能科学地说明世界，而且更重要的是强调改造世界。黑格尔曾经把哲学喻为黄昏时起飞的猫头鹰，意思是哲学是一种反思的科学，是事后的思考，即对已成之事的反思和解释。他在著名的《小逻辑》中说，哲学的认识方式只是一种反思，意指跟随在事实后面的反复思考。马克思强调的是哲学改造世界的功能。他把无产阶级比作人类解放的心脏，把哲学比作人类解放的头脑，认为哲学是为人类解放服务的。所以，马克思把自己的哲学称为迎接人类黎明即人类解放的“高卢雄鸡”，从黑格尔的“猫头鹰”到马克思的“高卢雄鸡”，形象地表明了马克思主义哲学不同于以往一切哲学的特点。

马克思主义哲学鲜明的实践性特征，规定了它的严格的科学性。在马克思主义哲学产生之前，哲学发展的最高形态，要算德国古典哲学。其中唯物主义的最高形态是费尔巴哈的唯物主义；辩证法的最高形态是黑格尔的辩证法。但是，由于没有正确地理解实践，费尔巴哈的唯物主义与辩证法相分离，而与形而上学相结合；黑格尔的辩证法则与唯物主义相分离，而与唯心主义相结合。而且，包括黑格尔、费尔巴哈在内的一切旧哲学在社会历史领域中都未上升到唯物主义，都不是科学的哲学。由实践所规定的马克思主义哲学的科学性可以从如下几个方面理解：马克思主义哲学是唯物主义与辩证法的统一；是唯物辩证的自然观和历史观的统一；是关于自然、社会和思维发展的科学真理。因此，可以说实践性以及由它规定的科学性是马克思主义及其哲学的生命和灵魂。

马克思主义哲学鲜明的实践性特征，同时也规定了它的彻底的革命性。马克思主义哲学产生于工人运动的实践，是指导工人阶级为实现解放全人类的使命而奋斗的科学的世界观和方法论。由实践性规定的马克思主义哲学的革命性，首先表现在它“使现存世界革命化，实际地反对并改变现存的事物”，①表现在它是变革现实的理论武器。正因为如此，我们才坚决反对把马克思主义哲学当作教条，而应当把它当作行动的指南，以它为指导，使它同人民群众的实践相结合，真正成为变革现实的武器。其次，马克思主义哲学的革命性还突出表现在无产阶级的阶级性。在阶级社会里，任何哲学都具有阶级性，都是为一定阶级的利益服务的。剥削阶级的哲学力图把自己打扮成超阶级的、全民的、无党派的哲学，其实这恰恰暴露了其阶级性的一个重要方面——虚伪性和欺骗性。马克思主义哲学则相反，它公然申明是为无产阶级服务的，是无产阶级世界观的理论表现，它以消灭剥削、实现共产主义为己任。正如马克思所说：“哲学把无产阶级当作自己的物质武器，同样，无产阶级也把哲学当作自己的精神武器。”②

建立在实践基础上的马克思主义哲学的科学性与革命性是内在统一的。历史上一切剥削阶级的哲学，由于其自身的利益与社会发展方向和趋势不同程度地存在着差异的倾向，因此其哲学的科学性与阶级性就不同程度地存在着差异性。无产阶级是历史上最大公无私和彻底革命的阶级，无产阶级自身的利益，同社会发展的必然趋势和客观规律恰恰是一致的。因此，“科学越是毫无顾忌和大公无私，它就越符合工人的利益和愿望”。③马克思主义哲学之所以具有革命性，就在于它正确地揭示了自然、社会和思维发展的普遍规律，揭示了人类历史发展的必然趋势，揭示了物质世界变化发展的本来面目。在这一意义上，我们说马克思主义哲学的革命性来源于它的科学性。反过来说，正由于马克思主义哲学是无产阶级的哲学，而无产阶级代表着占人类绝大多数的劳动阶级的利益，这一利益同社会发展的客观规律和必然趋势相一致。正确反映和揭示这一规律和趋势，也就维护了无产阶级和广大人民群众的利益。因此，无产阶级的阶级性和革命性本身又要求和决定了马克思主义哲学的科学性。马克思主义哲学如果失去了科学性，也就必然丧失了革命性；同样，离开了革命性和无产阶级的阶级性，其科学性也不能体现出来。一句话，实践基础上的科学性与革命性的统一，是马克思主义哲学的重要理论特征，正如列宁所说：“这一理论对世界各国社会主义者所具有的不可遏止的吸引力，就在于它把严格的和高度的科学性（它是社会科学的最新成就）同革命性结合起来。并且不仅仅因为学说的创始人兼有学者和革命家的品质而偶然地结合起来，而是把二

---

① 《马克思恩格斯选集》第1卷，人民出版社1995年版，第75页。

② 《马克思恩格斯选集》第1卷，人民出版社1995年版，第15页。

③ 《马克思恩格斯选集》第4卷，人民出版社1995年版，第258页。

者内在地和不可分割地结合在这个理论本身中。”①

第四，从发展趋势上看，马克思主义哲学是批判的、开放的、富有生命力的学说。

批判性是马克思主义哲学的基本精神。批判是破旧立新，是以新质代替旧质，是实践的内在要求。人们在实践中不断地否定、创造着现存世界，同时又不断地否定、创造着人本身，逐步实现人类的自由解放。马克思说：“辩证法在对现存事物的肯定理解中同时包含对现存事物的否定的理解，即对现存事物的必然灭亡的理解；辩证法对每一种既成的形式都是从不断的运动中，因而也是从它的暂时性方面去理解；辩证法不崇拜任何东西，按其本质来说，它是批判的和革命的。”②马克思主义哲学不仅对事物、现实，而且对自己的学说也是采取批判的、革命的态度的。它从来不把自己的学说看作最终完成的真理体系，而是看作发展的、创造性的科学。正如恩格斯反复强调的：“我们的理论是发展的理论，而不是必须背得烂熟并机械地加以重复的教条。”③

马克思主义哲学还是开放的理论体系。开放性与批判性是分不开的，批判不仅要吐故，同时也意味着纳新。马克思主义哲学的理论活力来自实践。它作为人类智慧发展的现代结晶，是对以往自然科学、社会科学和思维科学的成果的批判继承，因而它也必然随着无产阶级革命和社会主义建设实践的发展、随着科学的进步而不断总结新经验，吸取新成果，以丰富、深化自己的理论内容及其相应的理论形式。正是由于以实践和科学发展中的新鲜内容和新鲜血液不断滋补、丰富自己，马克思主义哲学才能永远保持生命之树常青，不断开辟未来发展的道路。

第三节　马克思主义哲学与现时代

当今世界，人类的实践活动无论在广度上还是在深度上都大大超过了以往，席卷全球的科技革命、社会改革热潮以及激烈的国际竞争，使当代资本主义和社会主义都发生了重大变化。但是，时代的这些新特点并未改变历史规律，马克思主义哲学并未过时。但也应看到，面对当今世界和平与发展的主题，新的社会纷争以及社会改革、技术革命的新情况，必须把坚持马克思主义哲学和发展马克思主义哲学统一起来，一方面，只有坚持马克思主义哲学的立场、观点和方法，才能不断地总结新经验，解决新问题，进一步发展马克思主义哲学；另一方面，只有不断地适应变化的新情况，发展马克思主义哲学，才能保持马克思主义哲学的生命力，真正坚持马克思主义哲学。在实践和科学的发展过程中，马克思主义哲学必然要不断地丰富自己的内容，不断地提出新的观点和新的理论，修改已经过时的个别结论。

一、马克思主义哲学与现代自然科学

（一）当代科学技术革命的特点

当代科学技术正在以前所未有的态势汹涌澎湃地发展着，这是一场以微电子技术、信息

① 《列宁选集》第1卷，人民出版社1995年版，第83页。

② 《马克思恩格斯选集》第2卷，人民出版社1995年版，第112页。

③ 《马克思恩格斯选集》第4卷，人民出版社1995年版，第681页。

技术和生物工程技术为主要内容的科技革命。这场革命有几个非常突出的特点：

1. 这场革命不是以“某一项”科学技术革命的面貌出现的，而是以“科学群”的形式出现的。现代科学，包括控制论、信息论、系统论、遗传学和分子生物学、高分子物理学、空间科学、海洋科学、材料科学等。现代技术，包括电子技术、原子技术、分子设计技术、合成技术、空间技术、生物工程技术、电子计算机技术、海洋技术、激光技术、信息技术等。

2. 这场革命的影响非常深远。这场革命不仅极大地提高了生产力的发展水平，而且对整个人类社会的政治、经济、思想文化教育以及人们的心理、价值观念、生活方式都带来巨大的影响。随着生产力的提高，一些资本主义国家曾经出现了一时的经济繁荣；世界上的各个国家都在进行经济结构的调整；世界上的各个国家之间也出现了一些新的矛盾和问题。

3. 这场革命也给马克思主义哲学提出了不少新的问题。比如说，微观粒子的性质和观察仪器之间究竟是一种什么关系，虽然它没有否定唯物主义关于物质客观实在性的论断，但是它要求人们必须深化对客观实在以及主客体相互关系的认识；夸克禁闭理论对物质无限可分的观点提出了挑战；现代宇宙学对时空有限无限的问题也提出了一些新的探索。同时，这些自然科学的研究还涉及到许多社会问题，克隆人就涉及到许多社会伦理问题；环境污染、生态危机、资源短缺也都是一些全球性的问题。随着自然科学的发展，许多社会问题也越来越严重，到底应该怎样评价自然科学的社会价值。

（二）现代科学技术的发展与马克思主义哲学的关系

马克思主义哲学与自然科学从来就有着十分密切的关系。马克思主义哲学本身就是在19世纪自然科学发展的基础上建立起来的，后来也一直十分关注自然科学的发展。马克思就曾经十分关注达尔文生物学和电学的发展。恩格斯则尽可能地研究了当时所有自然科学的问题，写出了不少的札记和短文，并将这些研究成果运用到《反杜林论》的写作之中。列宁也十分关注19世纪末20世纪初自然科学的发展，并以此推动了马克思主义哲学的发展。现代科学技术的发展和马克思主义哲学的发展并不是矛盾的，而是相辅相成的。

1. 现代科学技术的发展需要马克思主义哲学的指导。这种指导作用并不是指自然科学的具体方法，而是指对自然科学研究总体方向的把握。善于辩证的思维和科学的总结，特别是涉及到社会问题更离不开马克思主义哲学的指导，诸如环境污染、生态危机、资源短缺的问题，克隆人的问题，等等，都需要在马克思主义哲学的指导下才能找到惟一科学的答案，都需要自然科学工作者和社会科学工作者的通力合作才有可能得到真正的解决。

2. 现代科学技术的成果，不断深化了对马克思主义哲学的认识和理解。相对论揭示了空间、时间与物质运动的不可分割性；分子生物学、分子遗传学的新成就更深刻地揭示了生命现象的奥秘；耗散结构理论深刻地揭示了系统的发展不仅有从有序到无序的过程，也有从无序到有序的过程；混沌理论的出现，突破了把决定论和非决定论截然对立起来的观点，看起来充满不确定性的“混沌”状态也是有规律的、有决定性的。这些观点都极大地丰富了马克思主义哲学。

3. 要不断深化对马克思主义哲学理论的研究。现代科学技术对马克思主义哲学提出了一些值得注意的问题，对这些问题我们不能漠然视之，应该看到正是这些问题的提出，为马克思主义哲学理论的研究提供了更加广阔的天地，马克思主义哲学在现代科学技术挑战面前，一定能够获得更大的发展。

二、马克思主义哲学与现代西方哲学

马克思主义哲学的发展，同时是在同唯心主义和形而上学等错误思想的斗争中实现的。面对时代提出的一些重大课题，现代西方哲学也试图予以解释。从 19 世纪 20 年代以后，现代西方哲学出现了两大思潮——人本主义和科学主义。

（一）科学主义

科学主义就是指一些流派热衷于探讨数学、逻辑学、科学方法论等问题的哲学理论。其中以孔德的实证主义哲学为先导，以后还有马赫主义、逻辑实证主义、日常语言学派等。其基本理论倾向是否定对世界本原问题的研究，并将其作为形而上学加以拒斥，主张用实证原则改造哲学，使之成为实证科学一样的科学。科学主义提出了一些值得注意和深思的问题，也有很多合理的见解，但它在拒斥“形而上学”的旗帜下，否定哲学具有世界观理论的性质，这是完全错误的。马克思主义哲学认为，哲学必须从科学研究的新成果中汲取养分，要随着科学的发展而发展，但哲学对科学成果的总结，不能以否定哲学的世界观理论的性质为代价，否则，哲学就失去了自己存在的根基和意义。

（二）人本主义

人本主义就是指以人为出发点和研究中心的哲学理论。其中以叔本华、尼采的唯意志主义为先导，以后还有生命哲学、存在主义、弗洛伊德主义等。在现代西方人本主义的理论中，确实触及到了当代资本主义的许多弊端，但他们对这种弊端的解释和解决却并没有找准方向，其原因就在于唯心主义的社会历史观。他们虽然突出了“人”这个时代的重要课题，但仍然局限在对抽象的人、人性等概念的研究范围，在这一点上，他们与西方传统人本主义是一致的，区别仅在于他们比西方传统人本主义更强调了自我意志、情感和本能等非理性因素的地位和作用。马克思主义哲学并不是反对哲学要研究人，也不是反对要研究人的意志、情感，而是要求从人的现实生活条件、社会关系中去研究人，要把人的本质看作是一切社会关系的总和。人的社会关系的基础，是人在劳动中形成的生产关系，是生产关系与生产力的统一，即物质资料的生产方式。辩证唯物主义和历史唯物主义认为，只有从生产劳动的观点出发来考察和理解人类社会发展的历史，才能客观地、全面地揭示人类社会发展的辩证过程及其规律性；才能正确地说明人的价值和人的全面发展问题。这就是说，马克思主义哲学与现代西方人本主义的分歧不在于要不要研究人，而在于如何去研究，从什么前提出发去研究。

马克思主义哲学在与现代西方哲学的比较和斗争中，日益显示出其旺盛的生命力和深刻的真理性。这是由于：①马克思主义哲学继承和发扬了历史上哲学的优秀成果，它是当今世界哲学中惟一把唯物主义和辩证法相结合并贯彻到底的哲学。②马克思主义哲学科学地规定了哲学对象、哲学基本问题以及哲学同具体科学的关系，为丰富和发展哲学的真理性内容指明了方向。③马克思主义哲学以理论和实践的统一作为最高原则，是自觉地以实践为基础的开放性体系。马克思主义哲学克服了旧哲学和当代非马克思主义哲学的狭隘眼界，真正汲取了时代精神的精华，包括借鉴和批判地汲取现代西方哲学中某些真理性的内容。马克思主义哲学对研究当代人们普遍关注的哲学课题具有明显的理论优势，为哲学向新的研究领域拓展开辟了广阔的道路。

三、马克思主义哲学的中国化、时代化、大众化

对于中国共产党人和中国马克思主义者来说，与时俱进，就是要把马克思主义哲学和中国实际相结合，使马克思主义哲学中国化、时代化和大众化。这一过程同时就是坚持马克思主义哲学并创造性发展马克思主义哲学的过程。

（一）马克思主义哲学中国化及其与时代化、大众化的关系

在马克思主义哲学中国化、时代化、大众化的关系中，“中国化”处于核心地位。中国之所以需要马克思主义及其哲学，是因为马克思主义及其哲学符合中国需要。但是，马克思主义及其哲学要在中国这块土地上生根发芽、开花结果，就必须中国化。只有牢牢把握马克思主义及其哲学中国化这个方向，才可能推进马克思主义及其哲学的时代化和大众化。

毛泽东早就说过：“马克思主义必须和我国的具体特点相结合并通过一定的民族形式才能实现。马克思列宁主义的伟大力量，就在于它是和各个国家具体的革命实践相联系的。对于中国共产党说来，就是要学会把马克思列宁主义的理论应用于中国的具体的环境。成为伟大中华民族的一部分而和这个民族血肉相联的共产党员，离开中国特点来谈马克思主义，只是抽象的空洞的马克思主义。”并强调要“使马克思主义在中国具体化，使之在其每一表现中带着必须有的中国的特性，即是说，按照中国的特点去应用它”。①

马克思主义哲学中国化是由马克思主义哲学的本性决定的。马克思主义哲学是科学的世界观和方法论，要运用这种世界观和方法论去认识世界和改造世界，就必须与认识和改造的具体对象的具体实际相结合。马克思主义哲学，尤其是唯物主义历史观揭示了人类社会发展的一般规律，但它没有也不可能指出每一个民族或国家的具体特点和发展道路。列宁指出：“对于俄国社会党人来说，尤其需要独立地探讨马克思的理论，因为它所提供的只是总的指导原理，而这些原理的应用具体地说，在英国不同于法国，在法国不同于德国，在德国又不同于俄国。”②列宁的这一观点具有普遍意义。就马克思主义哲学在中国的应用而言，如果脱离了中国的具体实际，马克思主义哲学的基本原理就会教条化、抽象化，变为思辨化的经院哲学。“正确的理论必须结合具体情况并根据现存条件加以阐明和发挥。”③

马克思主义哲学中国化又是由中国革命和建设的需要决定的。中国革命是由中国共产党人在自己国家中所进行的革命。中国革命的对象、动力、道路、方式以及胜利后如何建设社会主义，都需要中国共产党人根据中国的具体实际来决定。中国共产党人需要马克思主义，并不是期望从马克思主义经典著作中寻找有关中国问题的现成答案，而是寻找用来分析中国问题、解决中国问题的理论和方法论原则。因此，中国革命要获得成功，必须根据中国的具体实际来应用马克思主义，必须用马克思主义哲学的立场、观点和方法来分析和解决中国革命所面临的实际问题。这就是毛泽东强调的“有的放矢”，即用马克思主义之“矢”来射中国革命之“的”。

毛泽东把理论联系实际喻之为“有的放矢”，非常生动、形象、恰当。一个射手的箭术是否高明，当然以中的为准。不先立“的”，不以中“的”为胜，任何人都可自称为神箭手。理论也

① 《毛泽东选集》第2卷，人民出版社1991年第2版，第534页。

② 《列宁全集》第4卷，人民出版社1984年中文2版，第161页。

③ 《马克思恩格斯全集》第27卷，中文1版，第433页。

是如此。理论应该以我们正在做的事情为中心，以解决实际问题为目的。如果不以解决实际问题为目的，任何人都可以自称为理论高手。理论联系实际，必须以实际为基础，这是理论联系实际中的唯物主义。这是一方面。

另一方面，有的放矢中的“的”不是固定不变的，“的”是活靶子而不是死靶子。因此，“有的放矢”必须以变化中的“的”为目标，有的放矢，必须以矢就的而不强的就矢。理论也是如此。理论联系实际，必须立足于变化中的实际。如果不联系变化中的实际，就不可能真正做到理论联系实际。这是理论联系实际中的辩证法。以刻舟求剑式的态度对待理论联系实际，把理论教条化或者把实际凝固化，都只会适得其反——理论与实际相脱离。因此，马克思主义哲学中国化不是一蹴而就的，也不是一次性的，而是一个不断向前推进的过程。

马克思主义哲学中国化的过程，也就是马克思主义哲学在新的实践的基础上不断创新的过程，是既坚持马克思主义哲学，又创造性发展马克思主义哲学的过程。这是因为，在中国，马克思主义哲学面对的是不同于西方发达资本主义国家的东方国家，面临着许多西方发达资本主义国家没有遇到过的问题。解决这些问题的过程，既是应用马克思主义哲学的过程，同时也是中国革命和建设的宝贵经验不断理论化，上升为马克思主义哲学基本原理的过程。在这个意义上，马克思主义哲学中国化既是用马克思主义哲学来“化解”中国问题，也是用中国的宝贵经验来“深化”马克思主义哲学。

马克思主义哲学中国化与时代化具有内在联系。无论是19世纪40年代，中国被强行纳入世界历史轨道，还是20世纪70年代，中国自觉走向“开放的世界”，中国已经成为世界体系的一部分。因此，马克思主义哲学中国化不可能脱离时代关起门来独自进行。马克思主义哲学的时代化，就是密切结合时代特征，不断吸收新时代的新内容，从而准确把握时代主题，回答时代挑战，引领时代潮流，使中国化的马克思主义哲学富有时代特征。

在新民主主义革命时代，毛泽东对中国革命道路和方式的选择，就考虑到国际环境的特点，充分考虑到中国革命在世界革命中的地位，走出一条既有中国特色又有“世界社会主义时代”特征的中国革命道路。在社会主义建设时代，邓小平充分考虑到和平与发展已成为时代主题，考虑到经济全球化以及科学技术革命迅猛发展的态势，考虑到苏联社会主义失败的教训，把马克思主义中国化与时代化结合在一起，形成既有中国特色又有时代特征的邓小平理论。整个中国特色社会主义理论体系都体现了马克思主义中国化与时代化相结合的特点。

马克思主义哲学中国化与大众化也具有内在联系。大众化是由马克思主义哲学的本质和功能决定的。从一定意义上说，马克思主义哲学就是大众哲学。只有交给大众，马克思主义哲学才能显示出其存在的价值，真正发挥其改造世界的作用。马克思主义哲学的理论主题就是无产阶级和人类解放，要实现这一主题，马克思主义哲学就必须大众化，“使之在其每一表现中带着必须有的中国的特性”，成为大众喜闻乐见的哲学。马克思主义哲学不单纯是哲学家的哲学，不是少数人的哲学，而是群众的哲学，即大众的哲学。

马克思主义哲学大众化离不开语言的通俗化。通俗化是对事物本质认识的一种特定的表达方式，包含的是平凡的真理和真理的平凡。康德就认为，哲学能够也必须通俗化，否则，就可能在貌似深奥的烟幕下掩盖着连篇的废话。黑格尔则提出，一个民族应该用自己的语言来习知那些优秀的东西，在德国，哲学应该说“德国话”。语言通俗是哲学大众化的重要方式。在中国，马克思主义哲学应该学会说两种话：

一是“家常话”。哲学是一种专门学问，它当然有自己特有的范畴、概念和思维方式。但是，马克思主义哲学要真正发挥作用不能只会讲哲学行话，而要学会用日常语言讲清马克思主义哲学的道理，不能用范畴解释范畴，用概念解释概念。

二是“中国话”。马克思主义哲学是马克思和恩格斯创立的，它肯定具有德国的语言风格和表述方式；对中国人来说，马克思主义哲学是经俄国十月革命传入中国的，它肯定也有某些俄国的语言风格和表述方式。中国运用马克思主义哲学，应该也必须学会讲“中国话”，用中国老百姓喜闻乐见的语言风格和表达方式把马克思主义哲学讲深讲透。

没有语言的通俗化，马克思主义哲学很难做到大众化。马克思早就批评德国有些哲学著作不是“通俗易懂”，像魔术师念“咒语”：“哲学，尤其是德国的哲学，喜欢幽静孤寂、闭关自守并醉心于淡漠的自我直观……从哲学的整个发展来看，它不是通俗易懂的；它那玄妙的自我深化在门外汉看来正像脱离现实的活动一样稀奇古怪；它被当做一个魔术师，若有其事地念着咒语，因为谁也不懂得他在念些什么。”毛泽东也批评过某些理论家的文章，是“下决心不要人看”。如果在中国讲马克思主义哲学只会讲“行话”，只会讲“外国话”，就不可能达到马克思本人所说的使其“掌握群众”，并“变成物质力量”作用的。

马克思主义哲学的中国化、时代化、大众化，说到底，就是要立足国情、关注世情、熟悉民情。离开国情、世情和民情，马克思主义哲学的中国化、时代化、大众化是不可能的。只有立足国情、关注世情、熟悉民情，并把中国化、时代化、大众化结合在一起，才能创造具有中国特色、中国风格和中国气派的马克思主义哲学。

（二）毛泽东思想对马克思主义哲学的贡献

俄国十月革命一声炮响，给中国送来了马克思列宁主义，使中国出现了一个历史上从来没有过的新的哲学形态——马克思主义哲学，并开始了马克思主义哲学中国化的历程。

在马克思主义哲学中国化的进程中，中国一些著名的马克思主义哲学家曾发挥过重要作用，他们在理论上提出了马克思主义中国化的问题，并力图加以实践。但是，真正对马克思主义中国化具有开创作用和决定意义的是毛泽东。毛泽东不仅在理论上反复强调、深入阐述马克思主义中国化的重要性、必要性和可能性，而且在实践中也反复强调、全面推进了马克思主义的中国化，从而成为马克思主义中国化的典范。

马克思主义中国化的第一次历史性飞跃及其理论成果就是毛泽东思想。毛泽东思想对马克思主义哲学作出了重要贡献。毛泽东 1937 年发表的《实践论》、《矛盾论》，是马克思主义同中国革命相结合经验的哲学总结，是马克思主义哲学同中国传统哲学相结合的理论典范。

《实践论》就是中国革命经验的哲学总结和理论升华。《实践论》以反对中国共产党内的教条主义和经验主义，特别是教条主义的错误为目的，对马克思主义认识论中的根本问题——实践与认识的关系，即知与行关系作了创造性的论述。《实践论》中关于实践的本质和形式、认识过程的两次飞跃、主观与客观的具体的历史的统一、改造主观世界与改造客观世界的关系、认识总过程的规律等观点，既是对人类认识规律的深刻揭示，又是对中国革命经验的哲学总结。它是马克思主义文献中系统地创造性地论述马克思主义认识论的光辉著作。

《矛盾论》同样是中国革命经验的哲学总结和理论升华。中国革命可谓矛盾错综复杂，而毛泽东善于捕捉矛盾、解决矛盾，对矛盾问题的重要性和意义有着深刻的体会和理论把握。《矛盾论》就是这一理论把握的鲜明体现。其中，关于矛盾同一性与斗争性的关系、矛盾普遍性与特殊性的关系、矛盾特殊性的多种形式、主要矛盾与次要矛盾、矛盾主要方面与次要方面的关系、用不同方法解决不同性质的矛盾等理论，都是对中国革命经验的哲学总结和理论升华，可以说，是革命者的鲜血凝成的辉煌巨文。

《关于正确处理人民内部矛盾的问题》、《论十大关系》是毛泽东在社会主义时期写下的重要哲学著作。其中，关于社会主义社会的生产力与生产关系、经济基础与上层建筑矛盾的理论，关于正确处理两类不同性质矛盾的理论，关于正确处理中国社会主义建设中十大矛盾的理论等，都是对中国社会主义建设经验的哲学总结。

毛泽东哲学思想不仅包含在他的哲学著作中，而且蕴涵在他的全部著作尤其是军事著作中，如《反对本本主义》、《中国革命战争的战略问题》、《论持久战》等都闪耀着创造性的唯物辩证法的思想光辉。

(三)中国特色社会主义理论体系对马克思主义哲学的贡献

马克思主义中国化的第二次历史性飞跃及其理论成果是中国特色社会主义理论。中国特色社会主义理论体系，包括邓小平理论、“三个代表”重要思想和科学发展观，它以什么是马克思主义、怎样对待马克思主义；什么是社会主义、怎样建设社会主义；建设什么样的党、怎样建设党；实现什么样的发展、怎样发展为核心，结合社会主义建设新时期的中国实际，结合时代特征，并以中国人民能够理解和接受的方式，提出了一系列新的思想和新的论断。中国特色社会主义理论体系是对马克思列宁主义、毛泽东思想的继承和发展，是马克思主义中国化的新成果，既有中国特色，又有时代特征。中国特色社会主义理论体系的哲学思想，是当代中国共产党人对马克思主义哲学的重大贡献。

邓小平是中国特色社会主义理论体系的创立者。同毛泽东一样，邓小平也极为重视马克思主义中国化，并明确指出：“把马克思主义的普遍真理同我国的具体实际结合起来，走自己的道路，建设有中国特色的社会主义，这就是我们总结长期历史经验得出的基本结论。”①“我们多次重申，要坚持马克思主义，坚持走社会主义道路。但是，马克思主义必须是同中国实际相结合的马克思主义，社会主义必须是切合中国实际的有中国特色的社会主义。”②正是在解决中国这样一个经济文化落后的大国如何建设社会主义的过程中，在改革开放和现代化建设的过程中，邓小平进一步推进了马克思主义中国化的进程。邓小平关于解放思想、实事求是思想路线的阐述，关于社会主义本质、社会主义根本任务的理论，关于社会主义市场经济的理论，关于科学技术是第一生产力的思想，关于把发展提高到全人类的高度来认识的观点，关于“三个有利于”的标准等，都是关系中国前途和命运的重大理论，并创造性地推进了马克思主义哲学在中国的发展。

“三个代表”重要思想是对共产党执政规律、社会主义建设规律和人类社会发展规律认识的深化。人类社会的发展，从根本上说，是先进生产力取代落后生产力的过程，是先进文化逐步战胜落后文化的过程，而人民群众是先进生产力和先进文化的创造主体，是历史的创造者，民心向背体现了社会发展的趋势。实践已经并正在证明，执政党的命运、社会主义的命运归根结底要看它是否代表先进生产力的发展要求、先进文化的前进方向和人民群众的根本利益。

科学发展观是马克思关于发展的世界观和方法论，它吸取了西方工业化的教训，总结了改革开放以来中国发展的经验，顺应了当代重视可持续发展的进步潮流，是马克思主义中国

---

① 《邓小平文选》第3卷，人民出版社1993年第1版，第3页。

② 《邓小平文选》第3卷，人民出版社1993年第1版，第63页。

化又一重大成果。科学发展观提出以人为本，促进人的全面发展；推进社会主义的经济建设、政治建设、文化建设和社会建设；推进生态文明建设，走生产发展、生活富裕、生态良好的文明发展道路；社会和谐是中国特色社会主义的本质属性，维护和实现社会公平正义等，都集中体现了辩证唯物主义和历史唯物主义的深刻内涵，是唯物辩证法在发展问题上的科学运用，通俗易懂，深入人心。

马克思主义哲学中国化、时代化和大众化，无论从理论上说，还是从实践上说，都是一个艰难的探索过程，是一个坚持解放思想、实事求是、与时俱进的过程，是一个随着实践的发展不断发展的过程。

第四节　学习马克思主义哲学的意义和方法

一、学习马克思主义哲学的意义

马克思主义哲学作为无产阶级科学的世界观和方法论，作为我们党的全部理论和实践活动的理论基础，是每一个共产党员，特别是党的领导干部在任何时候都需要认真学习和掌握的。而在当前，则有着特别重大的现实意义。

现在，马克思主义在世界面临新的挑战，社会主义国家面临新的考验，我国社会主义事业的发展处在一个关键的历史时期。在国际国内复杂的斗争形势面前，我们要坚定社会主义、共产主义信念，战胜国际敌对势力对我和平演变的图谋和国内资产阶级自由化思潮；要增强我们党的领导的科学性、预见性和创造性，克服各种困难，胜利地推进社会主义建设与改革事业；要培养成千上万德才兼备的社会主义接班人，特别是培养和造就一大批有马克思主义理论根底、有远见卓识、能够在任何风浪中经得起考验的跨世纪的各级领导干部，包括马克思主义哲学在内的马克思主义基本理论的学习任务更是显得十分必要和迫切。

那么，具体地说，学习马克思主义哲学有一些什么重要意义呢？

（一）只有认真学习马克思主义哲学，才能坚定社会主义、共产主义信念

社会主义在一些国家遭受严重挫折的情况，把有关社会主义的历史命运问题尖锐地提到人们的面前：社会主义代替资本主义是不是历史的必然？如果是历史的必然，为什么许多社会主义国家发生了向资本主义的逆转？这种情况的发生，是一种暂时的历史曲折，还是像国外某些敌对势力所说的是什么“社会主义国家的世纪末日”、“共产主义的大失败”？这些问题，说到底，是一个社会主义还灵不灵的问题。对于共产党员和革命人民来说，就是一个社会主义、共产主义信念的问题。这个问题不解决，我们的一切工作都无从谈起。而要解决这个问题，从根本上说是一个世界观和方法论的问题。下面我们对此作几点具体分析。

1. 关于如何认识社会主义代替资本主义的历史必然性问题

社会主义代替资本主义，不是什么人单纯的主观愿望，也不是像空想社会主义者所说的“人类理想的复归”，而是一种客观的历史必然性，是现代世界历史发展的总趋势。这个历史必然性或总趋势的揭示，依靠的正是马克思主义哲学，特别是它的唯物主义历史观。

唯物主义历史观的产生，是人类思想史上的伟大革命。它破天荒地指出，不是人们的社会意识决定社会存在，而是人们的社会存在决定社会意识。社会存在，即社会的物质资料生产方式是人类社会发展的决定力量。按照这个基本思想，我们了解社会变迁和政治变革的原

因，就不能到人们的头脑中去寻找，而应当到社会存在即到生产方式的变革中去寻找；消除社会弊端的手段，就不应当从人们的头脑中发明出来，而应当通过人的头脑从物质事实中、从生产方式的矛盾分析中发现出来。马克思正是运用这种科学的历史观和方法论，具体分析了资本主义生产方式的基本矛盾——生产的社会化与生产资料资本主义私人占有制的矛盾，揭露了资本主义剥削的秘密，创立了剩余价值学说，从而得出社会主义代替资本主义的科学结论。马克思和恩格斯在《共产党宣言》中指出："资产阶级在它的不到一百年的阶级统治中所创造的生产力，比过去一切世代创造的全部生产力还要多，还要大。"正是生产力这个强大的武器，使资产阶级彻底战胜了封建制度。但是，生产力的充分发展，它的高度社会化，在新的条件下，又同资本主义私人占有制之间发生了尖锐的矛盾和冲突。这种矛盾和冲突的阶级表现就是无产阶级和资产阶级之间的对立和斗争。资本主义的发展不但造成了使自己灭亡的物质基础——社会化的生产力，而且造就了使它灭亡的主体力量——现代无产阶级。这就是马克思、恩格斯所说的："资产阶级不仅锻造了置自身于死地的武器；它还产生了将要运用这种武器的人——现代的工人，即无产者。"这样，马克思、恩格斯便以唯物史观为指导，科学地说明了资本主义生产方式的本质、它的历史地位和必然灭亡的历史命运；通过这种分析，又进一步指明了实现社会主义的现实道路和依靠力量——通过无产阶级革命斗争，剥夺资本家，建立社会主义所有制，解放和发展生产力，最后向共产主义社会过渡。因此，科学社会主义理论的产生，是以马克思主义哲学为起点和方法，以对资本主义经济关系的研究为基础的。这就是马克思主义三个组成部分之间的内在联系。正是在这个意义上，恩格斯说："现代的唯物主义，它和过去相比，是以科学社会主义为其理论终结的"。我们要做一个自觉的、坚定的社会主义者，而不了解马克思主义哲学，那是完全不可思议的。一切忠实于社会主义、共产主义伟大事业的人们，所以能在各种政治风浪中始终保持清醒的头脑和坚定的信念，不为任何艰难困苦所吓倒，不因暂时挫折和失利而动摇，根本的原因，就在于他们有一个科学的马克思主义哲学世界观和方法论，能够透过各种纷繁复杂的现象和历史迷雾而始终牢牢把握历史发展的总趋势。

第二次世界大战之后，资本主义发生了许多新的变化。例如：国家从"守夜人式政府"转向对经济进行直接干预和普遍调节，使经济危机得到相当程度的缓和；实行"社会福利政策"，吸收工人"参股"和参与管理，使阶级矛盾得到相当程度的缓解；大力拓宽国际贸易空间，导致生产经营和资本流动国际化，推动了经济全球化趋势加速发展，使经济危机和阶级矛盾相当程度地转移到全球范围而使国内矛盾得到一定程度的缓和；特别是利用新科学技术革命的机遇，大力发展高新技术和第三产业，不仅推动了生产力的发展，而且使劳动力的结构发生了重大变化，劳动者队伍出现知识化、白领化、多层次化的新趋势，以知识分子为主的中间阶层不断扩大。但是，这些变化并没有改变资本主义的本质。它的经济基础仍然是资本主义的私人占有制，股权社会化不过是资本主义私人占有制的一种新模式，正如江泽民所说："股份制是现代企业的一种资本组织形式，不能笼统地说股份制是公有还是私有，关键是看控股权掌握在谁手中。"在资本主义社会，控股权还是掌握在少数资本家手中，因此，资本主义生产社会化与生产资料私人占有制的基本矛盾依然存在。资本主义国家工人的社会福利和生活水平有了很大的提高，但是他们作为受剥削的雇佣劳动者的地位并没有改变，资本主义社会贫富两极分化的现象依然十分严重，几十年来西方发达国家生活在贫困线以下的人口一直保持在15%～20%，美国最低层的40%家庭拥有的财富仅占美国总财富的0.2%。因此，资本主义的自我调节与完善，都是在资本主义制度所允许的范围之内，资本主义制度的根基并没有被触动，因而马克思主义关于资本主义必然灭亡、社会主义必然胜利的基本原理并没有过时。我们看问题一定要透过现象而抓住其本质，不能被表面现象模糊我们对历史发展总趋势的把握。

2. 关于如何认识和对待当前社会主义发展中的曲折问题

这个问题，同样需要站在哲学的高度，用正确的观点和方法给予分析。按照唯物辩证法的观点，事物的发展都是前进性与曲折性的统一，其总趋势是前进的、上升的，而道路则是迂回的、曲折的。世界上从来就没有直线前进的事物。自然界如此，社会生活同样如此。每一种新的社会制度的产生和发展，都走过了相当艰难曲折的道路。英国资本主义制度取代封建制度，经历了 48 年复辟和反复辟的斗争，法国则经历了 86 年的反复较量。就整个资本主义制度来说，从建立到成熟，大约经历了二三百年的时间，其间不断发生经济危机和政治危机。这还是以一种剥削制度代替另一种剥削制度。社会主义取代资本主义是消灭一切剥削制度的斗争，指望这种斗争不会出现任何曲折而总是一帆风顺，那是根本不现实的。

社会主义在发展中出现曲折，至少有四个方面的原因：第一，国内外阶级斗争的长期存在。“树欲静而风不止”。有斗争就会有起伏、有波浪。社会主义发展中出现高潮与低潮、胜利与挫折是合乎规律的现象。第二，社会主义制度是人类历史上崭新的社会制度，它的建设和发展需要经历一个从没有经验到取得经验、从不太完善到比较完善、从不太成熟到比较成熟的过程。在这个过程中，由于经验不足而犯一些错误、走过一些弯路、遭受一些挫折，是难以完全避免的。我们只能遵循“实践、认识、再实践、再认识”的认识道路，不断地总结经验，逐步地从必然走向自由。第三，现实的社会主义国家原来基本上都是经济文化落后的国家，建设社会主义有着特殊的困难和难以预料的风险，尤其需要经历一个长期艰难探索的过程去寻找适合自己国情的现实道路。第四，社会主义国家党和政府的领导，如果发生严重的腐败现象，或者在路线上、在重大决策上发生严重失误，就会使问题变得复杂起来，就会发生大的曲折，甚至出现历史性的倒退。前两条是客观原因，后一条是主观原因。只要主观上不发生大的问题，曲折虽然不可避免，但大的曲折、尤其是历史大倒退那样的曲折就可以避免。但是，不论发生什么样的曲折，它们都不过是构成历史发展总趋势的一个个具体环节，没有、也不可能改变历史发展的总趋势。正如黄河九曲十八弯，大江东去这个总趋势是不会改变的。重要的是，第一，不要把暂时的曲折看成历史发展的结局，而应当站在历史发展的宏观高度，如实地把曲折看成是一种暂时的现象，在任何曲折和困难面前不丧失信心，始终牢牢把握历史发展的总趋势。第二，善于总结经验和教训，尽量避免那些可以避免的曲折，把曲折和损失减少到最低限度。在这里，最关键的是搞好党的自身建设，使我们党始终成为代表先进生产力发展要求、代表中国先进文化的前进方向、代表中国最广大人民根本利益、永远走在时代前列的马克思主义政党。

对于无产阶级和革命人民来说，“前途光明，道路曲折”，这不是一句套话，而是铁的法则。我们从革命开始那一天，就一直走着曲折前进的道路。当巴黎公社起义正在进行的时候，马克思说：“无论公社在巴黎的命运怎样，它必然将遍立于全世界。”四十多年以后，俄国十月革命的胜利证实了马克思的科学预见。当世界上第一个社会主义国家受到 14 个帝国主义国家的武装干涉而处于十分危急的情况下，列宁坚定地指出：“不论革命有什么样的困难，可能遭到什么样的暂时失利，不论反革命掀起什么浪潮，无产阶级的最终胜利是不可避免的。”历史的发展同样证明了列宁论断的正确。中国人民所走过的革命道路更是百般艰难曲折。民主革命28年历程中，几经挫折和失败。1927年蒋介石“四·一二”叛变，把中国人民打入血泊之中。但是，中国人民和中国共产党没有被杀绝、没有被吓倒，他们擦干身上的血迹，掩埋好同伴的尸体，又起来战斗了，并且学会了用武装的革命反对武装的反革命，到农村去开辟革命根据地。根据地建立之初，敌人力量十分强大，有人怀疑:“红旗到底能够打多久?”毛泽东高瞻远瞩地指出:“星星之火，可以燎原”。而这燎原之火也是几起几落。特别是土地革命战争后期，由于王明“左”倾错误指导，根据地党和革命的力量损失90%，白区党的力量几乎损失殆尽。但是，长征到达陕北之后，我们总结了经验教训，最后终于战胜了国内外一切敌人而赢得了民主革命的胜利。进入社会主义时期以后，小的曲折不算，大的就有两次:一次是1958年以后的三年“大跃进”，一次是十年“文化大革命”。这些错误给我们造成了严重的困难。但是，十一届三中全会以后，我们总结了这些经验教训，从纠正错误中进一步成熟起来，终于开辟了社会主义建设的新局面。历史是一面镜子。它告诉我们:革命无论如何困难，无论遭受什么样的挫折，它最后总是要胜利的，因为它符合历史发展的客观规律，代表历史前进的方向。正如邓小平所说:“一些国家出现严重曲折，社会主义好像被削弱了，但人民经受锻炼，从中吸取教训，将促使社会主义向着更加健康的方向发展。”

(二)只有认真学习马克思主义哲学，才能自觉走建设有中国特色的社会主义道路

科学社会主义理论的产生，离不开马克思主义哲学的指导;而这个科学理论的实现，同样离不开马克思主义哲学的指导。因为任何一种科学理论都是一种科学抽象，当把它们付诸实践的时候，都需要同一定的具体条件相结合，使之带有由这些具体条件所决定的具体特点。普遍性的东西只有通过一定的特殊性才能表现出来。列宁说:社会主义一般原理的应用，“具体地说，在英国不同于法国，在法国不同于德国，在德国又不同于俄国。”尤其是在原来经济文化比较落后的国家建设社会主义，是更加复杂而困难的任务。要完成这个任务，必须有一条正确的思想路线，从国情出发，把科学社会主义的一般原理同本国的具体实践结合起来，独立自主地、创造性地解决本国建设社会主义的具体道路。

当前某些社会主义国家出现的严重问题，原因是多方面的，而且不同的国家也有不同的情况，需要进行深入、具体的分析。但是，说到底，是一个思想路线问题、哲学问题。长期以来，在国际共产主义运动中，教条主义盛行，没有很好地坚持马克思主义普遍真理同本国具体实践相结合，不仅犯了阶级斗争扩大化的严重错误，而且没有随着形势的发展不断完善自己的社会主义体制。在不少的国家里，简单照搬外国经验和具体做法，没有独立自主解决问题的能力，经济模式、政治模式、内外政策，甚至人事安排，都听命于别国。这些“左”的做法势必脱离实际，脱离群众，使社会主义制度的优越性不能得到充分发挥，生产力不能得到应有的发展，人民生活不能得到应有的改善。正是这种“左”的错误引起人民的不满，导致一些国家党的垮台，政权丢失。而另一些国家在纠正“左”的错误过程中，又走上另一个极端，推行一条右的路线，根本否定社会主义而追求资本主义模式。例如，在思想上，过去存在把马克思主义教条化的错误，现在则在“真理多元化”的旗号下，根本否定马克思主义的指导地位。在政治上，过去搞阶级斗争扩大化，现在则否认一切阶级斗争，搞所谓民主的、人道的社会主义;过去忽视民主建设，搞得权力过分集中，现在则在“政治多元化”和抽象民主的旗号下，否定共产党的领导地位，实行所谓“多党制”。在经济上，过去搞纯而又纯的公有制，现在则取消公有制的主导地位。如此等等。“形而上学猖獗”那句话用在今天某些国家是再恰

当不过的了。这种情况表明，右可以葬送社会主义，“左”也可以葬送社会主义，而不论是“左”的错误还是右的错误，都根源于思想路线的错误，正如毛泽东所说：“一切大的政治错误没有不是离开辩证唯物论的。”①

我国社会主义建设的历史经验也充分地证明了这一点。1985 年邓小平指出：“中国搞社会主义走了相当曲折的道路。二十年的历史教训告诉我们一条最重要的原则：搞社会主义一定要遵循马克思主义的辩证唯物主义和历史唯物主义”。这可以说是对我国社会主义历史经验的一个根本性的总结。马克思以辩证唯物主义和历史唯物主义为指导，把社会主义由空想变成科学，但是，这个科学的理论在向实践转化的过程中一旦脱离了辩证唯物主义和历史唯物主义的指导，它便会重新染上空想的色彩。例如，过去我们不顾生产力发展的实际水平，在生产关系上“急于过渡”，追求又公又纯的社会主义；不顾国力民力可能的负担，在经济发展战略上“急于求成”，追求不切实际的高速度；在“文化大革命”中，实行以“阶级斗争为纲”的“左”的政策，忽视发展社会生产力等等，都是由于思想路线的错误导致重大决策的失误，使我们在相当大的程度上陷入了主观主义空想。十一届三中全会以来，我国社会主义事业实现了伟大的历史性转折。这个转折，首先是从端正思想路线开始的。没有真理标准的那一场大讨论，没有实事求是思想路线的重新确立，我们就不可能从根本上纠正过去“左”的错误，就不可能把工作的重心转移到经济建设上来，就不可能提出一系列改革开放的政策，就不可能提出建设有中国特色的社会主义任务以及为了实现这个任务所必须坚持的“一个中心、两个基本点”的基本路线。这再一次说明，思想路线正确与否，对于革命和建设事业的成败具有决定性的意义。当然，思想路线的解决，并不是一劳永逸的。在整个改革开放和现代化建设的过程中，我们要始终坚持“一个中心、两个基本点”的基本路线，必须不断排除“左”的和右的干扰。这两种倾向，就思想路线来说，都是否定马克思主义普遍真理同我国具体实际相结合的原则，都是主观主义的。特别是“左”的思想，在我国根深蒂固，是推进我国改革和发展的主要思想障碍。我们要加快改革开放的步伐，加快经济建设，必须始终坚持解放思想、实事求是的思想路线。邓小平 1992 年初在视察南方时的重要谈话中说：“实事求是是马克思主义的精髓”，“过去我们打仗靠这个，现在搞建设、搞改革也靠这个”，“我们改革开放的成功，不是靠本本，而是靠实践，靠实事求是”。因此，要保证我国始终沿着有中国特色的社会主义道路前进，一个重要的条件，就是要努力提高广大党员、首先是各级领导干部的马克思主义理论水平，自觉地坚持辩证唯物主义和历史唯物主义的思想路线，反对任何一种主观主义的思想路线。

（三）只有认真学习马克思主义哲学，才能改进思想方法、工作方法，做好各项实际工作

毛泽东说：“我们不但要提出任务，而且要解决完成任务的方法问题……不解决方法问题，任务也只是瞎说一顿。”目前，我国正处于深刻的历史大变革时期。党的十五届五中全会和九届人大四次会议规划了我国第十个五年计划的宏伟蓝图，明确了我国进入新世纪的三大任务，确定了今后我国发展的奋斗目标、指导方针和主要任务。我们要实现这个伟大的历史任务，必须努力改进思想方法和工作方法，提高领导艺术和领导水平。

1. 坚持世界观与方法论的统一，自觉改进思想方法、工作方法

---

① 《毛泽东哲学批注集》，中央文献出版社 1988 年版，第 311－312 页。

恩格斯在他逝世前写的一封信中强调指出:“马克思的整个世界观不是教义，而是方法。”1937 年毛泽东在一个讲课提纲中说:“辩证法唯物论是无产阶级的宇宙观，同时又是无产阶级认识周围世界的方法和革命行动的方法，它是宇宙观和方法论的一致体”，“世界本来是发展的物质世界，这是世界观;拿了这样的世界观去看世界，去研究世界上的问题，去指导革命，去做工作，去从事生产，去指挥作战，去议论人家长短，这就是方法论，此外并没有什么别的单独的方法论。”50 年代哲学界把唯物论说成是世界观，把辩证法说成是方法论，这是不对的。唯物论、辩证法、历史唯物论，都是世界观，也都是方法论，是二者的统一。学了哲学而不把它当作方法来运用，就是理论和实践相脱离，就失去了学习哲学的意义。所以，我们党一向强调学习哲学要注重改造思想方法、工作方法。1941 年，毛泽东在一封信中谈到理论学习的时候指出:“关于理论方面，暂以研究思想方法论为主”。① 正是在他的倡导下，当时编辑出版了《思想方法论》一书。在 1958 年 3 月成都会议上，他又说，方法问题，第一是唯物论，第二是辩证法。1959 年 4 月在八届七中全会上，他又说:所谓方法，无非就是思想方法和工作方法。思想方法和工作方法是互相结合的，思想方法不对头，工作方法也就不对头。在这里，毛泽东科学地说明了思想方法与工作方法的关系。所谓思想方法就是认识世界的方法，所谓工作方法就是改造世界的方法;思想方法决定工作方法，工作方法是思想方法在实践活动中的表现。二者在表现形态上有所区别，而在实质上都是世界观的体现。

2. 全面掌握我们党的一系列科学的思想方法和工作方法

在长期的革命实践中，我们党运用马克思主义哲学总结历史经验，创造了一系列内容极其丰富、具有中国共产党人特色的思想方法和工作方法，对马克思主义哲学作出了重大贡献。

毛泽东在这方面著作之多，是前所未有的。在各个历史时期，他不仅结合阐明党的路线方针政策讲思想方法、工作方法，而且写下许多专门谈思想方法、工作方法的著作，例如第二次国内革命战争时期有《反对本本主义》、《关心群众生活，注意工作方法》;抗日战争时期有《实践论》、《矛盾论》、《整顿党的作风》、《关于领导方法的若干问题》;解放战争时期有《关于健全党委制》、《党委会的工作方法》;建国以后有《工作方法六十条》、《人的正确思想是从哪里来的?》;等等。就其内容的丰富性、系统性和新颖性来说，在马克思主义思想史上是无与伦比的。例如:一切从实际出发，实事求是，调查研究;两分法，重点论;从群众中来，到群众中去;独立自主，自力更生;理论和实践相结合，一般号召和个别指导相结合，领导和群众相结合;解剖麻雀，一切经过试验和试点;具体问题具体分析，承认差别，区别对待，分类指导;抓好典型，带动一般;统筹兼顾，“弹钢琴”;要“胸中有数”，作基本的数量分析;波浪式发展，自觉走曲折前进的道路，以及阶级分析的方法等等，可以说把马克思主义哲学从方法论的角度作了全面的发挥，形成了一个完整、系统的科学方法论的理论体系。全面地掌握这些方法，对于我们正确地制定和执行党的路线、方针、政策，对于改进领导作风，提高领导艺术，卓有成效地开展各项工作，具有十分重大的意义。

邓小平作为我们党的第一代领导集体的重要成员和第二代领导核心，对毛泽东倡导的科学的思想方法和工作方法一贯身体力行，并在许多方面作了创造性发展。特别是在社会主义建设的新时期，他领导全党在思想路线上大刀阔斧地拨乱反正，提出“‘两个凡是’不符合马克思主义”，强调解放思想、实事求是，在实践中检验真理、发展真理，强调在实践中敢试敢

① 《毛泽东书信选集》，人民出版社 1983 年版，第 189 页。

闯，强调以“三个有利于”作为检验各项工作的根本标准，强调以人民满意不满意、高兴不高兴、答应不答应作为考虑一切问题的出发点、落脚点，强调“要讲两句话”，强调老祖宗不能丢、又要讲新话，等等。在起草《关于建国以来党的若干历史问题的决议》过程中，针对历史的教训，他强调指出：“现在我们的干部中很多人不懂哲学，很需要从思想方法、工作方法上提高一步。”

江泽民也十分重视思想方法、工作方法。1989 年 11 月 9 日《在党的十三届五中全会上的讲话》中，他明确指出：“马克思主义理论的内容非常丰富，目前我们首先要认真学习马克思主义哲学，掌握辩证唯物主义和历史唯物主义的基本观点、基本方法，比如主观符合客观的观点、实践的观点、历史的观点、全面的辩证的观点、阶级分析的观点。”强调解放思想、实事求是是马列主义、毛泽东思想的精髓，也是邓小平理论的精髓，“把握了这个精髓，也就把握了马克思主义最本质的东西。”他强调，学习马克思主义要以我们正在做的事情为中心，着眼于马克思主义理论的运用，着眼于对实际问题的理论思考，着眼于新的实践和新的发展。

以胡锦涛为代表的新一代共产党人解放思想、实事求是、与时俱进，丰富发展了马克思主义的思想路线，提出了科学发展观，并把统筹兼顾作为根本方法。提出要真正学懂弄通，掌握精神实质，提高理论素养，不断加强工作中的理论自觉和理论指导，要自觉成为学以致用、用有所成的表率，着眼于解决改革发展稳定中的实际问题，把学习的体会和成果转化为谋划工作的思路、促进工作的措施、领导工作的本领，特别是要转化为全面建设小康社会、构建社会主义和谐社会的能力，转化为推动党的执政能力建设和先进性建设的能力。①

3. 在当前，改进思想方法和工作方法有着特殊的迫切性

这一方面是由于我们面临的国际国内形势十分复杂、任务十分艰巨，很需要我们加强领导工作的原则性、系统性、预见性和创造性；另一方面，是由于我们干部队伍的现状还不完全适应当前形势与任务的要求。三十多年来我们的干部队伍发生了很大的变化，一大批原来在基层或技术岗位上工作的同志陆续走上各级领导岗位，这些同志比较年轻，一般地说有较高的文化素养和较强的开拓进取精神，这是一种优势。但是，毋庸讳言，在许多同志身上也存在理论功底不足的弱点，他们对我们党的那些传统的思想方法、领导方法、工作方法不那么熟悉，这在一定程度上限制了他们领导作用的发挥。应当说，有较高的文化水平，懂得专业知识是重要的，是从事现代化建设所必需的。但是，对于担负领导工作的干部来说，这又是远远不够的。由于工作对象、范围、条件的变化，原有的专业知识只有经过哲学提炼，上升为一般性的东西，专业知识才有助于对全面工作的领导，才能提高驾驭全局工作的能力。因此，对于大量走上领导工作岗位不久的同志来说，学习马克思主义哲学，提高自己的领导水平和领导艺术，是一项更加迫切的任务。现在，在我们的领导工作中存在许多形式主义和官僚主义，也存在这样那样的本本主义和经验主义，以及不顾大局的本位主义等等，说到底是一个世界观、方法论的问题。针对这种状况，作为领导干部，不论是干哪一行的，都应该努力学习马克思主义哲学，努力掌握唯物辩证法。

二、学习马克思主义哲学的方法

理论联系实际是马克思主义的一个最基本的原则。它既是我们学习马克思主义的目的，

① 中共中央文献研究室：《十六大以来重要文献选编》，中央文献出版社 2008 年版，第 275 页。

又是学习马克思主义的基本方法。

理论联系实际，前提是认真读书，弄通理论。没有理论，脑子里是一张白纸，用什么去联系实际？过去在干部理论学习中有过一种倾向，对于读书不怎么重视，名曰理论联系实际，讨论起来却只是从实际到实际，或者简直就是海阔天空地漫谈，或者变成变相的研究工作，结果在理论素质上并无多大提高。这种情况应当防止和纠正。一定要坐下来，系统地读几本马克思主义哲学著作，做一点读书笔记，真正打下坚实的马克思主义理论根底，这将是终生受益无穷的。在下功夫研究哲学这一点上，我们应当向毛泽东同志学习。大家看到1988年出版的《毛泽东哲学批注集》，上面圈圈点点、勾勾画画，读的是何等认真、何等刻苦，有的书不止读一遍，而是几遍，上面还写了密密麻麻的许多批语。要真正掌握马克思主义哲学，没有这种老老实实、勤奋刻苦的读书精神是根本不可能的。

读书重要，但读书不是目的，目的是应用，而且只有在应用中才能真正把书读懂。所以，在读书的过程中要注意联系实际。联系实际，包括多方面的内容，就其基本方面说，主要有：

(一)总结实践经验

包括社会主义的历史经验和改革开放以来的新鲜经验，把它们提高到哲学世界观和方法论的高度去加以分析，搞清做对了的为什么对，做错了的为什么错，“不吃糊涂亏，不占糊涂便宜”，努力从具体的实践经验教训中引出必要的哲学结论，以作为今后工作的向导。

毛泽东在这方面是一个楷模。他十分重视并善于把实际工作中的经验教训上升到哲学上去加以分析。大家知道，第二次国内革命战争遭到严重失败之后，全党面临总结经验的任务。毛泽东不但分别从政治路线、军事路线、组织路线上总结经验，而且特别重视从思想路线上总结经验，这项工作从1935年起，一直搞到1945年党的七大，大约用了十年的时间，通过对主观主义、特别是教条主义的批判，终于在全党确立起一条实事求是的思想路线，为中国民主革命的迅速胜利奠定了坚实的思想基础。建设有中国特色的社会主义，同样应当重视总结经验，包括中国社会主义的历史经验和其他社会主义国家的经验，改革开放以来的经验，以及资本主义发展的历史经验。要使这种总结是全面的而不是片面的，系统的而不是零碎的，深刻的而不是肤浅的，只能借助于马克思主义哲学这个伟大的认识工具。以马克思主义哲学为指导去总结经验，又把经验上升到哲学高度，这是学习、运用和发展马克思主义哲学的重要途径。

(二)把学习哲学同开展实际工作结合起来，自觉地用马克思主义立场、观点、方法研究新情况，解决新问题

包括正确地分析形势与任务，制定方针与政策，恰当地处理社会、经济工作中的各种矛盾，特别是带全局性、战略性、前瞻性的重大矛盾。重视并善于从哲学的高度解决问题，这是一项马克思主义的领导艺术。毛泽东是这样，邓小平也是这样。在“文化大革命”结束以后，中国面临成堆成山的问题。从哪里入手解决问题？邓小平抓住思想路线的拨乱反正这个根本问题，通过端正思想路线推动了指导思想和各条战线的拨乱反正，从而开创了中国社会主义建设的新局面。在改革开放的过程中，面对一些同志囿于传统观念、抽象谈论姓“社”姓“资”的纠缠，邓小平从历史唯物主义高度提出“三个有利于”的判断标准，使人们的思想获得极大的解放，从而把我国的改革开放推进到一个新的发展阶段。现在，我国正进入全面建设小康社会、加快实现现代化的新的发展阶段，面临许多从来没有遇到过的艰难课题，要求我们要

一以贯之地坚持解放思想、实事求是的思想路线，这是把我们的事业胜利推向前进的根本思想保证。处理好带全局性的各种重大关系如一个中心与两个基本点的关系，两个基本点之间的关系，改革、发展、稳定的关系，物质文明建设与精神文明建设的关系，经济发展中速度与效益的关系、市场机制与宏观调控的关系等等诸如此类的各种关系，都需要在掌握材料的基础上辩证地加以把握。有了哲学头脑，我们就会站得高些，看得远些，看得深些，就会从各种纷繁复杂的现象中理出一个头绪，抓住根本，从而做到高屋建瓴、势如破竹。否则，就会如坠烟海，事倍而功半。

(三)联系自己的思想实际，自觉改造世界观，增强党性修养

毛泽东说："无产阶级和革命人民改造世界的斗争，包括实现下述的任务：改造客观世界，也改造自己的主观世界——改造自己的认识能力，改造主观世界同客观世界的关系。"①我们离职到党校来学习或在岗位上在职学习，都要把加强党性锻炼贯穿于学习的全过程。共产党员的党性，作为无产阶级阶级性的集中表现，它体现在各个方面，包含理想、信念、宗旨、作风、纪律等等方面。在哲学学习中，重点是要正确认识和处理主观与客观、理论与实践、领导与群众的关系，坚持党的实事求是的思想路线和群众路线，反对主观主义的思想路线，反对官僚主义、形式主义等等不良的思想作风和工作作风。邓小平说："毛泽东同志倡导的作风，群众路线和实事求是这两条是最根本的东西。"②思想路线和群众路线问题不是一个小问题，而是一个原则的问题，是一个共产党员有没有党性、党性纯不纯的问题。没有正确的思想路线，不坚持党的群众路线不可能坚持党的政治路线，在现阶段就不可能自觉地、全面地贯彻党的"一个中心、两个基本点"的基本路线。因此，我们在学习中，要认真对照自己的思想实际，自觉清除唯心论和形而上学的影响。要很好地回顾我们在什么情况下常常犯主观主义和脱离群众的错误，为什么会犯这种错误，怎样才能自觉地坚持一切从实际出发、理论和实际相统一、主观和客观相符合、领导和群众相结合的实事求是的思想路线和党的密切联系群众的群众路线。

思考题：

1. 哲学的本质和功能是什么？
2. 哲学的基本问题是什么？
3. 如何理解马克思主义哲学的创立实现了哲学史上的伟大变革？
4. 如何理解毛泽东思想和中国特色社会主义理论体系在马克思主义中国化中的地位？

① 《毛泽东选集》第2版，第1卷，第296页。

② 《邓小平文选》第2卷，第45页。

◆第二章 世界的物质性与人的实践把握

马克思主义哲学是以实践观点为基础的辩证唯物主义和历史唯物主义。它对自然、社会和人类思维的看法既根本不同于一切唯心主义，也与一切旧唯物主义(包括朴素的唯物主义和形而上学的唯物主义)有原则的区别。学习马克思主义哲学，首先要把握它关于世界的物质性及其与人类实践活动的关系的基本观点。

第一节　世界的物质统一性

一、马克思主义哲学的物质概念

人类哲学思维对物质的认识经历了一个漫长的逐步深化的过程。古代的朴素唯物主义者和近代的形而上学唯物主义者或者依靠对自然现象的笼统的直观，认为世界万物都是由一种或几种实物构成的;或者依靠想像和猜测，认为万物都是由某几种特殊的实体构成的。

中国传统哲学中“气”的概念，就相当于我们今天所说的物质的概念。“气”的概念早在西周末年就已出现。春秋时期提出“天有六气”之说。战国时荀子认为“气”是包括人在内的万物的共同基础。东汉王充认为“天地合气，万物自生”，并认为“气”是“恬淡无欲无为无事”的东西。到宋代的张载、明清之际的王夫之等人，更对“气”一元论作了许多发挥。他们都认为“气”是万物的本原，万物产生于“气”，又复归于“气”。“气一元论”通过“气”的“气化”(演变)提出了宇宙生成模式。西方古希腊罗马哲学家也提出了世界的本原是水、火、气等的看法。德谟克利特提出原子论，认为世界的本原是原子和虚空。一直延续到近代的西方唯物主义都认为万物是由当时已知的最小粒子即原子所构成。应当肯定，古代朴素唯物主义者和近代形而上学唯物主义者从物质世界本身去寻求世界的本原，承认物质不依赖于意识，是合理的思维路线。但是，他们把物质归结为某种元素或某些具体的物质形态，把物质的某种或某些特殊性质当成物质的一般性质，却是错误的。按照这样的理解，解释不了千变万化的物质现象，特别是人类社会历史现象。

辩证唯物主义总结了哲学和科学长期发展的成果，对物质概念作出了科学的规定。它指出，人们通过感官接触到的种种事物千差万别，具有无限多样的特殊性质，然而有一种性质是它们共有的，那就是它们都是存在于人的意识之外、又为人所感觉的客观实在。这种客观实在就是哲学意义上的物质。列宁对物质下了一个著名的定义:“物质是标志客观实在的哲学范畴，这种客观实在是人通过感觉感知的，它不依赖于我们的感觉而存在，为我们的感觉所复写、摄影和反映。”①这个定义深刻地体现了本体论和认识论的统一、唯物论与辩证法的统一、自然观和历史观的统一，是马克思主义哲学理论大厦的基石，具有重大的理论意义。

第一，它同唯心主义以及二元论划清了界限。唯心主义派别中有的流派为了避免同人类的朴素信念和自然科学的结论发生明显的矛盾，往往并不拒绝使用“物质”这个概念，甚至还大谈物质的这种或那种特性。但是，他们根本否认物质是不依赖意识而存在的东西。二元论也不否认物质的存在，但是他们却把物质和意识说成是互不依赖、彼此独立的两个实体，这就承认了意识可以脱离物质而独立存在。辩证唯物主义的物质概念则指出物质是不依赖于意识的，而意识却不能脱离物质。这就从本体论上坚持了唯物主义的物质一元论，揭露了唯心主义和二元论的谬误。

第二，它同不可知论划清了界限。休谟宣称，我们所能知道的是我们的感觉经验，至于我们的感觉经验之外有没有客观实在，这是一个永远不可能解决的问题。康德则宣称，尽管在我的感觉之外存在着“自在之物”，但它是永远不可能被认识的。这两种不可知论都否认意识是物质的反映，把意识说成是先天的、自生的、不依赖于物质的东西，转弯抹角地肯定了唯心主义的基本出发点。辩证唯物主义的物质概念指出，物质不仅存在于意识之外，而且能够被意识所复写、摄影和反映。意识不是先天自生的东西，而是被物质决定的东西。这就从本体论和认识论的统一上论证了认识的可能性，从而与不可知论划清了界限，堵塞了从哲学基本问题的第二方面偷运唯心主义的通道。

第三，它克服了旧唯物主义的缺陷。首先，旧唯物主义混淆了两个不同性质的问题：一个是有没有不依赖于意识而存在、又能为意识所反映的客观实在的问题，对这个哲学问题的回答，是区分唯物主义和唯心主义的标准。另一个是物质的结构是怎样的问题，这并不是哲学问题，而是一个自然科学问题。旧唯物主义的第一个缺陷是，它不懂得共性和个性的辩证法，混淆了这两个不同性质的问题，把人们在一定历史阶段上认识到的物质特殊结构和属性说成是物质的共同本质。例如，当近代自然科学发现实物是由分子构成的、分子是由原子构成的时候，旧唯物主义就把物质归结为原子，将原子的属性误认为是物质的共同本质，这就无异于承认不具有这些属性的东西不是物质了。这样，当新的科学发现突破了传统的物质结构观念的时候，旧唯物主义就没有能力捍卫唯物主义的基本原则。旧唯物主义的另一个缺陷是，它不了解人的实践活动本身是一种客观实在，而且是更重要的客观实在。在自然观上，旧唯物主义尚能把自然事物理解为独立于人的精神的客观存在，坚持了唯物主义的原则；而在社会领域，它不懂得实践的意义，不把社会生活中人的实践理解为客观的物质活动，而看成是一种精神活动，导致了把人类历史解释为独立的“精神历史”错误。这便决定了它在历史观上不能不违背唯物主义，而陷入唯心主义，成为“半截子”的唯物主义。在辩证唯物主义看来，社会生活在本质上是实践的，而人类的实践活动也是物质的、客观的实在。这就把唯物主义原则贯穿到人类历史领域，对自然过程和历史过程作出了统一的说明，同历史唯心主义划清了界限。

二、物质的固有属性及其形态

物质世界是处于永恒的运动之中的，运动是物质的固有属性，物质是运动的主体，是与

---

① 《列宁选集》第2卷，人民出版社1995年版，第89页。

运动不可分割的。没有不运动的物质，也没有无物质的运动。

首先，没有不运动的物质。

古代的朴素唯物主义者曾经正确地肯定过"一切皆流，一切皆变"，但并没有充分的科学根据，也不可能对流和变作出科学的解释。15 世纪后半期欧洲的实验科学兴起后，为了弄清细节，就不得不首先把研究对象当做是静止的东西，而忽略了它们的运动和变化，后来导致了离开运动来考察物质的形而上学观点。辩证唯物主义总结了 19 世纪中叶达到的科学成就，在科学的基础上重新肯定并发展了古代朴素唯物论和朴素辩证法的合理思想，确立了一切物质都在永恒的运动的重要原理。这个原理指出，任何形态的物质，由于它内部固有的矛盾的推动，无时无刻不在运动。而且，运动着的物质的性质和形态是从运动的形式得出来的，只有通过认识物质的运动形式才可能认识物质，绝对不运动的物质是根本不存在的。运动决不是物质的偶然的、从外面附加的、可有可无的属性，而是物质的必然的、固有的、不可或缺的属性。

辩证唯物主义并不否认静止，但认为静止只是运动的特殊状态，只是相对的、有条件的。所谓静止，一是相对于特定的运动形式而言的。例如，地面上的建筑物相对于地面没有发生机械运动，它对于地面就是静止的。但是，它内部结构的分子、原子、原子核、电子、质子和中子等等无一不在运动。而且，这里所谓没有作机械运动，也只是相对于地面而言(以地球为参考系)才是如此。二是相对于事物的质变而言的。当某一事物的运动还没有达到质变的时候，该事物还是它自己，在这个意义上它是静止的。

承认相对静止是必要的。第一，正因为事物有相对静止的一面，才可能成为有确定形态的事物，才可能存在和发展，才可能被人们认识和利用。相对静止是事物存在的根本条件。有的基本粒子的寿命只有一亿亿分之一秒，确实变化得快极了，但它毕竟在这一亿亿分之一秒的时间里有相对的静止。如果连这种相对静止也没有，就没有理由说它存在，就无从认识它，连给它命名也不可能了。第二，正因为事物有相对静止的一面，才可能在其内部积累必要的条件，实现由一种形态向另一种形态的转化。没有表现为相对静止的量变作准备，质变也不可能实现。例如，如果社会主义的生产关系没有相对的稳定，不在一定时期内巩固它，利用它来促进生产力的发展，而是不停地变革，生产力就要被破坏，就不可能为过渡到共产主义社会创造必要的前提。第三，正因为事物有相对静止的一面，运动才成为可以衡量和计算的东西。运动应当从它的反面即从静止寻找它的量度。例如，物理学上要描述客体运动，就必须选择一个参考系，否则客体的位置和速度就不可能确定。由此可见，在相对的意义上肯定静止，是符合客观实际的。如果不承认相对静止，便会陷入相对主义和诡辩论。但是，如果把静止绝对化，否认了运动，那就不符合实际了。

形而上学唯物主义的错误之一，就是设想存在不运动的物质。当然，它们也不是否认物质的任何运动，问题在于它们把一切运动都归结为机械运动，而又把机械运动归结为外力推动的结果，看不到运动是物质的固有属性。这与 17、18 世纪欧洲的自然科学状况有关。当时发展到较完善程度的是经典力学，而经典力学是用外力的推动来说明物体的运动的。这种理论在解决宏观物体的远低于光速的运动的计算问题上取得了巨大的成功，但是，把这种理论普遍化就不对了。例如，如果考察的是整个物质世界，那么推动它运动的"外力"岂不是要到非物质世界去寻找吗？牛顿本人在解释行星绕太阳运动时，就无法说明沿轨道切线方向的力是从哪里来的，只好求助于"上帝"的"第一次推动"，更不用说对整个物质世界的运动作出解释了。可见，设想不运动的物质，最后一定要陷入唯心主义。

其次，也没有无物质的运动。

说到运动，就不能不回答是什么在运动。科学发展的历史表明，任何领域里的运动，它的主体即担当者都是物质。机械运动的主体是宏观物体，热运动的主体是分子，化学运动的主体是原子，电运动的主体是电子，光运动的主体是光子，生物运动的主体是活的有机体，社会运动的主体是处在一定生产关系中的人，等等。从哲学范畴讲，这些都是各种不同形态的物质。当然，科学史上常有这样的情况，认识了某种形式的运动，暂时还弄不清运动的主体是什么。但是，这并不表明运动没有物质主体，运动的主体终究会被认识。例如，人们早就知道光的运动形式，但长期弄不清光运动的主体是什么，现代科学终于揭示出光是电磁波，运动的主体是光子。

唯心主义者否认物质是运动的主体。他们往往通过歪曲解释自然科学新成果来宣扬无物质的运动的谬论。20 世纪初期，德国化学家奥斯特瓦尔德根据放射性现象的发现得出结论说，物质是不存在的，存在的只有能，而能是运动，因此，只说“在运动着”就够了，至于研究什么东西在运动是没有意义的。他认为，由于可以把万物归结为能，怎样把“物质”和“精神”这两个概念结合起来的老大难问题就变得很简单，因为它自然而然地消失掉了。这当然只是幻想。运动的主体是什么的问题是一个回避不了的问题。只说在运动，而不承认是物质在运动，实际上是暗中承认了脱离物质的意识运动，而这正是唯心主义的观点。现代物理学发现电子和正电子相遇转化为一对光子（$e^{+}+e^{-}=2r$）。物理学上把这种现象称为“湮灭”（annihilation）。但是，“湮灭”现象决不意味着客观实在的消灭。因为光子虽然不是“弹子球”式的经典粒子，没有静止质量（“静止”的光子是一个无意义的概念），但是，它不是无主体的、“赤裸裸”的运动，而是电磁场的量子即既具有能量（E'）又具有动量（$P'=E/C$）的客观实在的运动，而这种客观实在正是哲学意义上的物质。根据现代物理学理论，宇宙的每一种基本粒子都有一个相应的反粒子，它们具有相等但相反的量子数，当一个粒子与其反粒子相遇时，会发生湮灭而转化为辐射。但辐射也是意识之外的客观实在，并不是人的意识现象，在哲学意义上仍然是物质。此外，近些年来对反物质的研究取得了许多新的进展，证明反物质世界是存在的。从理论上说，反粒子可以像粒子组成普通宇宙那样组成一个“镜像的”反物质宇宙，这些反物质的特性应该与我们所知的物质特性完全相同。这种探索表明人们对物质结构的认识正在继续深化。反物质并不是无主体的运动，更不是意识现象，而是意识之外的客观实在，在哲学的意义上仍然是物质。反物质的存在只表明了不同物质形态之间的转化，而不是表明作为客观实在的物质的“消失”。上述这些自然科学研究成果并没有证实唯心主义，而是证实了辩证唯物主义。

物质运动的形式是无限多样的，各种运动形式之间互相联系、互相转化。根据目前科学所揭示的情况，可以大致把运动的形式区分为：基本粒子的运动、化学的运动、宏观物体的机械运动、生物的运动、社会的运动等等。运动形式的分类只有相对的意义。人们对于运动形式的认识，必然随着科学研究的深入而拓展。物质的各种运动形式之间既互相联系，又有质的区别，它们构成物质世界的永恒运动。

三、物质的存在形式

物质的存在形式是空间和时间。运动着的物质不可能离开空间和时间，空间和时间也不可能离开运动着的物质。

运动着的物质不可能离开空间和时间。无论什么形态的物质客体，只要它存在着，就不能不具有一定的广延性(用通俗的说法，就是具有一定的体积，占据一定的位置)。这种广延性也就是空间。数学上的没有大小的点、没有宽度的线、没有厚度的面等，只是人们从现实的事物中抽象出来的概念，并不是现实事物本身。同样，任何物质客体，只要存在着，就不能不具有一定的持续性。许多基本粒子的“寿命”很短。例如，共振态粒子几乎一诞生就消灭了，被称为“短命粒子”。尽管如此，它还是有一段持续性。这种持续性也就是时间。所以说，物质的存在是不可能离开空间和时间的。

现代唯心主义者歪曲地解释自然科学的新成就，否认时空是物质的存在形式。例如，量子力学揭示了微观客体的“测不准关系”，证明不可能同时准确地测定微观粒子的空间位置(坐标)和动量。于是唯心主义者就得出结论说，微观粒子是不以空间和时间为存在形式的，这是一种诡辩。“测不准关系”反映的是微观客体的“波粒二象性”，其规律具有统计性质，不同于宏观客体的规律，不能要求微观客体也像宏观客体一样，可以同时准确地测定位置和动量。但是，能不能同时准确地测定微观客体的空间位置和动量是一回事，而微观客体是不是存在于空间和时间之中则完全是另一回事。把这两件不同性质的事拉到一起，从前者推出后者，是不合逻辑的。

空间和时间也不能离开运动着的物质。把空间和时间看成是与物质并存的实体，看成是储存物质的容器，以为没有物质也可以有空间和时间，这是旧唯物主义者的一种错误观念。古希腊的原子论者德谟克利特就认为，世界是由原子和虚空组成的，虚空是容纳原子并使原子得以运动的场所。返种观念在近代的牛顿力学中表现得更典型。在牛顿看来，空间是储存物质的空架子，时间则是均匀地流逝着的持续性，空间和时间不受物质及其运动的影响，空间和时间也无关联，这就是所谓的绝对空间和绝对时间的观念。这种观念之所以长期为人们接受，视为当然，是有其历史原因的。首先，是因为它似乎符合人们日常生活中的朴素经验，即所谓常识。在机械论的物质观还统治着人们的头脑的时候，人们只把具有静止质量的实物看成物质，很容易设想“空无一物”的空间和“空无一事”的时间。其次，当时科学实践的触角还没有伸进高速现象和微观现象的领域，而在低速宏观领域内时空随物质状态的变化而发生的变化极其微小，因而经典力学的定律与现实的误差也极其微小，完全不影响其实际应用，这就似乎印证了作为经典力学的绝对时空观的正确。因此，尽管当时已经发现了“场”的存在，人们也仍然按照经典物理学的框架，认为场必须以实物为载体，而不把它本身看做独立的实在，绝对时空观还是没有打破。辩证唯物主义在19世纪中叶就指出了绝对时空观的谬误，从哲学上论证了不可能有脱离物质的空间和时间。科学的发展越来越证实了辩证唯物主义的观点。

给分离时空与物质的观点以决定性冲击的是20世纪初期产生的相对论。爱因斯坦从狭义相对性原理(诸惯性系中一切物理定律等效)和光速不变原理(光在真空中的速度为恒值，与光源的运动无关)出发，首先建立了狭义相对论，揭示了时空的量度对惯性系的依赖关系：在一个惯性系中同时异地的两个事件在另一个惯性系中不同时，在一个惯性系中同地异时的两个事件在另一个惯性系中不同地；当物体相对某一惯性系作接近光速的运动时，从这一惯性系就会测得该物体沿运动方向的空间缩短，内部过程的时间变慢；空间和时间表现为四维的空－时连续区。这对于经典力学把空间和时间的量度看成绝对不变的观点是有力的否定。狭义相对论所揭示的空间和时间的量度依赖于惯性系的事实表明，空间和时间是相互关联的。揭示了时空的相互联系，是狭义相对论的重大贡献。然而，狭义相对论尚未揭示出时空对物质及其运动的依赖关系，这表现在它还把空－时连续区看作实物和场的载体，即看作物理实在的独立部分（这实际上等于设想即使把实物和场从整个宇宙中“移走”了，空－时连续区也仍然“存在”），因而还没有确立空间和时间不能离开物质及其运动的观点。随后，爱因斯坦把狭义相对论推广于引力场的研究，建立了广义相对论，进一步让明了空间（与其相联系的时间）的性质依赖于物质的分布及其运动状态，即实物的分布越密，引力场越强，空间的“曲率”越大。正如爱因斯坦本人总结的：“空间－时间未必能看做是可以脱离物质世界的真实客体而独立存在的东西。并不是物体存在于空间中，而是这些物体具有空间广延性。这样看来，关于‘一无所有的空间’的概念就失去了意义。”①

物质是客观实在，作为物质存在形式的空间和时间也必然具有客观性，也是存在于意识之外、不以意识为转移的。这与人们对时空结构的认识是两回事。

在非欧几何学和相对论产生以前，时空结构的观念长期没有变化。例如，康德认为，空间和时间并不是外界事物本身的存在形式，而是我们感知外界事物的主观形式，即“先天的直观形式”；不是事物本身具有空间和时间的形式，而是我们感知事物时把事物的现象放到这两种主观的“框框”之中。这种理论是不能成立的。因为按照这种说法，空间和时间的特性就应该永远不会变化了，可是现代科学证明空间和时间是随着物质运动形态的变化而变化的。

在非欧几何学和相对论出现后，自然科学关于时空结构的观念发生了巨大的变化。这种情况又使一些人陷入了唯心主义。例如，著名的法国物理学家彭加勒认为，既然时空的观念是可以变化的，那么时空就不是客观的，他认为，不是自然界把空间和时间给予了我们，而是我们把它们给予了自然界，因为我们认为它们是方便的。这种认为空间和时间是人们为了“方便”才创造出来的东西的论点是站不住脚的。空间和时间作为物质的存在形式存在于人们的意识之外，这是一回事；人们对空间和时间的认识深化到什么程度，在一定的历史条件下有着什么样的时空观念，这是另一回事。正如关于物质的构造和运动形式的科学知识的可变性，并没有推翻外部世界的客观实在性一样，人类的时空观念的可变性，也没有否定空间和时间的客观实在性。

空间和时间都是物质的存在形式，它们的重要特征和区别在于：空间是三维的，时间是一维的。空间的三维性表现在：确定空间中任何一点的位置的坐标系，总是由三条互相垂直的直线（x 轴，y 轴，z 轴）组成的。空间不能多于三维，也不能少于三维。时间的一维性和不可逆性表现在：它只能沿着过去、现在、将来的方向流逝而不能倒转，这是由物质发展过程不可能绝对重复决定的。时间不能多于一维，也不能少于一维。

空间和时间是有限性和无限性的统一。与物质的任何具体形态相应的时空是有限的，然而整个物质世界的时空却是无限的。这种无限性不是相同要素的叠加，时空无限性原理的实质在于确认世界在质和量上的不可穷尽性。

现代宇宙学提出了各种宇宙模型，包括宇宙生成的大爆炸模型。对于这些宇宙模型的科学内容的评价是自然科学的任务，哲学不可能也不应该越俎代庖。但是，我们应该注意以下两点：第一，一切宇宙模型所论及的都只能是人类现阶段观察所及的宇宙，即恩格斯所说的“我们的宇宙”。对于这一部分宇宙，使用“产生”、“消灭”、“年龄”、“体积”、“膨胀”等术语，

---

① 爱因斯坦：《狭义与广义相对论浅说》，上海科技出版社 1979 年版，第 121 页。

都不同辩证唯物主义的时空观相矛盾。第二，提出这些模型所依据的背景理论，都是有限的、历史的认识，只相对于某一研究领域和范围才具有科学意义。在对这些科学做哲学解释时，无论如何也得不出物质世界是意识创造的唯心主义结论。

四、物质运动的客观规律性

物质的运动是有规律的，而规律是不以意识为转移的。任何领域的物质形态在变化中总有某种必然的、稳定的、重复出现的秩序。日月星辰按一定的轨道运转，春夏秋冬按一定的顺序更替，动植物按一定的阶段生长和灭亡。如果没有这种秩序，人们就无法认识事物，无法计划自己的行动、估计行动的后果，就无法生活，更谈不到认识世界和改造世界。事实上，古代的人们在实践中就已经认识了许多领域的特殊规律，并形成了关于规律的初步观念。古代哲学家所谓的“逻各斯”、“道”、“理”、“常”、“数”等，都是对规律的不同说法。随着科学的发展，人们对客观世界各个领域的规律的揭示也日益丰富和深刻，各门科学中的定理、公式、原理等都是对特定规律的描述，否认规律的存在就等于否认科学。因此，尊重起码事实的人一般是不会根本否认规律的存在的，问题在于对规律作怎样的解释。

世界的规律性是物质本身固有的，还是人的意识的产物呢？在这个问题上，唯物主义和唯心主义的回答是根本相反的。主观唯心主义者认为，规律是人的意识的产物。例如，康德虽然承认在我们之外存在着“自在之物”（这一点是他的理论中的唯物主义因素），但认为“自在之物”本身并无所谓的因果性、必然性、规律性，它们都是人们的“知性”加给自然界的，即所谓的“人的知性为自然界立法”。这种观点是错误的。为什么人们只能给自然界“立”这样一些“法”，而不能“立”那样一些“法”呢？这就说明了自然规律不是主观的，而是客观的。极端的主观唯心主义认为整个世界都是“我”的感觉、意志等等，当然就更是断言规律是“人造”的。例如，实用主义者认为，规律不过是人造的工具，是为了使我们在解释现象时感到“方便”和“满意”的“假设”（或“作业假说”）。这也是不能成立的。为什么恰恰是这样一些“假设”，而不是另外一些“假设”使我们感到“方便”和“满意”呢？

客观唯心主义者并不直接宣称规律是“人”的意识的产物，相反，他们还强调规律是在“人”的意识之外，甚至还强调规律的“客观”性。例如，我国宋代的程朱理学认为，在天地万物出现以前就存在着“理”，天地万物包括人的活动都受“理”的支配。黑格尔认为，“绝对观念”这种“客观的”精神力量是世界万物的派生者，而自然界和人类社会的发展规律则是“绝对观念”在“背后”起作用的表现。客观唯心主义者们尽管有种种不同的说法，但他们都把规律说成是先于物质世界、不依赖于物质世界的“客观”精神的产物。从实质上看，他们的所谓“客观的”精神不过是经过哲学包装“造物主”或“神”的代名词，他们所谓的“规律”也不过是“天命”、“神意”的精巧说法而已。

辩证唯物主义反对这种把规律解释为意识（不论是人的意识，还是“神”的意识）的产物的唯心主义谬论，指出规律是物质运动固有的必然联系或关系。列宁说：“规律就是关系。……本质的关系或本质之间的关系。”①它不是存在于物质世界之先、凌驾于物质世界之上、从外面强加给物质世界的东西，而是物质世界本身的关系。既然物质世界本身是不依赖于意识的客观存在，那么，物质世界的必然关系也是不依赖于意识的客观关系。在意识出现以前它存在

① 《列宁全集》第55卷，人民出版社1990年版，第128页。

着，在意识出现以后也是在意识之外存在着。在存在着某种物质运动形态的地方，就必定有同这种物质形态相应的规律。某种物质运动形态让位于别种物质运动形态了，另一种相应的规律就取代原来的规律。各种运动形态因为各自的特殊规律而互相区别，又因为共同的一般规律而互相联系。唯物辩证法所揭示的就是整个世界运动、发展的最一般的规律。

人们的行动是受思想支配的，这就很容易形成一种错觉，似乎在社会领域里起决定作用的是人们的“自由意志”，特别是伟大人物的“意志”，而不是客观规律。这种观点其实是十分谬误的。第一，人们的思想是被他们的社会存在即物质生活条件决定的，而社会的物质生活条件又取决于一定社会发展阶段的生产力发展水平。第二，个别人的行为虽然可以有极不相同的目的，但一切人的行为的总和却不以任何个人的目的为转移。第三，并不是任何目的都可以实现，能够实现的只是那种同社会发展的客观需要相一致的目的。任何人，包括拥有很大权力的人，如果他的思想不符合社会发展的需要，他的目的就不可能实现。可见，在社会领域里也存在着不以人的意识为转移的客观规律。

既然规律是物质运动的必然关系，那么，只要存在着特定的物质运动，就必定存在着特定的规律。人们不可能“消灭”或“改造”规律，也不可能“创造”或“拟定”规律，而只能通过研究去发现规律，认识规律，运用规律为人类谋利益。

当然，这并不是说人们在规律面前是无能为力的。在正确地认识客观规律并且严格地遵循客观规律的条件下，人们可以制定出有效的行动计划，达到预定的目的。例如，人们在认识了电的规律以后，可以利用电力为人类造福。工人阶级和劳动人民在认识了社会发展的规律以后，可以用正确的方法实现革命变革，消灭剥削和压迫。可见，承认规律的客观性并不会抹煞人们的主观能动性，反而能使人们的主观能动性建立在现实的基础之上。无视规律的客观性，自以为很“自由”，却往往会使自己处在盲目地受客观规律支配的奴隶地位，其结果必然要受到客观规律的惩罚。

五、世界的物质统一性

世界统一于物质，并不是说世界上的万物都是由某一种特定形态的物质组成的，而是说世界上的万物都是不依赖于意识而存在、又能为意识所反映的客观实在。

证明世界的物质统一性不是轻而易举的。历来的唯物主义者都力图用物质的一元论来解释世界，他们按照自己的理解，以自己的特殊方式把世界万物归结为意识之外的东西，这也就是对世界统一性的论证。这些论证在哲学史上是有积极意义的。但是，当科学的发展还没有提供足够的实证材料的时候，要有说服力地证明这条原理是不可能的。这种条件只是在马克思主义哲学产生的时代才开始具备，因而只有马克思主义哲学才有可能证明这条原理。而在马克思主义哲学产生以后的一百多年中，科学的发展提供了日益增多的材料，使得这条原理的证据更加充分了。

在科学不发达的古代，人们对宇宙的知识非常贫乏，以为除了普通人居住的这个尘世以外，还有上帝、神灵居住的天国。宗教和唯心主义又编造了种种谬说来巩固这种谬见。但是，随着实践和认识的发展，宇宙的奥秘逐步被揭开了。现代科学通过运用射电望远镜和光谱分析方法对宇宙射线、陨石和月球岩样的化学成分等等的分析研究，证明了即使距离我们十分遥远的天体也是由各种化学元素或基本粒子构成的，辽阔无垠的星际空间充满着各种实物粒子和场，它们都是独立于人的意识之外的客观存在，根本不存在什么非物质的“天国”或“彼岸世界”。

生命现象曾经是唯心主义的一个避难所。当科学还不能揭示生命现象的物质机制的时候，人们很容易把这种特殊现象看成是某种灵魂、活力之类的神秘力量寄生在肉体之中的结果。宗教和唯心主义利用这一点，宣扬上帝创造生命的谬论。但是，科学的发展终于揭示了生命是自然界长期发展的结果，是以不断地自我更新为其存在条件的特殊蛋白体的存在形式，这种蛋白体是一种以核酸和蛋白为主要成分的物质体系，是由已知的化学元素构成的，没有任何超自然的神秘的东西。现代生命科学更进一步发现了遗传密码，揭示了核酸的性质决定蛋白质的性质、控制蛋白质合成的机制，并用信息的概念解释了遗传和变异，有效地证明了生命的产生和存在是不依赖于意识的。

对人类社会的解释更是唯心主义长期盘踞的地方。在社会里起作用的是有意识的人，这就造成一种假象，似乎一切社会过程最终都取决于人的意识。实际上，决定人类社会存在和发展的东西并不是意识，而是人们在谋取物质生活资料的生产过程（即同自然界进行物质交换、能量交换和信息交换的过程）中形成的生产力，以及由生产力决定的人与人之间的相互关系。生产力（人与自然的关系）和生产关系（人与人的关系）都是不以人的意识为转移、不能由人们自由选择的客观物质关系，正如自然界的物质关系一样。因此，人类社会决不是物质世界之外的独立王国，而是物质世界的一部分，具有客观物质性。

总之，从宇宙天体到基本粒子，从无机界到有机界，从自然界到人类社会，一切事物都是不依赖于意识的客观实在，都是物质的种种形态（或物质的属性、关系）。除了物质世界以外，再没有什么非物质的世界。这就是辩证唯物主义的世界的物质统一性原理。

需要指出的是，现在有的物理学家正在致力于把万物归结为某一种和几种“元物质”的研究，这仍然是关于物质结构问题的研究，而并不涉及物质与意识何者是第一性的问题。无论将来的研究结论是证实还是否定了“元物质”的存在，都不可能否定辩证唯物主义的世界的物质统一性原理。

第二节　意识的能动性

意识是人所特有的精神活动，包括感性的和理性的认识，以及情感、信仰、意志等一系列复杂的心理活动形式。

有意识的活动是人类活动的特点。深刻认识意识的本质和作用，对于确立科学的唯物主义世界观，正确地发挥意识的能动作用，具有重要意义。

一、意识的本质

意识的本质是在与物质的联系中表现出来的。意识是物质世界长期发展的结果，是社会的产物；意识是人脑的机能；意识是物质的反映。

（一）意识是物质世界长期发展的结果，是社会的产物

科学发展的事实告诉我们，人的意识并不是从来就有的，而是物质世界长期发展的结果。早在20世纪初，列宁就提出：“假定一切物质都具有在本质上跟感觉相近的特性、反映的

特性，这是合乎逻辑的”。[①] 一切物质都具有类似于感觉的反映特性。非生物体在外界的作用下，会产生某种机械的、物理的、化学的变化。如物体被撞损、岩石被风化、金属被锈蚀等。这种非生物的反映形式的特点，是物体以自身的变化被动地回应外界的作用，这种变化使该物体改变了自身原来的存在状态，但它在客观上“记录”了各种事物的相互作用，包含着许多特定的信息，是人们借以识别事物的重要依据。同时，这种反映形式被包含在高级的反映形式中，成为高级反映形式的基础。

在低等生物中，“反映”表现为刺激感应性。其特点是，没有专门的反映器官，但具有反映功能。如含羞草，在外界的刺激下，叶子能垂落下来。向日葵能随着太阳的运行而转动。变形虫能趋向食物、水流而逃避不利于它的化学物质、强光及高温等。这些反映形式虽然比较低级，但对于这些低等生物的生存具有重要意义。

生物在其进一步的进化过程中，形成了专门的反映器官，即神经系统。神经系统也经历了从低级到高级的进化过程。其进化的方向一方面是趋于集中，另一方面是趋于专门化。在神经系统进化的第一阶段，出现了以水螅为代表的网状神经系，感觉细胞分散在身体各部分；在第二阶段，出现了以蚯蚓为代表的链状神经系；在第三阶段，出现了以文昌鱼为代表的管状神经系。在这一阶段，初步分化出脑和脊髓。在后来的进化发展中，脑及相应的感觉器官越来越专门化、复杂化。随着动物向人类进一步的发展，产生了更复杂、更完善的大脑，从而出现了人类的意识现象。

在人类意识产生和进化过程中，社会生产劳动起了决定性的作用。由于劳动，不仅使劳动对象发生变化，而且改变了人自身，促进了认识器官的发展。意识的产生离不开语言，语言是思维的物质外壳。而语言正是在社会性的生产劳动过程中产生的。在社会性的生产劳动过程中，由于相互联系、协调行动的需要，人们之间迫切需要交流思想，于是，逐步形成了语言。有了语言，可以形成概念，进行抽象思维；有了语言，人们可以交流思想感情、积累和传授经验，于是，便形成了日益丰富的人类意识。恩格斯指出：“首先是劳动，然后是语言和劳动一起，成了两个最主要的推动力，在它们的影响下，猿脑就逐渐地过渡到人脑。”[②]也就是说，社会环境是形成意识不可缺少的条件。

意识是一种社会现象。不仅在意识开始形成的时候离不开社会环境，而且在其后来的延续和发展过程中，也离不开社会环境。马克思、恩格斯指出：“意识一开始就是社会的产物，而且只要人们存在着，它就仍然是这种产物。”[③]人们曾多次发现因种种原因从小就脱离社会的新生儿，由于他们在与社会隔离的环境下长大，结果都丧失或部分丧失了人类所特有的意识能力。当前，在信息化社会的条件下，人们的社会联系大大加强。人类的意识、特别是认识能力，正经历着一场深刻的变革。

（二）意识是人脑的机能

人脑是高度完善的特殊物质器官，是意识的物质承担者。古人不知道或者不能确切知道意识活动是在什么地方进行的。他们往往把意识活动和人体的心脏等其他器官相联系。孟子说的“心之官则思”就是这种情况的一种反映。

---

① 《列宁全集》第2版，第18卷，第90页。

② 《马克思恩格斯选集》第2版，第4卷，第377页。

③ 《马克思恩格斯选集》第2版，第1卷，第81页。

从17世纪开始，人们对脑进行现代解剖学的研究。现在，我们对人脑的位置、重量、成分、构造、活动机制等都已经有了比较确切的了解。根据对人脑的科学认识，我们现在已经能够成功地治疗脑神经方面的疾病，改善大脑的状况，提高其工作能力和效率。根据对人脑活动机制的认识，我们还能够制造出电子计算机，模拟一部分人的认识活动，出现了人工智能。这些都有力地证明了我们对大脑及其活动机制认识的正确性，当然也就充分证明了"意识是人脑的机能"这一辩证唯物主义哲学论断的正确性。离开人脑这一物质承担者谈论思想、意识的唯心主义观点是错误的。庸俗唯物主义把意识直接归结为物质性的东西，认为人的"思想对大脑的关系差不多同胆汁对肝脏或尿对肾脏的关系一样"（福格特），完全取消了意识与物质的区别，这种看法也是不正确的。

第二次世界大战以来，电子计算机的出现和发展，使人类的智力出现了一次飞跃。如果说，机器的使用，是对人类手的一次大解放的话，电子计算机的使用，则使人脑获得了一次大解放。电子计算机的迅速发展和广泛使用，使人类生活的各个领域都发生了和正在发生着巨大的变化。随着人工智能的出现和发展，人脑与"电脑"的关系成为人们关注的问题。人工智能对人类智力的巨大推动和增强是无可否认的，但有人根据机器可以模拟人的部分思维功能的事实，把人工智能同人的思维相提并论，有的人甚至认为"机器思维将代替人的思维并将统治人"，这种观点是不能成立的。

首先，人类思维与人工智能是性质根本不同的两种物质运动形式。人工智能是建立在机械和电子元件结构基础上的一种机械物理过程，而人的思维则是建立在高度发达的神经系统基础上的复杂的生理、心理过程和社会过程，二者决不能相提并论。物质的高级运动形式包含、但不能归结为低级运动形式。低级运动形式可以模拟高级运动形式的部分功能，但决不能完全取代、甚至超过高级运动形式。

其次，人工智能的活动是由人来安排的，必须有人的意识参与才能进行。计算机要靠人来制造和掌握，输入信息要靠人来编排，输出结果要靠人去理解。计算机的使用是为人的目的服务的，是人的工具。人只是把思维的部分功能交给机器去执行。人类有能力制造它，也有能力、有办法操纵和控制它。所谓机器思维将取代人类思维、甚至将统治人类的说法是不正确的。

（三）意识是物质的反映

马克思指出："观念的东西不外是移入人的头脑并在人的头脑中改造过的物质的东西而已。"①意识必然有其所反映的客观对象。但意识与所反映的客观对象之间的联系，有的比较直接因而比较明显，有的则比较间接因而不够明显，有些甚至是歪曲的反映，不大容易看得清楚，但不管怎样，各种意识都有其现实的根源。即使像《西游记》这样的神怪故事，也以幻想和浪漫主义的特殊形式，曲折地反映了封建社会中现实的社会关系、社会矛盾和斗争，表现了人民群众克服困难的坚强毅力和征服自然及社会的英雄气概。孙悟空、猪八戒等形象也是现实人物及事物的一种变形和组合，不是完全没有现实根据的。正像鲁迅所说的那样："天才们无论怎样说大话，归根结蒂，还是不能凭空创造。描神画鬼，毫无对证，本可以专靠了神思，所谓'天马行空'似的挥写了，然而他们写出来的，也不过是三只眼，长颈子，就是在

① 《马克思恩格斯选集》第2版，第2卷，第112页。

常见的人体上，增加了眼睛一只，增长了颈子二三尺而已。”①

主观反映客观的形式是多种多样的，有感觉、思维、心境、情调、情绪、意向、意志等，大致可以分为认识、情感、意志三个方面。认识是对客观事物及其规律的一种反映；情感是对外界事物与人的需要、态度、观念、信念、习惯等已有思想意识之间关系的一种体验；意志则是人们根据主、客观条件确定目标并支配行动、实现预定目标的一种心理过程。认识、情感和意志以认识为基础，互相依赖、互相影响、互相作用，是不可分割的意识统一体。虽然它们各有自己的特点和作用，但都不是无缘无故、主观自生的，而是对一定客观物质对象的反映。看不到这一点，我们就不能正确、深刻地认识各种意识现象的实质，更不能自觉地发挥它们的作用。

二、意识对物质的反作用

意识是物质的产物，但意识一经产生，又对物质具有能动的反作用。

人类有意识的活动与动物本能的活动有根本的区别。动物的活动是动物为了适应环境，求得生存，依靠本能利用自然界现成的东西来满足自己的需要。人的活动则是有目的、有计划地通过自己的活动来改变外部世界，以满足自己的需要。马克思对这种区别作过很形象的说明：“蜘蛛的活动与织工的活动相似，蜜蜂建筑蜂房的本领使人间的许多建筑师感到惭愧。但是，最蹩脚的建筑师从一开始就比最灵巧的蜜蜂高明的地方，是他在用蜂蜡建筑蜂房以前，已经在自己的头脑中把它建成了。劳动过程结束时得到的结果，在这个过程开始时就已经在劳动者的想像中存在着，即已经观念地存在着。他不仅使自然物发生形式变化，同时他还在自然物中实现自己的目的，这个目的是他所知道的，是作为规律决定着他的活动的方式和方法的，他必须使他的意志服从这个目的。”②

毛泽东指出：“思想等等是主观的东西，做或行动是主观见之于客观的东西，都是人类特殊的能动性。这种能动性，我们名之曰‘自觉的能动性’，是人之所以区别于物的特点。一切根据和符合于客观事实的思想是正确的思想，一切根据于正确思想的做或行动是正确的行动。我们必须发扬这样的思想和行动，必须发扬这种自觉的能动性。”③总之，意识的能动作用在于通过实践认识世界，又通过实践改造世界。具体表现在：

意识能够反映外部世界，具有认识的作用。这是意识最根本的作用。它表现在意识通过抽象思维对外部世界传来的信息进行加工，了解事物的联系和关系，把握事物的本质及其规律性。

在反映的基础上，意识表现出预见的作用。科学理论揭示了自然界及社会生活各个领域的客观规律性，依靠这种对于规律和条件的认识，人们能够把握事物的发展趋势、预见其未来的进程。

在反映、预见的基础上，意识具有确定目标、制定计划、选择实施方案的作用。在正确反映客观事物的本来面貌，并对其发展趋势和进程有了预见之后，人们可以根据客观的可能和主体自身的需要及条件，来确定目标和任务，并在一定目标的指引下，制定和选择行动的路线、计划、方案，以保证目标的实现。

---

① 《鲁迅全集》第6卷，第219页。

② 《马克思恩格斯选集》第2版，第2卷，第178页。

③ 《毛泽东选集》第二版，第2卷，第477页。

在实施计划、方案、实现目标的过程中，意识具有指导和控制人们行动的作用。人们的行动不仅要有正确思想的指导，而且还需要以理想、信念、情感、意志等形式，对人们的行动起激励、控制、调节等作用。没有理想、信念的鼓舞和激励，没有热情的推动和坚定意志的支持，任何伟大的事业都难以获得成功。社会主义事业是人类历史上无比宏伟、壮丽而又充满艰难险阻的事业，只有对未来抱有坚定的信念，具有为实现共产主义理想而奋斗的革命热情和百折不挠的坚强意志，才能战胜前进道路上的各种困难，争取社会主义事业的胜利。

意识还具有规范和调整社会成员的关系和行动的作用。人的活动是社会性的活动，需要通过意识的能动作用，集中和表达社会、阶级、集团的利益、要求，把它们规定为人们的行为规范，从而协调大家的行动，达到预定的目的。

意识的上述作用相互联系、相互影响、相互制约，共同调整着全部复杂的社会生活进程，指导着人们的实践活动，成为改造客观世界、反作用于物质发展过程的强大力量。

意识的能动作用具有不同的性质。对客观外界的正确反映及在此基础上产生的热情、勇敢、坚定等积极的情感、信仰、意志，能够指引和保证人们认识和改造世界的活动获得成功，从而有利于人类社会的发展；而对客观外界歪曲的反映，及在此基础上形成的迷信、偏执、冷漠等消极的情感、信仰、意志等，则会把人类认识和改造世界的活动引向失败，从而妨碍和破坏人类社会的发展，甚至将人类自身引向毁灭。我们要发扬那种从客观实际出发、符合客观规律、促进事物发展的积极的能动作用，尽可能地避免不符合事物发展客观规律的消极的能动作用，及由此而造成的损失。同时，对于正确的意识，要积极加以倡导、宣传和弘扬；对于错误的意识，要旗帜鲜明地加以批评、抵制和纠正。

第三节　人对物质世界的实践把握

一、实践的本质和特点

意识反映客观世界，是通过人的实践活动实现的。实践是人类活动的最重要形式，也是人与世界相互作用的最根本方式。实践的观点是全部马克思主义哲学的首要的和最基本的观点。

那么，到底什么是实践？或者说，究竟应该如何看待实践的本质？对于这个问题，历史上的哲学家们曾经有过各种不同的理解和解释，虽然其中也不乏某些可贵的思想和合理的因素，但从总体上看，在马克思主义哲学产生以前一直未能形成科学的实践概念。

随着近代实验科学的蓬勃兴起和发展，科学实验这一特殊的社会实践形式及其对于推动科学认识发展的作用，曾受到当时的某些唯物主义哲学家的重视。17 世纪英国唯物主义者培根就曾十分重视实验技术操作对科学发展的作用。他认为，有许多科学原理是蕴藏在工匠的日常操作中的，这些操作方法是科学知识的可贵源泉，因为它们可以迫使自然界向人们暴露其隐蔽的方面。他说："正如在生活事务方面，人的性情以及内心和情感的隐秘活动尚且是当他遇到麻烦时比在平时较易发现，同样，在自然方面，它的秘密就更加是在方术的扰动下比在其自流状态下较易暴露。"①18 世纪法国唯物主义者狄德罗认为，观察、思考和实验是我们认识自然的三种方法，并特别强调实验是检验推理和猜测的办法。他写道："观察搜集事

---

① 培根:《新工具》，商务印书馆 1984 年版，第 78 页。

实;思考把它们组合起来;实验则证实组合的结果。”他还认为,猜测若是正确的,愈实验,就愈证实;人们要获得新的认识,就应该“有意用一些最奇怪的实验来挑逗自然”。①

然而,在旧唯物主义哲学家中,像培根和狄德罗这样把科学实验看做是对客观对象的能动作用的人毕竟是很少的,而且他们也只是在对自然界的认识上肯定了科学实验这种特殊形式的社会实践的作用,并没有对实践概念作出全面的、科学的解释和论证。从旧唯物主义者的基本见解和大量论述来看,他们对实践的理解是很片面的。例如,费尔巴哈也常常提到实践,认为理论不能解决的问题,实践能够解决。但是,费尔巴哈所说的实践只是个人的生活实践,是饮食男女等类似于生物适应环境的活动,或者是卑污的犹太人的利己主义活动,他完全不理解人类实践活动的独特本质。

历史上的一些唯心主义哲学家也曾这样那样地谈到过实践,但他们都把实践归结为纯粹的精神活动。中国明代的王守仁主张“知行合一”,认为“行之明觉精察处便是知,知之真切笃实处便是行”(《答友人问》),“一念发动处,便即是行了”(《传习录下》)。与此相似,近代德国哲学家费希特把实践看做是精神性的“自我”产生和设定“非我”即客观世界的行动。这些都是把“行”归结为“知”、把客观的实践消融于主观的精神活动的主观唯心主义实践观。客观唯心主义者黑格尔正确地看到了实践是一种有目的的活动,并把实践看做是达到真理的整个认识过程中的一个环节。他认为,人们在认识真理的过程中,一方面用客观存在的观念来克服理念的片面的主观性;另一方面又用实践的观念来克服客观世界的片面性,依靠主观的内在本性对杂乱的客观事实加以整理和改造。其中,前一方面属于理论的理念或理念的理论活动,后一方面则属于实践的理念或理念的实践活动。在他看来,人们只有通过实践才能由主观的观念达到客观真理。应该肯定,这里确实包含着一些十分深刻的思想。但是,在黑格尔那里,实践只不过是他虚构的“绝对观念”这种客观精神自我运动过程中的一个环节,它仍然还是一种精神性的活动。

与历史上的唯心主义相比,一些现代西方哲学家的实践观虽然并无新的内容,但却往往更具欺骗性。例如,实用主义者就大谈实践、行动,甚至也同意实践是真理的标准。但是,在实用主义者那里,实践与思维一样都是人受到环境刺激后所作出的反应,是人用来调整和控制环境的工具。中国的实用主义者胡适甚至把人的实践同蜜蜂和蛆虫对环境的适应行为相提并论,认为它们之间只是在应付环境方面有高低程度的不同。这样,实用主义在把实践与思维混为一谈的同时,又进一步把人的实践活动等同于动物适应环境的本能行为。南斯拉夫的“实践派”哲学则认为,实践是人的一种理想活动,是人实现其生命的最理想的潜在可能性的一种活动,所以实践本身便成了一种目的。值得注意的是,无论是实用主义者还是“实践派”哲学家,都声称他们对实践的理解与马克思主义是一致的甚至直接来自马克思。实际上,他们的实践观是一些早已为马克思主义批判过的唯心主义实践观,与马克思主义科学的实践观毫无共同之处。

在马克思主义哲学产生以前未能形成科学的实践概念,现代西方哲学中唯心主义的实践观继续泛滥,这绝不是偶然的。除开各种社会的、意识形态方面的原因之外,也还有着深刻的认识根源。实践是人所特有的活动,而人是有意识、有意志的,实践活动中包含着人的目

---

① 狄德罗:《论解释自然》,转引自北京大学哲学系外国哲学史教研室编译:《十八世纪法国哲学》,商务印书馆 1963 年版,第 327、329 页。

的等主观精神因素，这对于人与世界之间的相互作用有着重大的影响。另一方面，实践又具有客观物质性，它既需要借助于一定的客观物质条件和手段，又必然表现为一定的客观物质过程，否则就不能成为满足人的需要的现实的对象性活动。正是实践的这一矛盾本性使得古往今来的许多思想家感到迷惑不解。

马克思主义哲学辩证地分析了实践的矛盾本性，认为必须从主观与客观、人与世界的对立统一关系中去把握实践。从历史上看，正是劳动实践使人类从自然界中分化出来，并使统一的物质世界分化为物质和精神两个对立的方面。同时，也正是通过实践，人不仅能动地改造客观物质世界，而且还能动地反映客观物质世界。因此，实践既是主观与客观、人与世界分化对立的根本原因，也是实现主观与客观、人与世界统一的基础和途径。马克思说："环境的改变和人的活动或自我改变的一致，只能被看作是并合理地理解为革命的实践。"①列宁认为，主体和客体、主观和客观的"交错点 = 人的和人类历史的实践"。② 毛泽东则进一步把实践简要地规定为"主观见之于客观的东西"。③ 所有这些，都是从实践的矛盾本性出发对实践的本质的科学揭示。

作为主观和客观的"交错点"，实践是变革现实的活动，其最终必定会引起客观对象的改变。但是，我们不应当把实践仅仅理解为直接引起客观对象的变化。任何变革现实的实践活动都是一个过程，都有一定的准备阶段。准备阶段的探索活动虽然往往并不直接引起客观对象的改变，但它们是以变革现实为目的并服务于变革现实的活动的，因而它们同样也属于实践的范畴。正如列宁所说："实践应当也包括天文学上的观察、发现等等的实践"。④ 因此，在马克思主义哲学看来，所谓实践，就是人类有目的地进行的能动地改造和探索现实世界的一切社会性的客观物质活动。

在马克思主义哲学看来，实践具有以下几个方面的特点：

第一，实践是客观的、物质的和感性的活动。实践不是仅仅停留在意识范围内的活动，而是通过人与客观世界的实际的相互作用而引起客观世界的变化的活动，是人与世界之间实实在在的物质、能量和信息的变换过程。同时，实践活动的过程和结果都是可以感知的，所以它又被称为"感性的活动"。

第二，实践是有意识、有目的的自觉活动。动物的活动也能引起物质世界的某种变化，也是客观的、物质的活动。某些高等动物也能从事一些计谋性的活动，就是说，其活动也表现出某种意义上的目的性。但是，动物的活动及其"目的"都是受它们的自然生理构造和本能决定的，它们并没有自觉的目的，即不能意识到自己的目的，不能做超出本能界限之外的事情。与此不同，人类的实践则是在自觉的目的和明晰的意识的指导下进行的，是"主观见之于客观"的活动。正是在这一意义上，马克思说："有意识的生命活动把人同动物的生命活动直接区别开来。" ⑤

第三，实践是社会性的、历史性的活动。任何实践都是一种社会性的活动，都具有社会

---

① 《马克思恩格斯选集》第 1 卷，人民出版社 1995 年版，第 55 页。

② 《列宁全集》第 55 卷，人民出版社 1990 年版，第 239 页。

③ 《毛泽东选集》第 2 卷，人民出版社 1991 年版，第 477 页。

④ 《列宁选集》第 2 卷，人民出版社 1995 年版，第 100 页。

⑤ 《马克思恩格斯全集》第 42 卷，人民出版社 1979 年版，第 96 页。

性。这不仅是因为任何一个从事实践活动的人都是生活在一定的社会环境、社会关系中的，而且还在于实践活动赖以进行的条件和手段都是由社会提供的，甚至实践活动所改造和探索的对象也是人们社会活动的产物，是人类以往实践活动的结果。实践的社会性又进一步决定了它的历史性。既然任何实践都只能是在特定的社会环境中和具体的社会条件下进行的，那么，随着这种社会环境和社会条件的发展，人类实践活动的内容和形式也必然会不断地发生历史性的变化。那种脱离具体的社会环境、社会关系和具体的历史条件的抽象的"实践"是根本不存在的。

二、实践的结构和过程

作为人类能动地改造和探索世界的社会性的客观物质活动，实践是一种极其复杂的系统，它有其特定的要素、结构和活动过程。分析和考察实践的结构和过程，有助于我们进一步理解和把握马克思主义哲学的科学的实践概念。

人类的实践系统是由诸多要素组成的，其中，每一个要素又都有着十分复杂的结构，属于实践系统中的一个子系统。实践系统所包含的最基本的要素或子系统有:实践主体、实践客体和实践的中介系统。

实践主体是具有一定的实践能力并实际地从事一定的实践活动的人。任何现实的实践主体都必定具有一定的实践能力，这种实践能力是主体的各种物质因素和精神因素、智力因素和非智力因素的有机整体。具体来说，主体的实践能力主要包括三个方面的内容:一是"人本身的自然力"，①即人的体力和脑力的总和。实践是人与客观世界及其事物之间的实际的相互作用，它要求人充分地发挥自身的自然力，使自己的身体和四肢在大脑的指挥下协同地运动起来，也只有这样，人才能通过一定的中介系统能动地改造和探索客观世界及其事物。在这里，人本身的自然力既包括作为人的一切活动的指挥中心的大脑及其神经系统，也包括执行大脑指令的各种运动器官和效应器官。二是主体的知识、经验和技能。实践是一种高度有目的的活动，而要提出和实现一定的实践目的，主体就必须掌握关于实践客体、实践的中介系统以及自身的各种知识，具备利用和操作实践的中介系统的有关经验和技能。特别是在现代人类实践的科学化、知识化和智能化程度愈来愈高的情况下，主体所掌握的知识、经验和技能已成为决定其实践能力大小的一个关键因素。三是主体的情感、意志等非智力因素。情感、意志等非智力因素对于主体的实践活动起着重要的控制和调节作用，这些非智力因素对实践活动的控制和调节是通过与主体的知识、经验和技能等各种智力因素以及主体的自然机体的相互作用来实现的。在实践活动中，积极的情感和坚强的意志，能够激发主体努力克服各种困难，百折不挠地去追求和实现实践目的;反之，消极的情感和薄弱的意志则会这样那样地妨碍主体的实践活动，阻滞实践目的的实现。当然，任何现实的实践主体不仅必然具备一定的实践能力，而且也必然这样那样地实际从事着一定的实践活动。而在现实的实践活动中，具有上述实践能力的实践主体既可以是具体的个人，也可以是由个人组成的群体，如阶级、民族、科学共同体等，还可以是整个人类。

实践客体是主体的实践活动所指向的对象，是进入主体的实践活动领域从而为主体所改造和探索的客观事物。一方面，实践客体是在人的意识之外的客观存在，具有不以人的意识

① 《马克思恩格斯全集》第46卷(上)，人民出版社1979年版，第486页。

为转移的客观性特点。即使是人的精神世界，当其成为人们改造和探索的对象即实践客体时，它同样也具有客观的规定性，即有其客观的状态和表现形态。至于其他本身就是在外部世界中存在的客观事物，情况就更是如此。另一方面，实践客体又不等同于客观事物，而是人的实践活动现实地指向的客观事物。当客观事物还是自在地存在着即处于与人无关的状态时，它并不是实践客体；只有进入人的实践活动领域，成为人的实践活动所改造和探索的对象，客观事物才转化成为现实的实践客体。至于客观世界中哪些客观事物能够转化为人的实践客体，则不仅与客观事物的性质有关，而且也与人的实践能力和人类实践活动的发展水平有关。从这种意义上说，实践客体本身也是人们的社会实践活动及其发展的结果。在现实的实践活动中，具有上述规定性的实践客体既可以是自然界的事物，也可以是社会领域中的事物，还可以是包括人的精神世界在内的人本身。

实践的中介系统是在实践活动中把实践主体和实践客体联系起来的纽带，是实践主体用以改造和探索实践客体并把主体的实践能力现实地传导到实践客体的介质和媒体，它是各种实践手段的总和。在各个不同的历史时代中，人们用以改造和探索客观世界的技术中介始终是实践的中介系统的主要组成部分。而实践的技术中介本身也是一个复杂的系统，它不仅包括人们用以实际地作用于实践客体的各种物质工具，而且还包括运用和操作这些物质工具的程序和方法。其中，前者是人的智力的物化形式，后者则是人们在以往的实践活动中获得的关于客观事物的内在联系的认识成果，二者结合在一起，反过来又成为人们改造和探索客观世界的强大手段。在整个实践系统中，实践的技术中介系统都是一个极其关键的要素，它有效地制导着实践主体与实践客体的联系结合形式，决定着人类实践活动的方式、规模和水平。

现实的实践活动，就是实践主体通过一定的中介系统实际地作用于实践客体、能动地改造和探索实践客体的动态过程。这一过程大致包含着以下几个基本环节：

一是确立实践目的和实践方案。实践目的是实践主体根据自身的需要和对实践客体的认识而对实践结果的构想，是实践主体对未来的实践结果的预测、预见。马克思说："蜘蛛的活动与织工的活动相似，蜜蜂建筑蜂房的本领使人间的许多建筑师感到惭愧。但是，最蹩脚的建筑师从一开始就比最灵巧的蜜蜂高明的地方，是他在用蜂蜡建筑蜂房以前，已经在自己的头脑中把它建成了。劳动过程结束时得到的结果，在这个过程开始时就已经在劳动者的想像中存在着，即已经观念地存在着。"①这种在实践活动开始之前就已观念地存在着的实践结果，就是实践目的。实践方案则是人们为实现实践目的而制定的实践活动的程序，它所要回答和解决的问题主要有：实践活动要经过哪些阶段或步骤、实践活动的各个阶段要完成和实现一些什么目标、完成和实现这些目标要选择和采用一些什么样的实践手段，等等。实践目的和实践方案的确立都是通过人的思维活动完成的，其中，确立实践目的的过程，也就是人在实际地改造客体之前先在思维中对客体进行改造，并由此建构作为实践结果的理想客体的过程；而确立实践方案的过程，则是为实现一定的实践目的而进行的现实的实践活动的观念预演过程。实践目的和实践方案都内在地包含着实践主体对于作为实践客体的客观事物的认识，但与一般认识不同，它们主要不是对于客观事物的本质和规律"是什么"、"怎么样"及"为什么"的反映，而是对于实践客体按照人的需要"应如何"和人在实践中应该"怎么做"等问题的解答。

① 《马克思恩格斯选集》第2卷，人民出版社1995年版，第178页。

二是实践主体按照实践目的和实践方案实际地作用于实践客体。按照实践目的和实践方案实际地作用于实践客体，也就是把实践方案在观念中预演的实践活动变成实际的实践活动，它是通过运用一定的实践手段对实践客体进行实际操作来实现的。这里所说的实践手段，也就是前述的实践的中介系统，它既可以表现为一定的物质工具及其操作方式，也可以表现为一定的规范和方法。例如，人们要进行物质生产活动，就必须按照一定的方式来使用有关的生产工具；人们要调整社会关系，就必须遵循一定的法律的和道德的规范，采用一定的方法。而人们运用实践手段实际地操作实践客体的结果，可能是改变了实践客体的状态、属性和关系，也可能是改变了实践客体的存在形式，还可能是创造出了客观世界中原本根本就不存在、按照客观世界的自发发展过程永远也不会出现的事物。但无论是哪种情况，其出发点都是要实施实践方案、实现实践目的。

三是通过反馈和调节，使实践目的、手段和结果按一定方向运行。在实施实践方案的实践活动过程中，目的通过手段向结果的运行是具有强烈的方向性的，这就是要使预想的实践结果变成现实的实践结果，使实践目的所创造的理想客体转化为实在的客体。然而，由于主、客观两方面各种复杂的原因，人们在实践活动中一下子就完全实现了实践目的和实践方案的情形是很少的。关于这一点，毛泽东曾说："一般地说来，不论在变革自然或变革社会的实践中，人们原定的思想、理论、计划、方案，毫无改变地实现出来的事，是很少的。这是因为从事变革现实的人们，常常受着许多的限制，不但常常受着科学条件和技术条件的限制，而且也受着客观过程的发展及其表现程度的限制(客观过程的方面及本质尚未充分暴露)。在这种情形之下，由于实践中发现前所未料的情况，因而部分地改变思想、理论、计划、方案的事是常有的，全部地改变的事也是有的。即是说，原定的思想、理论、计划、方案，部分地或全部地不合于实际，部分错了或全部错了的事，都是有的。"①在这种情况下，实践目的、手段和结果按一定方向的运行，必然是通过不断的反馈和调节来实现的。在实践活动中，目的通过手段向结果的运行包含着一系列的阶段，人们必须把每一阶段性的实践结果反馈到头脑中来，与实践目的相核校。当实践结果与实践目的之间出现偏差时，就必须进行调节。这种调节，或者表现为变更实践手段，或者表现为进一步完善实践方案，或者表现为调整原定的实践目的本身，使其与客观实际情况和主体的实践能力更趋一致。如此不断地反馈和调节，直至实践目的的最终实现。

上述可见，实践活动的整个过程始终都受着主体的自觉意识的支配，它既是实践主体提出和实现实践目的的过程，也是实践主体实施实践方案并运用实践手段实际地作用于实践客体的过程。通过这一过程，主体既能动地变革着客观世界，也能动地改造着自身的实践能力。

三、实践的基本形式

人类的实践活动不仅包含着极其复杂的要素、结构和诸多的环节，同时也有着丰富多样的具体形式。并且，随着人与世界关系的发展，特别是随着社会分工的进步，人类实践的具体形式越来越多样化。但是，概括起来，实践的基本形式有以下三种：

第一，处理人与自然关系的实践。人类是从自然界进化发展而来的，而在人类产生以后，它首先面临的就是要处理好与自然界的关系。这不仅是因为人的机体在很大程度上仍然

① 《毛泽东选集》第1卷，人民出版社1991年版，第293－294页。

属于自然界，更为重要的还在于，人和人类社会要存在和发展下去，就必须不断地从自然界获取物质资料。与动物不同，人类并不依赖于自然界提供的现成的物质资料，而是通过对自然界的能动改造来生产一定的生活资料，以此满足衣、食、住、行等方面的需要。在生产物质生活资料的过程中，人类又产生了自身特有的第二个需要，即生产劳动资料的需要。物质资料（包括物质生活资料和物质生产资料）的生产即物质生产，是处理人与自然关系的实践的最基本的表现形式。各个时代人与自然的关系都是围绕着物质生产活动展开的，而人与自然关系上出现的各种问题，归根到底也都是由物质生产活动引起的。当然，除了物质生产活动以外，处理人与自然关系的实践也还包含着其他一些内容，如人类利用各种技术手段调节自身与自然的关系、保护环境和维系生态平衡的活动等，但这些活动也都是从属于或直接服务于物质生产活动的。物质生产不仅是处理与自然关系的实践的最基本的表现形式，而且也是其他一切实践活动的基础，人类其他各种形式的实践都是在物质生产活动的基础上进行和发展的。没有物质资料的生产活动，人和人类社会根本就不可能存在下去，更谈不上有什么其他形式的实践。

第二，处理人们之间的社会关系的实践。人们在生产物质资料的同时，也在生产着自己的社会关系，一定的社会关系是物质生产活动的必要形式。当这种社会关系与物质生产活动的发展相适应时，就需要人们自觉地维护它；反之，则需要人们自觉地调整或变革它。这种维护、调整或变革即处理人们之间的社会关系的活动，也是实践的一种基本形式。在全部社会关系中，最基本的是生产关系，因此，维护、调整或变革生产关系的活动也就是处理人们之间的社会关系的实践的最基本的表现形式。此外，处理人们之间的社会关系的实践，还包括调整或改造人们之间的政治关系、法律关系、道德关系、民族关系、家庭关系等的活动。只有同时处理好这诸多方面的社会关系，人们才能有效地进行物质生产活动，人类社会才能持续协调地发展。

在阶级社会中，人们之间的社会关系主要表现为阶级关系，与此相应，处理人们之间的社会关系的实践也就主要表现为阶级斗争。在阶级社会中，阶级斗争是实践的基本形式，是推动社会向前发展的直接动力。不过，即使是在阶级社会中，阶级关系也不是社会关系的全部内容，处理人们之间的社会关系的实践也不能完全等同于阶级斗争。在剥削阶级作为一个阶级已经不再存在的社会主义社会里，我们更不能把处理人们之间的社会关系的实践简单地归结为阶级斗争，也不能把阶级斗争视为实践的基本形式，否则，就会犯阶级斗争扩大化的错误。

第三，创造精神文化的实践。人类在创造物质文化的同时，还从事着创造精神文化的实践活动。这种形式的实践通常被称为精神生产，它是人们为社会创造精神文化产品并以一定的对象化的形式提供给社会的活动。精神文化的创造离不开大脑的思维和意识过程，但却并不归结为纯粹的精神活动，它不仅需要可供人的大脑加工的各种物质材料，需要借助于一定的物质手段，而且其活动的结果也必须表现为能够供社会享用的精神文化产品。创造精神文化的实践是在前述两类实践的基础上进行的，但它有自己活动的独特领域，这主要包括科学、教育以及意识形态方面的探索性和创造性的活动。在现代，科学、教育等在社会生活中的地位越来越突出，科学技术已成为第一生产力，创造精神文化的实践对社会发展的作用日益重要。

创造精神文化的实践的最基本的表现形式是实验。实验是一种尝试性和学习性的探索活动，也是对某种猜测或假设的验证。面对一些尚不熟悉或没有把握的情况，人们为了达到目的，减少失败的可能性，在行动之前往往要先进行这种尝试性的实验活动。科学实验是从一般实验发展而来的高级实验活动，它以一定的科学理论为指导，有目的地排除与实验目标无关的因素，借助于一定的实验设施，人为地创造一种理想的环境，对对象某方面的特性进行专门性的研究，从而得出准确可靠的、具有普遍意义的科学知识。可见，科学实验是一种以获取知识为直接目的的实践形式。从历史上看，科学实验是近代为适应科学发展的需要而从物质生产活动中分化出来的。在现代科学中，科学实验更是人们发现新的事实、验证科学理论的主要手段和途径。

以上三种基本的实践活动各有自己的特殊规定性，并在整个社会生活中执行着不同的社会功能。但是，它们又是相互联系、相互促进的。例如，要处理人与自然的关系特别是要进行物质生产活动，就必须同时处理人们之间的社会关系；而处理好人们之间的社会关系，又必然有利于社会物质生产的发展。再如，创造精神文化的实践以处理人与自然的关系和人们之间的社会关系的实践为基础，反过来，它又能为其他形式的实践提供重要的条件。正是通过这种相互联系、相互促进，各种基本的实践活动共同得到了发展。

四、人对物质世界实践把握的基本环节

实践的功能是通过实践活动过程中的目的、手段和结果的反馈调控过程而实现的。实践的运行过程包括三个基本环节：确立实践目的和实践方案；实践主体依据目的、方案通过一定手段作用于客体；完成、检验和评价实践活动的结果，并根据实践结果修正实践目的和实践方案，从而对实践活动本身进行反馈调节。确立实践目的、主体运用一定的手段作用于客体、评价实践结果，这三个环节构成了人的实践活动的运行机制。人对物质世界的实践把握正是通过这三个环节进行的。

（一）实践目的的提出及其实质

目的性是实践的基本特征之一。目的既是实践运行的初始环节，也是实践运行的内控因素，它贯穿和渗透于整个实践过程及其结果之中。

实践目的的提出，首先意味着人们对自身需要有了一定的意识，同时也意味着人们积累了一定的对客观事物及其规律的认识。确立实践目的的过程，实际上就是主体在实际改造客体之前在思维中对客体进行改造，在观念中预先规定活动的结果，形成关于理想客体的观念模型的过程。这就是说，目的是主体的意识在观念中对客体的超前改造，是主体把自己的内在尺度运用于客体，对客体的自在形式所进行的一种批判性、否定性的反映。

目的总是指向一定的客体，并以一定的客观现实为依据。但直接的客观现实无法满足主体的需要，主体所提出的目的不论是何种性质、何种类型，都表现为要建立一种或实现一种客观世界中现在还没有的东西。目的表明人对客观世界的不满足，在它当中鲜明地体现着主观与客观、理想与现实、实然与应然的矛盾。

目的虽然以人自身的需要为前提，但目的能否实现则取决于对客观规律以及人自身发展规律的正确认识。对事物的正确认识要以实践为前提，而在主体设定实践目的时，现实的实践活动还没有展开，因此，任何目的的提出都必然包含着一定的主观性。

目的具有一定的主观性并不意味着人在从事现实的实践活动之前不能提出相对合理的实践目的。这是因为，人的任何一次具体实践都以过去的实践经验为前提，人的需要是在过去

改造世界的基础上形成的，同时，在这一过程中，人们也积累了关于某类客观对象的本质和规律的知识；客观事物在结构、形态、属性等方面的一般性、共性，使得人们能够把过去的知识、经验推广运用于尚未改造过的新的客体。

（二）目的通过手段实现自身

不论目的如何体现了主体尺度与客体尺度的结合，它本身还是观念形态的东西。目的本身包含的主观与客观的矛盾不可能在主观范围内得到解决。为了使主体的理想意图在外部世界中得到实现，就需要借助于各种手段把实践方案付诸实施。实践的过程也就是目的通过手段而实现自身的过程。

手段是人的身内器官和身外器官的矛盾统一。手段就是主体置于自己与客体之间，并用来把自己的活动传递到客体的物或物的结合体。手段由身外的自然物所构成，但它在实践活动中却是人的身内器官功能的外化和延伸，从而成为人的身外器官。正是依靠这种身外器官的作用，人首先占有和支配了一部分外部自然力，把这些自然力变成主体自身的力量，并用这些自然力去征服其他自然力，以实现自己的目的。

手段是人的过去活动的成果和现实活动的工具的矛盾统一。人的实践活动的特点之一，是使用人们自己制造的工具，而不是使用天然工具。这说明手段（工具）首先是人们过去活动的结果，而后才是现实活动的前提；手段不是天然的自然物，而是凝聚、物化了人们过去活动的“自然物”。只有同时具备过去活动的结果和现实活动的前提这两种性质的东西，才能真正成为手段。手段把人的过去活动和现实活动、前人活动和后人活动联系起来了。这样，每一代人在使用手段进行活动时，实际上是把前人活动及其成果作为自己的手段，把人类历史上创造的力量的总和纳入自身之中，从而突破了本身力量的局限，以“类”的资格、“社会人”的身份从事实践活动，不断实现目的。

目的通过手段实现自身的过程是双重否定的过程：一方面，主体实际地否定了作为目的前提的客体的现成客观性；另一方面，主体又实际地否定了目的本身的单纯主观性。在这双重否定中，作为目的前提的客体没有消失，但改变了原先的那种自在形式，转化为符合主体目的要求的客体；目的本身也没有消失，但否定了它原先的观念形态，即通过实践而实在化、对象化于被改变了形式的客体中。一座玉雕观音，既体现了雕塑家的构思和目的，又改变了作为材料的玉的存在形式。通过这种双重否定，实际上建立了一种体现主体与客体、主观与客观相统一的存在，这就是目的的实现。

（三）实践的结果及其评价

主体通过实施实践方案，使目的通过手段以对象化的方式在客体身上表现出来，就达到了实践结果。实践结果是人的目的、意志在客观事物中的凝聚和体现，因而是实践过程中各种要素总的融合。实践结果虽然体现着人的意志对自然事物的干预和改造，但它作为实在的东西，一经产生就同其他客观事物一样，成为不以人的主观意志为转移的客观存在。

实践通过目的、手段而达到结果，实现了主体对客体实际的改造和掌握，但实践的运行过程并没有就此结束。“一般地说来，不论在变革自然或变革社会的实践中，人们原定的思想、理论、计划、方案，毫无改变地实现出来的事，是很少的。这是因为从事变革现实的人们，常常受着许多的限制，不但常常受着科学条件和技术条件的限制，而且也受着客观过程的发展及其表现程度的限制（客观过程的方面及本质尚未充分暴露）。在这种情形之下，由于实践中发现前所未料的情况，因而部分地改变思想、理论、计划、方案的事是常有的，全部地改变的事也是有的。即是说，原定的思想、理论、计划、方案，部分地或全部地不合于实际，部分错了或全部错了的事，都是有的。”①人们为了认识实践结果及其意义，并通过实践结果反思实践目的和过程，就需要把实践结果作为客体加以评价。

从总体上看，可以从两个方面对实践结果进行评价：

一是对实践效果的评价。实践效果不仅是指实践对于某一具体主体的功利性后果，而且是指实践对于社会主体、人类主体的直接或间接的后果。对某一具体主体（个人、群体）而言，实践的成功证明着它所设定的目的的现实性，但对社会主体、人类主体来说，这种成功并不一定意味着实践目的的合理性，不一定意味着实践取得了积极成果。因此，仅凭实践的成功并不能证明实践是合理的，必须全面考察实践的社会后果及其在人类生活中产生的整体的、综合的、长远的效应。

二是对实践效率的评价。实践效率是指实践活动的投入和产出，即实践所耗费的活动与所得到的效果之间的比率。如果以一定的实践活动实现了较高的价值，该实践活动的效率就是较高的；如果同样的实践活动获得的是较低的价值，该实践活动的效率就是较低的。实践效率的高低是衡量实践活动诸要素的配置是否合理，实践活动诸要素的潜能是否得到发挥，以及实践水平高低的重要标志。

通过对实践效果进行科学评价，人们从实践效果的正负、大小，从实践效率的优劣、高低上获得了对于实践过程的再认识，然后再以这种认识来检查、审视原有的实践目的、实践方案、实践操作方式等，进而调整、修正实践活动的运行机制，这就是实践系统的反馈调节机制。实践反馈是将实践过程中的信息反馈给实践控制系统，进而影响实践过程，它既包括在具体实践过程中通过目的与结果的相互作用对实践的反馈调节，也包括在社会实践系统中通过不同实践之间的相互作用对某一具体实践活动的反馈调节。

实践反馈并不一定要等到实践出现对象化结果才开始进行。主体按照一定的目的和方案进行现实的实践活动时，往往要遇到一些困难、障碍，出现一些预想不到的“变异情况”，这就可能使实践活动出现错误或偏差，以至于出现实践过程失控或实践结果背离预期目的等现象。因此，主体必须根据实践过程中出现的某种结果、某种信息、某种变化，及时地对实践活动进行反馈调节。只有这样，才能随时修正错误和偏差，使实践活动顺利地、合目的地进行。

总之，实践是以主体、中介、客体为基本框架，通过目的、手段和结果的反馈调控而自我运动、自我发展的活动过程。以实践的效果和效率作为衡量实践活动是否合理的基本尺度，通过目的、手段和结果的反馈调控，就能使实践活动在主体的控制下发动和运转起来，并使实践本身不断得到发展。

五、实践是自在世界和人类世界分化与统一的基础

实践是人的有目的的活动。这种有“目的的活动不是指向自己……而且为了通过消灭外部世界的规定的（方面、特征、现象）来获得具有外部现实形式的实在性”。② 换言之，人在实践活动中并非仅仅接受自在世界及其规律的制约，而且要依据自己的目的利用客观规律去改

① 《毛泽东选集》第1卷，人民出版社1991年第2版，第293－294页。

② 《列宁全集》，中文2版，第55卷，第183页。

变自在世界的状况，使它达到符合人的目的要求的新的状态，即成为属人世界。因此，实践构成自在世界和属人世界即人类世界分化与统一的基础。

（一）自在世界与人类世界的关系

自在世界与人类世界是两个相对应的概念。自在世界又称天然自然，包括两重含义：首先，自在世界是人类世界产生之前的自然界。在人类社会产生之前，自然界早就独立地存在和发展着。这是人类世界产生之前的先在世界。其次，自在世界又是人类活动尚未达到的自然界。自然界在广度上和深度上都是无限的，永远存在着人类活动尚未达到的部分，即尚未被人化的部分，这一部分自然界仍然属于自在世界。人类世界又称属人世界，是指在人类实践基础上形成的“人化自然”和人类社会的统一体。所谓人化自然，就是指被人的实践改造过并打上了人的目的和意志烙印的自然。

自在世界与人类世界都具有客观实在性。人们并不是在自在世界之外创造人类世界，而是在自在世界所提供的材料的基础上表现自己的本质力量，建造人化自然、人类世界的。人的实践可以改变天然自然的外部形态、内部结构乃至其规律起作用的条件和方式，但是，它不可能消除天然自然或自在世界的客观实在性。相反，天然自然的客观实在性通过实践延伸到人化自然、人类世界之中，并构成了人类世界客观实在性的自然基础。

自在世界与人类世界的区别在于，自在世界是独立于人的活动或尚未被纳入人的活动范围内的自然界，其运动完全是自发的，一切都处在盲目的相互作用之中。人类世界和人的活动不可分离。人化自然是被人的活动所改造过的自然，体现着人的需要、目的、意志和本质力量；人的社会关系则是在人的活动中生成的，社会结构是人的活动的对象化。人类世界的独特性就在于，它与人的主体性和主体实践活动不可分。人类世界必然以自在世界作为自己存在和发展的前提，但人类世界毕竟不同于自在世界，也不是自在世界自动延伸的产物。从根本上说，人类世界是人的实践活动的对象化，是人的对象世界。

如前所述，物质生产活动不仅使天然自然发生形态的改变，同时还把人的目的性因素注入自然界的因果链条当中，通过改变条件、利用因果规律获得符合人类需要的结果。物质生产活动虽然不能使自然物的本性和规律发生变化，但却能把人的内在尺度运用到物质对象上去，按人的方式来规范物质转换活动的方向和过程，改变物质的自在存在形式。在实践中，天然自然这个“自在之物”日益转化为体现了人的目的，并能满足人的需要的“为我之物”。这一过程就是自然“人化”的过程，其结果是从天然自然中分化出人化自然，使自然界在人的实践过程中不断获得属人的性质，不断地被改造为人的生存和发展的条件。所以，马克思认为，“人化自然”“是人的现实的自然界”，是“人类学的自然界”。①

自然的“人化”过程同时就是人类社会形成和发展的过程。人们在从事物质生产、改造自然的同时，又形成、改造和创造着自己的社会联系和社会关系。没有人与人之间的社会关系，也就不可能有人与自然的现实关系。“一切生产都是个人在一定社会形式中并借这种社会形式而进行的对自然的占有。”②这就是说，自然的“人化”是在社会之中而不是在社会之外实现的。正是在这个意义上，马克思指出：“自然界的人的本质只有对社会的人说来才是存在的……只有在社

---

① 《马克思恩格斯全集》，中文1版，第42卷，第128页。

② 《马克思恩格斯全集》，中文1版，第46卷上，第24页。

会中，自然界才是人自己的人的存在的基础。”①在人的实践活动中生成的人化自然和人类社会及其统一，构成了人类世界。

人通过自己的实践活动在自在世界的基础上建造了属人的世界，从而使世界二重化为自在世界与人类世界。在这个过程中，自在世界构成了人类世界存在和发展的自然基础，人在实践活动中把天然自然同化于自身，转化为自己的本质力量；同时又把这种本质力量对象化，创造人类世界；人类世界形成之后又反过来制约天然自然，不断地改变自在世界的界限，并使人的本质力量进入到自然存在之中。“只要有人存在，自然史和人类史就彼此相互制约。”②现代科学表明，自然史上最高的“会聚”表现为自然史向人类史的转化，此时，较低层次的自然系统成为较高层次的社会系统的组成部分，而社会系统又反过来对自然系统施加影响和作用。

总之，人的实践活动使世界二重化为自在世界与人类世界，它不仅改造世界，而且创造世界。

（二）实践是人类世界存在和发展的基础

实践创造世界首先体现在，实践创造出一个与自在世界既对立又统一的人类世界。

人类世界在内容上包含着自然和社会两个方面。但是，人类世界不是自然界和社会的“相加”，而是在实践基础上形成的人化自然与人类社会“二位一体”的世界。在人类世界中，自然与社会相互制约、相互渗透，摆在人们面前的是被社会改造的自然和受自然制约的社会。

人类世界中的自然不是与人无关的自然，而是被人们“加工”过的自然；人不仅改造自然存在，而且通过实践使自身的本质力量也进入到自然存在之中，并赋予自然存在新的属性——社会性。一切对自然的加工、改造都是在“一定的社会形式中并借这种社会形式”进行的。人类世界中的自然即人化自然是被打上了社会烙印的自然，是社会的自然。在人类世界中，自然界意味着什么，自然对人的关系如何，人对自然的作用采用了什么样的形式，具有什么内容，达到什么范围等，都受到社会形态的制约。要把人类世界中的自然从社会形式中分离出去是不可能的。在人类世界中，自然不仅保持着天然的物质本性，而且被打上了社会烙印；不仅具有客观实在性，而且具有社会历史性。人化自然是一个社会（历史）范畴。

人类世界中的社会也不是脱离自然的社会。人类社会是在人与自然的物质变换中形成并发展起来的，人类历史也无非是“自然界对人的生成过程”。在人类世界中，作为客体的自然，其本身的规律不可能被完全消融到占有它的社会中；自然不是外在于社会，而是作为一种人类社会生存和发展的因素出现在社会中。社会需要只有通过自然过程的中介才能实现，人与自然之间的物质变换构成了社会存在和发展得以实现的“永恒的自然必然性”。在这个意义上说，社会是自然的社会。社会发展既不是纯自然的过程，也不是脱离自然的超自然的过程。把自然以及人对自然的关系从社会（历史）中排除出来，也就等于把社会（历史）建立在虚无上。

社会的自然与自然的社会都是人们实践活动的产物。实践是社会与自然相互作用、相互影响、相互渗透的中介和基础。一句话，实践是人类世界得以存在的根据和基础，在人类世界的运动中具有导向作用。人类世界当然不能归结为人的意识，但同样不能还原为天然自

① 《马克思恩格斯全集》，中文1版，第42卷，第122页。

② 《马克思恩格斯选集》，2版，第1卷，第66页。

然。人类意识、人类社会以至整个人类世界对天然自然具有不可还原性。社会的自然与自然的社会都是通过人类的实践活动来实现或表现的。人类世界只能是实践中的存在。物质实践"这种活动、这种连续不断的感性劳动和创造、这种生产，正是整个现存的感性世界的基础"①。

实践创造世界不仅体现在人类世界的形成上，而且还体现在人类世界发展中。

实践是人类世界得以存在和发展的基础，人类世界是实践中的存在，而实践本身就处在不断的变化发展之中。因此，人类世界是一个动态的、不断发展、不断生成、不断形成更大规模和更多层次的开放体系。马克思早就批判过费尔巴哈唯物主义对世界的直观性："他没有看到，他周围的感性世界决不是某种开天辟地以来就直接存在的、始终如一的东西，而是工业和社会状况的产物，是历史的产物，是世世代代活动的结果，其中每一代都立足于前一代所达到的基础上，继续发展前一代的工业和交往，并随着需要的改变而改变它的社会制度。"②在现代，人类已经"上穷碧落下黄泉"，"上天、入地、下海"，人类活动已涉及广袤的宇宙、辽阔的海洋，深入到地球深处以及生物的分子结构，等等。正如现代著名科学家赫伯特·A·西蒙所说的："我们今天生活着的世界，与其说是自然的世界，还不如说是人造的或人为的世界。在我们周围，几乎每样东西都刻有人的技能的痕迹。"

确认实践是人类世界得以存在的根据和基础，在人类世界的运动发展中具有导向作用，并不是否定自然界的本原性及其对人类世界的先在性。同一切唯物主义一样，马克思主义哲学确认自然界的"优先地位"，并认为"人并没有创造物质本身。甚至人创造物质的这种或那种生产能力，也只是在物质本身预先存在的条件下才能进行"。③ 但是，马克思主义哲学并没有把旧唯物主义的自然概念原封不动地移入到辩证唯物主义中，而是用社会实践的框架来理解人类世界中的自然，把自然同人的实践活动、社会生活过程联系起来考察，并认为"任何历史记载都应当从这些自然基础以及它们在历史进程中由于人们的活动而发生的变更出发"。④

人类世界对人的生存和发展具有直接的现实性，所以，马克思又把人类世界称为"感性世界"、"现存世界"、"现实世界"，并把"感性世界理解为构成这一世界的个人的全部活生生的感性活动"。⑤ 从这个角度说，世界对人既是本原性的存在，又是对象性的存在。所以，马克思认为，不仅要从客体方面，而且要从主体方面，从实践方面去理解"对象、现实、感性"。正因为如此，马克思主义哲学极为关注人类实践活动，并明确指出："对实践的唯物主义者即共产主义者来说，全部问题都在于使现存世界革命化，实际地反对并改变现存的事物。"⑥

人类世界的现实性包含着客观性，而人类世界的实践性又进一步确证着人类世界的客观

① 《马克思恩格斯选集》，2 版，第 1 卷，第 77 页。

② 《马克思恩格斯选集》，2 版，第 1 卷，第 76 页。

③ 《马克思恩格斯全集》第 2 卷，人民出版社 1957 年中文第 1 版，第 58 页。

④ 《马克思恩格斯选集》，2 版，第 1 卷，第 67 页。

⑤ 《马克思恩格斯选集》，2 版，第 1 卷，第 78 页。

⑥ 《马克思恩格斯选集》，2 版，第 1 卷，第 75 页。

性，并使人类世界及其与自在世界的关系呈现出历史性。现代实践活动以及现时代的人类世界更加凸显出实践创造世界的意义，进一步证实着马克思主义实践观的真理性，并表明马克思主义世界观的创立是哲学世界观的深刻变革。

思考题：

1. 如何理解马克思主义哲学的物质概念及其意义？
2. 什么是意识的能动反作用？
3. 实践的本质和特点是什么？
4. 为什么说人的实践活动构成了人类世界的基础？

第三章 世界的普遍联系和永恒发展

马克思主义哲学是唯物论与辩证法的统一，它认为，世界在本质上是物质的，物质世界是普遍联系和永恒发展的。唯物辩证法就是关于联系和发展的一般规律的科学，是具有普遍指导意义的世界观和方法论。

第一节 物质世界的普遍联系

联系是事物之间和事物内部诸要素之间相互影响、相互作用、相互制约的关系。物质世界是普遍联系的统一体。联系的观点是唯物辩证法的一个基本原则，一个基本观点。

一、联系的普遍性、客观性、多样性

物质世界的联系是普遍的，没有什么事物是孤立存在的。现代科学的发展使我们有足够的根据说明，人类所面对的世界，大至宏观的宇宙天体，小至微观的基本粒子，从自然界到人类社会和人的认识，一切事物和现象都不是彼此孤立的，它们都与周围的事物通过物质、能量和信息的交换和传递，处于广泛的、普遍的联系之中。正如恩格斯所描述的那样："当我们深思熟虑地考察自然界或人类历史或我们自己的精神活动的时候，首先呈现在我们眼前的，是一幅由种种联系和相互作用无穷无尽地交织起来的画面"。① 事物联系的普遍性，要求我们认识任何事物都必须坚持联系的观点，反对形而上学的孤立观点。列宁指出："单个的存在(对象、现象等等)(仅仅)是观念(真理)的一个方面。真理还需要现实的其他方面，这些方面也只是好像独立和单个的(独立存在着的)。真理只是在它们的总和中以及在它们的关系中才会实现。"②可见，只有坚持用普遍联系的观点观察问题，才能达到对事物真理性的认识，否则，就会陷入片面性。这里应当指出的是，唯物辩证法坚持普遍联系的观点，并不因此否认每一个具体事物具有相对的独立性。形而上学的错误是把事物的相对独立性加以夸大，否认物质世界的普遍联系。我们反对形而上学的孤立观点，不能从一个极端走向另一个极端，连具体事物的相对独立性也加以否定。当我们对每一具体事物进行认识时，既要看到它的普遍联系，又要看到它的相对独立性，在普遍联系中揭示它独特的质的规定性，揭示出它与周围事物的相互区别。

---

① 《马克思恩格斯选集》第2版，第3卷，第359页。

② 《列宁全集》第1版，第38卷，第209页。

物质世界的联系是客观的。联系是事物的客观本性，它不依人的主观意志为转移。联系的客观性，已经为人类的全部实践经验和科学的发展所证实。19世纪自然科学的三大发现，即细胞学说、能量守恒和转化定律、达尔文的生物进化论，以实证科学本身提供的材料，逐步揭示了客观世界固有的联系。正如恩格斯所说："由于这三大发现和自然科学的其他巨大进步，我们现在不仅能够说明自然界中各个领域内的过程之间的联系，而且总的说来也能说明各个领域之间的联系了，这样，我们就能够依靠经验自然科学本身所提供的事实，以近乎系统的形式描绘出一幅自然界联系的清晰图画。"①本世纪科学发展的新成就，如相对论、量子力学、分子生物学，以及系统论、控制论、信息论等，进一步证实了事物联系的客观性。如分子生物学，找到了沟通一切门类的生物的共同遗传物质——核酸，揭示出所有不同的生物都具有共同的遗传密码，它们的相互区别仅仅是由于各自的遗传密码排列组合的不同而引起的。这就比细胞学说更为深刻地揭示了生物界的内在的客观联系。再如系统论、信息论和控制论，证明了任何事物都是以系统的形式存在的，系统不仅与外界环境相互联系、相互作用，而且其内部各个组成要素也处在相互联系和相互作用之中，信息的传递和交换就是这种联系的基本形式之一，从而揭开了人类对事物客观联系认识的新图景。

事物联系的客观性要求我们在认识世界、改造世界的过程中，必须从事物固有的联系去把握事物，切忌主观随意性。否认和无视客观的联系，编造和臆想虚假的联系，没有不犯错误的。历次政治运动中造成的冤假错案，经济建设中出现的决策失误，都是用主观臆想的联系代替事物固有的联系。这些方面的教训告诫我们，坚持联系的客观性是坚持辩证法联系观点的唯物主义前提。

物质世界的联系是多种多样的。一般说来，事物的联系有内部联系与外部联系、本质联系和非本质联系、必然联系和偶然联系、直接联系和间接联系、主要联系和次要联系等。不同的联系在事物发展中所处的地位、所起的作用是不相同的，其中事物内部的、本质的、必然的联系，决定着事物的基本性质和发展趋势。在人们的实践活动中，只有认识和掌握事物发展的规律，才会取得成功。而所谓规律，也就是事物内部的、本质的、必然的联系。当然，事物外部的、非本质的、偶然的联系也不是无足轻重的，它们可以起到加速或延缓事物发展的作用，在一定条件下甚至决定着事物发展趋势由可能性向现实性的转化。

坚持事物联系的多样性，就要对事物多种多样的联系进行具体分析，防止简单化。既然不同的联系在事物的发展中处于不同的地位，起着不同的作用，我们就必须善于区分不同的联系，不能把内部联系和外部联系、本质联系和非本质联系、必然联系和偶然联系等量齐观。同时又必须看到内部联系和外部联系、本质联系和非本质联系、必然联系和偶然联系之间的辩证关系，不能把它们绝对对立起来。辩证法认为，任何事物的本质都是通过现象表现出来的，必然性总是通过偶然性为自己开辟道路，事物的外部联系也总是影响着事物的内部联系，离开事物现象的、偶然的、外部的联系，就不可能深刻地揭示事物本质的、必然的、内部的联系。认识的真正任务在于，透过事物外部的、现象的、偶然的联系，发现其内部的、本质的、必然的联系，掌握事物的发展规律。

用唯物辩证法的联系观点观察事物，要坚持联系的普遍性、客观性和多样性。只有如此，我们才能客观地而不是主观地、全面地而不是片面地、深刻地而不是表面地揭示事物的联系，

---

① 《马克思恩格斯选集》第2版，第4卷，第246页。

才能真正把握事物的本质。在现实生活中，随意抓取个别事实材料，臆造和牵强附会地编织并不存在的联系以论证某种错误观点的实用主义做法，时有所见。这类做法，离开了联系的普遍性、客观性和多样性，是无法达到对事物的真理性认识的。列宁说："如果从事实的全部总和、从事实的联系去掌握事实，那末，事实不仅是'胜于雄辩的东西'，而且是证据确凿的东西。如果不是从全部总和，不是从联系中去掌握事实，而是片断的和随便挑出来的，那末事实就只能是一种儿戏或者甚至连儿戏也不如。"①

二、普遍联系和系统

所谓系统，是指由相互联系、相互作用的若干要素按一定方式组成，并同周围环境相互联系、相互作用的统一整体。在物质世界的普遍联系中，任何事物都是作为系统而存在的。在无机界，从微小的基本粒子到巨大的太阳系以至河外星系等，无不是系统。在有机界，从生物大分子、细胞到生态系统、生物圈等，也都是系统。在社会生活中，社会的生产力和生产关系、经济基础和上层建筑，乃至一个农场、一家工厂、一个商店、一所学校、一个连队，也都是作为系统而存在的。现代科学已经证明，大千世界，茫茫宇宙，各种事物无不具有系统性。

系统观念的萌芽在人类认识史上早就产生了。马克思主义哲学创始人大量使用了系统概念，并且把系统思想应用于自己的科学研究，取得了巨大的理论成果。现代科学的发展，特别是系统科学的兴起，进一步证实和丰富了唯物辩证法的系统思想，为确立唯物辩证法的系统范畴提供了科学基础。从马克思主义哲学的角度对当代系统科学的最新成果进行总结，可以把系统的基本特征概括为整体性、结构性、层次性和开放性。这些特征是各种系统普遍具有的属性，研究系统的这些基本特征，对于认识和解决各种系统问题具有普遍的方法论意义。

系统的整体性，揭示了系统整体与其组成要素之间的关系。它有两层含义：其一是说，系统的整体性能只存在于各个组成要素的相互联系、相互作用之中，各个孤立要素性能的总和不能反映系统的整体的性能。这种现象不论在自然界还是社会生活中，都是普遍存在的。中国有两句谚语从不同侧面反映了这个道理。一句是"三个臭皮匠，顶个诸葛亮"，一句是"一个和尚挑水吃，两个和尚抬水吃，三个和尚没水吃"。同样是三个人组成的系统，整体的功能都不是其组成要素功能的简单相加。在自然界和工程技术中，这种例子比比皆是。例如，曾经具有世界第一流飞行速度和爬高能力的苏制飞机米格—25，其主要零部件相对来说是比较落后的，但从整体性能看却是当时世界第一流的。

系统的整体性能不等于各组成要素性能的简单相加，这种状况是怎样形成的呢？要素之间的相互联系、相互作用是解开这种系统之谜的关键所在。由于系统各组成要素之间相互联系、相互作用，造成了彼此活动的限制、彼此属性间的筛选以及某些功能的协同，由此形成了系统的整体功能。其中要素的某些功能被放大了，某些功能被缩小了，某些原有的功能消失了，某些新功能出现了。因此，系统的整体功能有别于其各个组成部分的功能，也不同于其各个组成部分功能的简单相加。

系统整体性的第二层含义是说，处于某个系统中的要素，其性能受到该系统整体的影响和制约。要素作为系统的组成部分，并不是孤立地存在于系统之中，由于其与系统的其他要素存在着相互联系、相互作用，这就使得要素的性能与脱离这种联系时具有质上的不同。例

---

① 《列宁全集》第1版，第23卷，第279页。

如原子中的电子绕原子核作高速运动，而自由电子则不作这种运动。黑格尔曾以手为例说："割下来的手就失去了它的独立存在，就不像原来长在身体上时那样，它的灵活性、运动、形状、颜色等等都改变了，而且它就腐烂起来了，丧失它的整个存在了。只有作为有机体的一部分，手才获得它的地位。"①我们只能说长在人的肢体上的手是劳动器官，而被砍下来的手就谈不上是人的劳动器官了。再如个体经济和私人经济，在社会主义和资本主义两种经济系统中，就具有不同的经济属性。在社会主义经济系统中，由于公有制的主体地位的制约，个体经济和私人经济的发展，可以成为促进社会主义社会生产力发展的有利因素。这与处在资本主义经济系统中的个体经济和私人经济所起的作用是有重大区别的。

系统整体性的观点具有重要的方法意义。它要求我们观察和处理问题必须着眼于事物的整体，把整体的功能和效益作为认识和解决问题的出发点和归宿。某些事物、某些做法，从局部看可能是有道理的、可行的，但从全局看却未必如此。这就要求在处理问题、进行决策时，要立足整体、总揽全局，努力寻求实现整体功能和效益的最佳方案。只有从整体出发，才能正确认识各个局部的价值，正确地处理全局和局部的关系。例如，进行社会主义现代化建设和改革，必须坚持系统整体性的原则。要如实地把整个国民经济系统作为一个统一的整体，按照它的各个经济环节的内在联系和主客观条件的成熟程度，分别轻重缓急和难易，有先有后，配套进行。就经济体制改革而言，它本身就是一个十分艰巨复杂的社会系统工程。为了建立社会主义市场经济新体制，需要进行企业、市场、政府、财政、税收、金融、外贸、价格、所有制、分配制度和劳动人事制度等多方面的改革。进行这些改革，不仅要考虑到每一项改革自身的合理性，而且要考虑到同其他改革的关联和配套。实践表明，脱离整体配套，力图在某一项改革上孤军深入，单项突破，是不能成功的。不仅经济体制改革本身有一个配套问题，而且经济体制改革和政治体制改革之间，经济体制改革、政治体制改革和精神文明建设之间，也有一个相互配套的问题。邓小平就曾经指出："政治体制改革同经济体制改革应该相互依赖，相互配合。只搞经济体制改革，不搞政治体制改革，经济体制改革也搞不通。"②进行社会主义改革和现代化建设，必须从社会总体系统上把握和处理好经济、政治、文化各个子系统之间的联系和制约关系，并据此制定改革和建设的总体方案。党的十五大就提出："围绕经济建设这个中心，经济体制改革要有新的突破，政治体制改革要继续深入，精神文明建设要切实加强，各个方面相互配合，实现经济发展和社会的全面进步。"这一总体布局的思想正确地反映了社会系统的整体性，在社会主义现代化建设和改革的全过程中，始终都必须加以坚持。

系统的结构性，揭示的是系统中诸要素之间的关系。结构是系统中诸要素相互联系、相互作用的方式。其中包括要素相互间一定的比例、一定的秩序、一定的结合形式等。系统的性质和功能不但决定于其构成要素的性质和功能，而且决定于要素之间的结构。系统的结构变化了，它的性质和功能也会随之发生相应的变化。例如，石墨和金刚石虽然都是由碳原子组成，但由于碳原子结合方式不同，二者的性质就迥然不同。金刚石的碳原子分布均匀，结合紧密，形成为一种无色透明、外形为八面体的高硬度晶体。石墨的碳原子之间间距大，结合力弱，形成一种软质鳞片状晶体，其硬度、塑性和韧性都接近于零。可见，系统的结构不同，

---

① 黑格尔:《美学》第1卷，商务印书馆版，第156页。

② 《邓小平文选》第3卷，第164页。

功能也就不同。系统由于结构的变化，也会导致系统功能的变化。例如，我国在农村经济体制改革过程中，变人民公社的旧体制为家庭联产承包责任制，由于改变了生产组织结构中人们的结合方式，调动和激发了广大农民的自主性和积极性，使我国的农业劳动生产率得到了极大的提高。

系统的结构性给予我们以重要的方法论启迪。结构决定功能，结构的变化决定功能的变化。合理的结构能促进功能的优化，不合理的结构造成系统功能的内耗，只有通过结构的合理化才能实现系统功能的优化。正是由于结构性问题对于系统功能的实现有着这样重要的作用，所以在当代科学研究和社会实践中，人们越来越重视对各类系统的结构，如生产力结构、生产关系结构、产业结构、投资结构、消费结构、教育结构等等的研究，其目的都在于通过结构的调整实现系统功能的优化。产业结构、地区经济结构、城乡结构不合理，是当前我国经济发展中的突出矛盾。十五大提出要对我国的经济结构进行战略性调整，党中央关于“十五计划”的建议提出要把结构调整作为主线，其根本目的也是要通过经济结构的调整，实现国民经济系统功能的优化。我国只有通过调整产业结构，全面提高农业、工业、服务业的水平和效益；合理调整生产力布局，促进地区经济协调发展；逐步推进城镇化，努力实现城乡经济良性互动；大力推进国民经济和社会信息化，以信息化带动工业化，把经济结构优化升级问题解决好，才能切实提高国民经济的整体素质，提高我国的国际竞争力，在日趋激烈的国际竞争中赢得主动和优势。

系统的层次性，揭示的是系统的不同层次之间的关系。凡系统都是有层次的。所谓层次，就是系统中整体与部分在依次隶属的关系中所形成的等级。系统是由相互作用的要素即子系统所组成的，但系统和子系统的划分具有相对性。某一系统是更大的系统的子系统，子系统则是更小的要素所组成的系统。系统和子系统在这种依次隶属的关系中形成的等级，就是层次。例如，分子由原子组成，原子又由核外电子和原子核组成，原子核又由质子和中子等基本粒子组成。社会由经济系统、文化系统、政治系统等组成，而经济系统又是由农业系统、工业系统、商业系统、交通运输系统等下一级子系统所组成，直到一些基层企业、公司。

对系统层次性的研究表明，系统的不同层次既有共同的运动规律，又有各自的特殊运动规律。认识和研究系统，不仅要揭示系统的内在层次，发现不同层次上共同的运动规律，而且特别要研究和发现其不同层次上的特殊运动规律，只有这样，才能把握系统层次性的本质。研究系统不同层次上的特殊运动规律，历来是科学研究中的重要课题。忽视对系统不同层次上特殊规律的认识，往往导致简化还原论的错误倾向，把高级运动形式归结为低级运动形式，把高层次运动规律归结为低层次运动规律。例如在生物学研究中，由于忽视生物系统在不同层次上规律的质的差别，就会导致把生命运动的规律归结为物理、化学乃至机械运动的规律。这种简单化的做法是不能揭示生命运动的本质的。在社会现象的研究中，也必须注意系统不同层次上规律的差异性。如在经济体制改革中，要搞活经济，就要在微观经济的层次上，按照产权清晰、权责明确、政企分开、管理科学的原则，建立现代企业制度，使企业成为自主经营、自负盈亏的法人实体和市场主体。但在宏观层次上必须按照市场经济规律加强集中管理和调控，这样才可能使微观经济活而不乱，宏观经济统而不死，形成充满生机、运行有序的新经济体制。党中央一再强调，微观要放开，宏观要管住，其所体现的也就是要按照国民经济系统不同层次上的不同规律办事。

系统的开放性，指的是系统与周围环境的相互联系、相互作用。宇宙间的每一个系统都与周围环境进行着物质、能量和信息的交换和传递。系统正是凭借这种物质、能量、信息的交换和传递，才能得以维持和更新自身的结构，并不断实现着自身的发展和有序化。一旦系统的开放性受到破坏，与外界的物质、能量、信息交换受到阻碍，系统的存在和发展就会受到干扰，并将导致混乱无序和自身的解体。例如，一个生物机体，如果停止了与周围环境的联系，生命就会停止；一个城市，如果中止了和外界的物质、能量、信息交换，就会成为一座死城，正常的生活就无法维持；一个国家，如果闭关锁国，拒绝吸收世界上先进的物质文明和精神文明成果，就谈不上经济的发展和社会的进步。邓小平指出："中国长期处于停滞和落后状态的一个重要原因是闭关自守。经验证明，关起门来搞建设是不能成功的，中国的发展离不开世界。"①三十多年来，我国把对外开放作为基本国策，已经取得了举世瞩目的成就。今后不管遇到什么风浪，都不能动摇我们的对外开放政策。

讲到系统的开放性，一个值得注意的问题是，开放是系统有序发展的必要条件，并不是充分必要条件。不开放，系统就不能向有序发展，但开放还不能保证系统一定向有序发展。向有序发展还有一个怎样开放的问题。理解这一点对于正确地贯彻执行对外开放政策十分重要。要充分发挥对外开放对我国现代化的促进作用，既不能简单照搬"进口替代"战略，也不能简单照搬"出口替代"战略，而要从我国的国情出发，充分利用国内国外两种资源，努力开拓国内国外两个市场，制定能够促进我国经济发展、维护我国经济安全的对外开放战略。当前，在经济全球化加速发展的形势下，我们要以更加积极的姿态走向世界，发展开放型经济，积极开拓国际市场，发展具有比较优势的海外投资，实施"走出去"的战略。

了解系统的基本特征，目的在于用系统观点和系统方法观察和解决问题。系统观点和系统方法要求人们着眼于整体，通过正确认识和处理系统中各要素之间的关系，系统内部不同层次的关系，系统与外部环境的关系，实现系统整体功能的优化。系统观点和系统方法，可以帮助我们在实际工作中更深刻地认识和处理好全局与局部的关系。全局是指事物的整体及其发展的全过程；局部则是指事物整体的各个部分及其发展过程的各个阶段。全局是由局部组成的，离开局部就无所谓全局，但全局并不是局部的简单相加，它统率局部、高于局部。局部是全局的一个部分、一个发展阶段，离开全局也谈不到局部，它隶属于全局、低于全局。在事物发展中，全局起着主要的、决定的作用。它决定事物的发展方向和趋势；局部只能对全局的进程发生一定的影响，但在一定条件下，当某一局部成为全局的主要环节时，它对全局就会起主要的、决定的作用。所谓"一着不慎，满盘皆输"，说的就是对全局有决定意义的一着。全局和局部的区别是相对的。就整个社会主义现代化建设来说，全国是一全局，各地区、部门和单位是局部；但各地区、部门和单位对其下属机构来说，又是全局。所以，任何地区、部门和单位的领导者都有一个善于处理全局和局部关系的问题。居于全局地位，要注意照顾全局、协调各个局部的相互关系，充分调动各个局部的积极性，特别要关照对全局有决定意义的局部。居于局部地位，也要全局在胸，把部分和整体、目前和长远的利益恰当地结合起来，使局部的需要服从全局的需要，并正确地处理左邻右舍的关系。我们必须牢固树立"全国一盘棋"的思想，搞好综合平衡，统筹兼顾，适当安排各项工作，既要防止过分集中，又要反对本位主义和分散主义。为此，我们要用系统观点和系统方法对各项任务进行具体研究，在必要和可能的条件下，还要运用系统科学的定量化方法进行可行性论证，为领导机关作出科学

① 《邓小平文选》第3卷，第78页。

决策、进行科学领导提供依据，力求达到系统整体功能的最优化。

三、普遍联系和条件

承认了事物的普遍联系，也就肯定了事物的存在和发展具有条件性。所谓条件，就是指在事物之外制约该事物存在和发展的一切因素的总和。

那末，如何看待条件在事物存在和发展中的作用呢？

第一，任何事物的存在和发展都有一定的条件。物质世界是普遍联系的，事物与事物之间相互作用、相互制约，互为存在和发展的条件。例如，农作物的生长，需要有一定的光照、适当的水分、适宜的温度，还需要一定的肥料、疏松的土壤和抵御病虫害的农药。没有这些条件,要获得农业丰收是不可能的。人类社会的生存和发展，离不开一定的自然地理条件和人口条件，如果没有必要的自然资源和一定数量的劳动力，任何社会都难以维系和发展。要改变我国贫穷落后的面貌，赶上和超过经济发达国家，也需要一系列必要的物质条件和精神条件。如果不顾具体条件，急躁冒进，凭想当然办事，就会事与愿违，欲速不达。马克思主义者是条件论者，承认条件对于事物发展和人们行为的制约作用。

第二，条件是可以改变的。人们在条件面前并不是消极无为的，经过主观努力，可以变不利条件为有利条件，可以创造出原来不具备而为事物发展所需要的条件。例如，江河泛滥不利生产、危害人民，但可以通过兴修水利、疏通河道使它灌溉农田，蓄水发电，变水害为水利。再如，进行社会主义现代化建设，我国有许多有利条件，也有许多不利条件;所需的条件有些已经具备，有些尚不具备，这就需要我们发挥主观能动作用，开拓进取，勇于创新，通过改革开放和制定符合我国国情的社会发展战略，充分利用有利条件，克服和改变不利条件，逐步把我国建设成为一个社会主义现代化强国。消极悲观，怨天尤人，安于现状，无所作为，坐失有利条件或坐等有利条件的到来，都不利于我国现代化事业的发展。所以，马克思主义者承认条件对事物的存在和发展具有重要作用，但不是对条件采取机械决定论的观点，而是采取辩证决定论的观点。

第三，改变和创造条件不是任意的，必须遵循事物发展的客观规律，并且需要具备某种必要条件。如果违背事物的发展规律或者不具备某种必要条件而硬要去改变条件、创造条件，只能陷入主观盲目性，导致在实践中碰壁。历史上“人有多大胆，地有多大产”、“不怕做不到，就怕想不到”的教训是需要我们认真汲取的。所以，在改变条件、创造条件的时候，首先要正确分析是否具有客观可能性，即是否符合客观规律;同时还要充分估计到这种创造、改变条件的活动是否具备必要的主、客观条件，也就是说，一定要注意客观规律和已有条件对人们行动的制约作用。

在实际工作中坚持唯物辩证法的条件论，必须反对“无条件论”和“机械决定论”。

否定条件对事物存在和发展的制约作用，不顾事物的各种具体条件，随心所欲，主观蛮干，凭主观愿望办事，是“无条件论”的表现。“无条件论”背离实事求是、主观与客观相一致的原则，无视事物的客观联系，从世界观上说是唯心主义的，在实践中没有不失败的。承认客观条件，但把已有条件绝对化，在条件面前无所作为，听天由命，消极悲观，是“机械决定论”的表现。“机械决定论”无视人的主观能动作用在改变条件中的积极作用，看不到条件是可以变化和改变的，是一种形而上学思想。“机械决定论”把条件看作是一成不变的东西，势必导致把事物的发展看作是由某种超自然的力量早已安排妥当的唯心主义宿命论观点。

社会主义事业是生气勃勃的创造性事业，社会主义现代化建设和改革为每个人发挥聪明才智，提供了前所未有的优越条件，但社会主义制度也不可能是尽善尽美的。只有立足现实，脚踏实地，胸怀大志，奋发有为，才是共产党人应该具有的精神风貌。

第二节 物质世界的永恒发展

物质世界是普遍联系的，又是永恒发展的。宇宙间的一切事物都处于无休止地运动、变化和发展之中，处于不断地产生和消灭之中。发展的观点，是唯物辩证法的又一个基本原则、基本观点。

一、运动、变化和发展

唯物辩证法肯定事物的普遍联系，从本质上说，就是承认事物内部各要素、方面、倾向之间以及事物之间的相互作用；正是这种相互作用，推动事物的运动、变化和发展，构成宇宙的千变万化的生动图景。正如恩格斯所指出：自然界的各种物体“处于某种联系之中，这就包含了这样的意思：它们是相互作用着的，而这种相互作用是运动。”①对于相互联系、相互作用构成运动，可以从两方面加以理解。一方面，任何运动都存在于、表现于事物的内部和外部的因素的相互联系、相互作用之中，运动就意味着相互联系和相互作用。例如自由落体这种单纯的机械运动，就是由物体和地球之间相互吸引的作用（万有引力）构成的，而且只有在物体和地球的相互联系中，在物体和地表的距离（空间联系）的变化中，才能表现出来。最简单的机械运动尚且如此，比较复杂的运动就更是如此。另一方面，任何相互联系、相互作用其本身的现实表现，就是一种动态过程，相互联系、相互作用就意味着运动。例如在上述自由落体的运动中，位移的运动就是前后不同位置之间的相互联系的过程。总之，无论任何事物，只要它是现实的、客观的存在，那么它的存在从其结构状态看，都是一定的具体联系和相互作用；从其功能状态看，则都是一种具体的运动形式。因此，只有通过普遍联系，才能理解物质世界的运动、变化和发展；同样，也只有通过物质世界的运动、变化和发展，才能深入地理解物质世界的普遍联系。唯物辩证法的联系和发展原则是密不可分的。

运动、变化和发展是既相互联系又相互区别的范畴。弄清它们之间的联系和区别，是唯物辩证法的发展观形成的前提。

运动是一切物质的根本存在方式。所谓运动是指一般的变化，即宇宙中发生的一切变化、过程中所共有的东西。所以，就一般含义来说，“运动”和“变化”是同等意义的概念。但是二者也有一定的区别，这就是：“运动”比“变化”更侧重于表述存在的一般方式，而“变化”则较侧重于强调运动中所产生的不同内容，即事物内外部联系所发生的演变。变化既包括事物量的变化，也包括事物质的变化。它可以是上升的、前进的运动，也可以是下降的、倒退的运动。在哲学史上，运动曾被归结为机械运动，被认为只是数量的增减和位置的移动，而并不发生实质性的变化。变化概念的提出则强调了事物运动中新的因素、新的情况的出现。把运动理解为一般的变化，就纠正了对运动的机械论理解，从而也就说明了宇宙间的一切变化

① 《马克思恩格斯选集》第2版，第3卷，第347页。

和过程，从机械运动、物理现象、化学变化直至生命过程、社会发展以至思维活动，无不是物质运动的表现形态。

“运动”和“变化”是高度抽象的范畴，没有直接表达或规定运动、变化的总体性质、趋势和方向性。单纯的数量增加或减少，位置的变更和持续，状态的重复和循环，进化与退化，上升与下降，都是运动和变化的表现。那么，世界万物的各种不同的运动变化之间有无一定的整体联系？这种整体联系是否包含着某种固有的趋向性？每一事物的运动变化在世界的总体运动变化中究竟居于何种地位、起着何种作用？这些更深刻的问题，就不是仅仅在一般意义上承认了运动和变化就能够解决的。于是，人们在进行哲学思考中不可避免地提出了发展问题。列宁就指出：“发展显然不是简单的、普遍的和永恒的生长、增多(或减少)等等。——既然如此，那首先就要更确切地理解进化，把它看作一切事物的产生和消灭、相互过渡。”①

唯物辩证法的“发展”范畴，就是在运动、变化的基础上进一步揭示物质世界运动的整体趋势和方向性的范畴。发展是指前进的变化或进化，即指事物从一种质态转变为另一种质态，或从一种运动形式中产生出另一种运动形式的过程，特别是指人类所处的现实世界中从低级向高级、从无序向有序、从简单向复杂的上升运动。发展概念所包含的本质内容，是前进的变化或上升的运动，不是抽象空洞的观念，而是对现实世界运动基本方向的如实反映。现实世界中多种多样的变化，从总体上说无非是三种方向的运动：①单一水平的转化，即同一等级运动形式间的变化；②下降的运动，即从高级形式向低级形式、从有序向无序、从较复杂向较简单的变化；③上升的运动，即同下降的方向相反的变化。深入地考察上述三种方向运动之间的关系，是认识现实世界发展的基本方向和主导趋势的基础。

单一水平的转化在许多现象和过程中是常见的。例如某种低级生物在属、科、目的分类地位不变的情况下，形成一些新的种或变种；社会在某一种生产方式保持原有状态的情况下，社会关系和社会生活状况经常有所改变；等等。单一水平的转化带有局部的、暂时的性质，因为从事物有生有灭的总体过程来看，这种单一水平的转化往往是下降运动和上升运动的必经环节。因此，可以说单一水平的转化实质是处于另两个方向变化的从属地位的一种过渡性、准备性的状态。

下降的运动，在自然界中也是经常的、普遍的现象。如化合物和有机体的分解，生命体的死亡，生物器官的退化，一种社会形态从兴盛走向衰败，等等。由德国物理学家克劳修斯于19世纪50年代发现的热力学第二定律就说明了自然界存在下降运动的原因。热力学第二定律又叫“熵增原理”，在希腊文中，“熵”原是发展、转化的意思，它被专门用来表示物质系统内部运动能力消耗和减弱的程度、热平衡的程度、无序化的程度。“熵”越大意味着系统内部热越是趋于平衡，质能分布越均匀、越无序，系统发生宏观结构变化的能力和可能性越小。“熵增原理”表明：一个孤立系统会自发地从非平衡态演化到平衡态、从有序走向无序；而反过来自发地从平衡态到非平衡态，从无序走向有序则是不可能的。但“熵增原理”只适用于孤立的、趋近于平衡态的系统；倘若系统是开放的、远离平衡态的，那么，系统由于有新的物质、能量和信息的补充，因而在“熵增”的同时还有一个相反的“熵减”过程，这样系统在总体上可能“熵”就不是增加而是减少，那么，系统就不会走向无序而呈下降运动了。克劳修斯正是由于忽略了这一前提，才提出了所谓的“宇宙热寂说”，断言宇宙随着“熵”的增加，最终将达到温

① 《列宁全集》第2版，第55卷，第215页。

度处处均衡，一切变化都将停止的寒冷、黑暗、死亡的状态。这一结论不仅给人类未来描绘了一个绝望的宇宙图景，而且直接预言了运动在一定程度上可灭，从而与“运动不灭”原理相冲突。现代科学的发展否定了热寂说，并以确凿的证据表明，在现实世界中，“熵增”即下降的运动不是发展的惟一方向，更不是发展的主导趋势。

上升的运动，即从低级向高级、从无序向有序、从简单向复杂的变化，不仅是现实世界中随处可见的普遍现象，而且是现实世界变化的整体方向和主导趋势。早在 19 世纪 50 年代，英国生物学家达尔文就提出了与热力学第二定律所描述的演化方向不同的进化论演化观，他用生物进化的普遍事实证明了生命现象上升运动的客观性。当代大爆炸宇宙学进一步表明，宇宙也是进化的，即从温度均匀状态到非均匀状态，从物质分布均匀状态到非均匀状态，其结构也从无序走向有序、从简单走向复杂。20 世纪 70 年代发展起来的耗散结构理论、协同学和超循环理论等非平衡态的自组织理论，则进一步从理论上较好地说明了自然界的上升运动。自组织理论认为，由于事物的普遍联系，纯粹的孤立系统在现实世界中实际上是不存在的，任何系统在不同程度上都是开放系统。当开放系统具备某些内外部条件时，如远离平衡状态、存在内部的非线性作用和随机涨落时，就会自发地从无序走向有序，从低级有序走向高级有序。由于这一过程的指令来自系统内部而非外部，因此这种现象被称为“自组织”。自组织理论以大量的科学实验和物理、化学特别是生物学的事实，也包括社会学的事实为根据，证明了自组织是物质世界进化的根据和实现方式，从而为解决无序与有序、简单与复杂、平衡态与非平衡态之间的转化和上升运动，提供了有力的科学解释。尽管这一理论还不十分完备、尚在进一步发展中，但自组织现象的存在以及对它的理论发现本身就足以表明，现实世界是进化着的、上升着的，而且将继续沿着这种方向发展下去。综合各方面的科学成果，可以看到现实世界以进化、上升为主线的发展图景从宇宙的演化到人类历史的演化，在总体上呈现出明显的方向性，即上升的运动或前进的变化趋势。

唯物辩证法的发展范畴，把上升的运动即从低级到高级、从无序到有序、从简单到复杂的变化作为自己内容的本质规定，这对于清除形而上学观点的影响具有深刻的意义。形而上学论者在一定限度内承认事物也会发生“转化”，但他们认为转化无非是已有或曾有过的东西之间的循环，世界上的事物不断变来变去，但是变化的结果不会产生什么新的、过去不曾有过的东西，世界在总体上仍是不变的，即所谓“太阳底下无新事”。因此，是否承认运动变化中存在着上升趋势，即严格意义上的前进或进化，势必成为辩证法与形而上学两种发展观分歧的焦点。唯物辩证法依据自然界和人类社会不断发展的事实，指出现实世界中不仅一切都在运动变化着，而且这些运动变化的主导趋势和必然结果是产生出在结构、功能和运动形态上优于旧事物的新事物，发展就意味着新事物的产生和旧事物的灭亡。显然，没有这种发展，地球上就不会有今天的人类社会和生生不息的自然界。因此，唯物辩证法把发展的前进的方向性作为自己科学的发展观的核心。

物质世界是运动变化和永恒发展的，世界发展的基本方向是前进的、上升的，因此我们要坚持用发展的观点看问题，反对用静止的观点看问题，防止思想僵化、因循守旧。在科学技术飞速发展的当代，在社会主义现代化建设中，新事物层出不穷，我们必须不断地使认识跟上变化了的客观情况，以适应形势不断发展的需要。满足于老经验，固守着老框框，就要脱离实际，落后于时代，落后于群众，贻误我们的社会主义现代化建设事业。

二、世界是过程的集合体

世界发展的整体方向和主导趋势是上升的、前进的运动，这就表明，事物是作为过程而存在的，世界是过程的集合体。对此，恩格斯曾作过如下具体生动的阐述："世界不是既成事物的集合体，而是过程的集合体，其中各个似乎稳定的事物同它们在我们头脑中的思想映像即概念一样都处在生成和灭亡的不断变化中，在这种变化中，尽管有种种表面的偶然性，尽管有种种暂时的倒退，前进的发展终究会实现。"①

所谓过程，就是指事物发生、发展和灭亡的历史。"世界是过程的集合体"，也就是说，世界上的一切事物无不处在运动变化之中，处在永恒的发生、发展和灭亡的不断变化中。一个事物的发展过程不论有多么长，都是有始有终的，"凡物有生必有毁"，凡是在历史上发生的东西都将在历史上消亡。没有什么事物是绝对不变、永世长存的。具体过程的有限性，恰好表明物质世界发展的无限性，一个过程的结束，就意味着另一个新过程的开始，无数具体事物的过程相继生生灭灭，循环不已，便构成了世界整体上的无限发展过程。正如恩格斯所说："这种辩证哲学推翻了一切关于最终的绝对真理和与之相应的绝对的人类状态的观念。在它面前，不存在任何最终的东西、绝对的东西、神圣的东西；它指出所有一切事物的暂时性；在它面前，除了生成和灭亡的不断过程、无止境地由低级上升到高级的不断过程，什么都不存在。它本身就是这个过程在思维着的头脑中的反映。"②唯物辩证法的过程论观点，要求我们不能把已经获取的认识和进行的实践绝对化、神圣化。马克思主义作为科学的世界观、方法论，本身就是一个发展着的开放体系，具有与时俱进的理论品质。教条主义者拘泥于马克思主义经典作家针对某些情况做出的个别论断，不顾历史条件和现实情况的变化，必然导致思想脱离新的实际。他们貌似坚持马克思主义，实质上是用形而上学观点曲解马克思主义，其结果只能扼杀马克思主义不断发展的生机，在社会实践中造成失误和挫折。同样，用辩证法的过程论观点观察问题，也不存在尽善尽美、永世长存的社会制度。资本主义制度终将为社会主义制度所代替，这是历史发展的必然，是不以人们的意志为转移的。

"世界是过程的集合体"还表明，事物作为过程而存在，是绝对运动和相对静止的统一，是变动性和稳定性的统一。任何事物都处在发生、发展、消亡的过程之中，绝对静止的事物是不存在的，这是发展的永恒性、运动的绝对性。在一事物的过程没有结束时，事物的质保持相对的稳定性，表现为相对静止状态。这种质的稳定性和静止状态，之所以是相对的，一是因为此一过程终将为彼一过程所代替；二是因为过程虽然没有发生根本性的质变但仍存在量的变化，存在着总的量变中的部分质变。辩证法承认事物发展的永恒性和运动的绝对性，但并不否认相对静止的存在，不否认在事物的发展变化中有质的相对稳定性。正因为事物有相对静止和质的稳定性，各种事物才能区别开来，它们才能存在和进一步发展，人们也才能对不同的事物进行认识和研究。否认具体过程的变动性，把运动、发展着的事物凝固化是错误的；同样，否认具体过程的相对静止和稳定性，把一切看成是瞬息万变、不可捉摸的东西，也是违背辩证法的发展观的。

建设有中国特色的社会主义是一个很长的历史过程。掌握唯物辩证法的过程论，使我们

---

① 《马克思恩格斯选集》第2版，第4卷，第244页。

② 《马克思恩格斯选集》第2版，第4卷，第217页。

的思想和行动符合客观的历史进程，对完成这一宏伟事业，具有重要意义。这里关键是要对我国社会的过去、现在和未来的发展作出符合实际的判断。对过去，采取历史主义的态度；对现在，要立足现实；对未来，要有预见性。

首先，要正确认识我国社会现在所处的历史阶段。社会主义制度的发展由不完善到比较完善，必然要经历一个长久的历史过程。生产资料所有制的社会主义改造基本完成，标志着我国已经建立了社会主义制度，进入了社会主义社会。社会主义是共产主义的初级阶段，而我国又处在社会主义的初级阶段，就是不发达的阶段。在我们这样的东方大国，经过新民主主义走上社会主义道路，这是伟大的胜利。但是，我国进入社会主义的时候，就生产力发展水平来说，还远远落后于发达国家。这就决定了必须在社会主义条件下经历一个相当长的初级阶段，去实现工业化和经济的社会化、市场化、现代化。社会主义初级阶段，是逐步摆脱不发达状态，基本实现社会主义现代化的历史阶段；是由农业人口占很大比重、主要依靠手工劳动的农业国，逐步转变为非农业人口占多数、包含现代农业和现代服务业的工业化国家的历史阶段；是由自然经济半自然经济占很大比重，逐步转变为经济市场化程度较高的历史阶段；是由文盲半文盲人口占很大比重、科技教育文化落后，逐步转变为科技教育文化比较发达的历史阶段；是由贫困人口占很大比重、人民生活水平比较低，逐步转变为全体人民比较富裕的历史阶段；是由地区经济文化很不平衡，通过有先有后的发展，逐步缩小差距的历史阶段；是通过改革和探索，建立和完善比较成熟的充满活力的社会主义市场经济体制、社会主义民主政治体制和其他方面体制的历史阶段；是广大人民牢固树立建设有中国特色社会主义共同理想，自强不息，锐意进取，艰苦奋斗，勤俭建国，在建设物质文明的同时努力建设精神文明的历史阶段；是逐步缩小同世界先进水平的差距，在社会主义基础上实现中华民族伟大复兴的历史阶段。这样的历史进程，至少需要一百年时间。至于巩固和发展社会主义制度，那还需要更长得多的时间，需要几代人、十几代人，甚至几十代人坚持不懈地努力奋斗。过去，我们没有清醒地看到这一点，许多“左”的政策超越了社会主义初级阶段，造成了我国社会主义事业的巨大损失。应当清醒地看到，我国社会目前的发展阶段同马克思所设想的共产主义第一阶段相比，还有相当的距离，建设有中国特色的社会主义，必须立足于现实，我们只能办那些应当办也可以办到的事情，不能把社会发展下一阶段要办的事情放到现阶段来办，不能把成熟的社会主义要办的事，放到初级阶段来办。这样做，没有离开社会主义，而是在脚踏实地地建设社会主义，使社会主义在中国真正活跃和兴旺起来，使广大人民从切身感受中更加拥护社会主义。

现在是从过去发展而来的，要更好地认识现在，就要正确地认识过去。我们的社会主义为什么需要经历一个很长的初级阶段？重要的原因在于我国的社会主义脱胎于半殖民地半封建的社会，而且由新民主主义社会过渡到社会主义社会的时间又比较短。旧中国本来就十分贫穷落后，过渡时期又那么短促，“一化三改”的任务只实现了三大改造，工业化并没有完成。这就决定了必须有一个初级阶段，以实现工业化和生产的市场化、社会化、现代化。在我国，资本主义充分发展的历史阶段是可以逾越的，社会主义初级阶段是不可以逾越的。一个可以逾越，一个不可以逾越，都是由一定的历史条件决定的。

我们不仅要立足今天的现实，回顾过去的历史，而且要科学地预见未来。人们透过现象认识事物的本质，透过偶然性掌握事物的必然性，不仅是为了办好今天的事情，而且是为了解决预见性的问题。有没有科学的预见性，直接关系到社会主义事业的兴衰成败。要使我国在21世纪中叶达到世界上中等发达程度的国家的水平，就必须对未来世界的政治、经济、社会发展有所预见。例如世界范围兴起的新技术革命，将极大促进社会生产力的发展，21世纪世界将从工业化社会进入信息化社会，这就决定了实现我国的社会主义现代化，已经不再单纯是实现工业化，而是要在实现工业化的同时实现国民经济和社会的信息化。我们必须迎接信息技术革命的挑战，抓住信息技术革命的机遇，以工业化推动信息化，以信息化带动工业化，实现生产力的跨越式发展和社会管理方式的变革，只有如此，才能保证我们在未来的发展中走到世界的前列。作为一个领导者，尤其要有发展的观点，面向未来，高瞻远瞩，立足今天，预见明天，走这一步，想下一步，善于根据对社会发展的科学预见，提出新任务，解决新问题，指出新方向。

第三节　辩证决定论

事物既是联系的，又是发展的。在统一的物质世界中，联系与发展不是彼此孤立的，而是统一的、相互结合着的。联系和发展的统一，在客观事物的自己运动中表现为具有辩证的决定性的特征。辩证决定论就是反映事物的联系与发展相互统一具有辩证的决定性特征的理论。

一、决定论的三种历史形态

决定论最初是一种认为在事物的联系和发展中存在着制约和限定作用的哲学主张，后来逐步发展成为一种肯定事物具有客观的、普遍的因果性、必然性和规律性的哲学理论。与之相对立，否定事物具有客观的、普遍的因果性、必然性和规律性的理论被称为非决定论。决定论问题是人类生活中极为普遍、无法回避的问题。当人们探究一个事物“会不会如此”、“为什么如此”并作出某种解释的时候，实质上就是承认了在事物的联系和发展中存在着某种制约和限定作用，存在着因果性、必然性和规律性。决定论是哲学中带有普遍性和根本性的重大问题，它是人类一切有目的、有计划的科学研究和社会实践活动都需要遵循的原则。很明显，如果否定事物的联系和发展中存在着因果性、必然性和规律性，否定联系和发展中有某种决定作用的存在，那么，人类不仅无法进行合乎逻辑的思维，而且也没有根据去进行认识世界、改造世界的实践。

决定论由于要如实反映客观世界联系与发展的本来面貌，因此与唯物主义有着天然的联系。决定论理论的确立，大体上也像唯物主义的发展历史一样，经历了三种不同的形态，即自发决定论、机械决定论和辩证决定论。

自发决定论早在古代的哲学观念中就表现出来了。它是与自然科学还没有从哲学中分离出去的状况相适应的。它相信事物普遍具有因果性与必然性，主张“有因必有果，有果必有因”。但由于科学的发展还处于原始阶段，人们对客观世界及其规律知之甚少，因而自发的决定论不可能提出规律性这一范畴。而且其对因果性和必然性的论证，也主要是建立在一种直观猜测的基础之上，还不能以自然科学的事实加以说明。由于自发决定论具有这种缺陷和弱点，就决定了它必将为建立在近代科学基础上的机械决定论所取代。

机械决定论取代自发决定论是人类认识发展的一个进步。机械决定论不仅承认事物具有普遍的因果性和必然性，还揭示了自然现象中广泛存在的规律性，并以近代科学的成果论证这些因果性、必然性和规律性。由于在近代以机械力学为代表的经典科学取得了巨大成果，这就使得机械决定论在人们的思想中产生了相当广泛的影响。机械决定论大力倡导和探寻客观事物的因果性、必然性和规律性，也极大地推动了科学研究和生产实践的发展。但是，机械决定论在运用科学成果论证普遍联系、相互作用对事物的制约和限定作用这一合理思想时，也犯了简单化、绝对化的错误。由于当时的科学只有机械力学发展得最为完善，因而它只用机械的原因来说明事物的因果联系，用机械力学的规律解释一切规律性的现象，把机械力学定律所表述的决定关系当作客观世界惟一普遍的决定方式。因此，机械决定论是机械唯物主义的一个组成部分。它具有明显的形而上学性质。机械决定论认为，因果联系是严格必然的，必然性是与偶然性完全不相容的，客观规律只有机械力学规律（动力学规律）这样惟一一种形式。其代表人物拉普拉斯甚至断言，只要知道了自然界一切组成部分的相对位置和全部作用力，"就能用一个数学公式概括出宇宙万物的运动，从最大的天体到最小的原子，都毫无例外。而且对于未来就像对过去那样，都能一目了然"。按照这一说法，一粒砂子若干年后的状态，一片落叶随风飘落的位置，一个人的荣辱、一个国家的兴衰，都可以用一个公式计算出来了，因为它们早在宇宙诞生时就已经完全确定了。显然，这不符合客观世界的本来面貌，按照机械决定论这种绝对化的思维方式，其结果必然导致预成论、宿命论乃至唯心主义的目的论。

辩证决定论的问世是决定论发展史上的一场革命。它是在批判机械决定论过程中产生的一种全新的决定论。马克思和恩格斯就是这场革命的发起者和辩证决定论的奠基人。马克思、恩格斯在创立唯物辩证法的过程中，一方面批判了黑格尔哲学的唯心主义，对它的辩证法思想给予了唯物主义的改造；一方面批判了机械决定论的形而上学，对它的决定论思想给予了辩证的解释；此外，在对自然科学最新成果和资本主义经济运动规律的研究中，他们还揭示了许多不同于机械运动的自然领域中的新型因果关系，揭示了社会现象中必然性与偶然性的复杂关系，发现和概括了一系列在本质上具有统计性质的经济运动规律和社会运动规律。在科学研究的基础上马克思、恩格斯对决定论进行了前所未有的脱胎换骨的改造，使一种摆脱了形而上学局限性的新型决定论理论诞生了。

二、辩证决定论是科学的决定论

19 世纪末 20 世纪初以来，量子力学、相对论、分子生物学、系统科学等现代科学的兴起，进一步给机械决定论以巨大的冲击。这一冲击主要来自统计现象的研究和统计学规律的发现。量子现象和其他许多事物的运动表明，某种变化结果的出现，并不一定依照单值因果关系的规律，而是一个充满了偶然性的随机过程，呈现出概率分布的特征。以最简单的掷骰子为例，有六个面的骰子，每一次投掷其结果都是不确定的，但在充分多次的投掷中，某一面出现的频率无限地接近其概率值 1/6，又是势所必然。这就叫概率分布规律或统计学规律。它是与动力学规律不同类型的规律，但又可以把动力学规律作为自己的特例包括在内（当概率为 1 时，结果的出现就表现为动力学规律）。现代科学对统计现象的研究，一度被一些唯心主义和形而上学者作为否定决定论和鼓吹非决定论的证据。他们认为，统计现象表明客观事物并不存在客观的普遍的因果性、必然性和规律性。但实际情况却是，统计学规律的发现进一步清除了决定论思想中的机械论观念，为辩证决定论的丰富和发展提供了新的自然科学基础。因为，在统计学规律中，偶然性、随机性的存在和作用得到了充分肯定，但并未否定因果性、必然性和规律性的存在，而是极大地深化和拓展了人们对因果性、必然性和规律性的认识，为人类认识物质世界的决定关系提供了新的类型。统计学规律本身就表明，事物运动变化在总体上的趋势和结果是受制约和限定的，是有规律可循的，只是它的具体过程和环节并不像机械决定论所断言的那样是单值的、线性的、排斥偶然性的。所以，它所否定的不仅是形而上学的机械决定论，而且也否定了同样具有形而上学性质的非决定论，而它所证实和发展的正是辩证决定论。

辩证决定论是对于世界的普遍联系和永恒发展相互统一的全面、辩证的理解。它首先是一种决定论，即承认在事物的联系和发展过程中存在着普遍的制约和限定作用，认为世界上没有任何东西是完全孤立的，不受任何制约和限定的，并以这种原则去观察和处理一切事物和过程，同时，它对决定论的理解又是辩证的。它在立足于物质形态及其运动形式多样化的基础上，既承认一般的、普遍的决定关系，又承认这种一般的、普遍的决定关系有着多种多样的特殊表现形式。具体而言，辩证决定论肯定事物存在着普遍的因果联系，同时认为这种因果联系不仅可以是单值的、线性的，而且更多的是统计的、非线性的；辩证决定论肯定事物发展中存在必然性，同时认为这种必然性不仅不排斥偶然性和概率性，而且以偶然性和概率性为其表现形式和补充，任何事物都是必然性与偶然性、确定性与随机性的辩证统一；辩证决定论肯定事物的联系和发展具有普遍的规律性，同时认为这种规律性不仅包括动力学规律，而且包括统计学规律，不仅表现为不同物质形式运动规律的统一性，而且表现为不同物质形式运动质上的差异性和多样性。辩证决定论在历史领域中不仅承认历史的必然性和规律性，同时认为历史规律是人类实践活动的产物，承认历史主体具有能动性和选择性，认为人在客观规律面前不是消极被动、无所作为的玩偶；只要认识了历史的必然性，掌握和遵循历史规律，人们就能获得历史的主动性，就能在历史发展的可能性空间中实现最佳的选择，从而推动历史的发展。

决定论与非决定论的争论是当代自然科学和社会科学普遍关注的热点，能否正确解决这一争论的有关问题，不仅对现代科学的发展起着重要的导向作用，而且对人类社会实践的发展也有重大的影响。机械决定论和非决定论作为形而上学唯物主义和形而上学唯心主义的产物，都不可能为解决这一问题提供正确的原则。只有既坚持了唯物主义又坚持了辩证法的辩证决定论，才能为解决决定论和非决定论的长期争论，从而为科学研究和人类社会实践提供科学的世界观和方法论。

三、辩证决定论是认识和改造世界的强大思想武器

人类的发展史，就是一部认识世界和改造世界的历史。认识世界，就是要探索和掌握自然界和人类社会的规律；改造世界，就是运用关于对自然界和人类社会的规律性认识去改造自然、改造社会，使自然界和人类社会更好地造福于人类。那么，人们认识世界和改造世界应当遵循什么样的原则呢？

要有效地认识和改造世界，必须摆脱机械决定论的束缚。诚然，机械决定论在肯定客观世界具有普遍的因果性、必然性和规律性方面，有其合理性的一面，对近代科学的发展起到过重要作用。但是它力图把自然界和人类社会的因果关系归结为一种严格必然的因果联系，用否定偶然性的办法确立必然性的地位，把客观世界各种物质运动的规律统统归结为机械力学的规律，这是违背自然界和人类社会的本来面貌和辩证本性的。现代科学的发展，已经充

分暴露了机械决定论的历史局限性，机械决定论已经与现代科学的发展变得格格不入。在社会历史领域，机械决定论把人看作是规律的玩偶，把历史的发展看作是事先就决定好的，恰如一部电影片子一开始放映，结局和一切细节就已经确定，这就否定了人的主观能动性和历史选择性，既不能科学地解释人类历史的发展，也不能卓有成效地指导人类改造自然改造社会的实践。必须看到，由于几百年来形而上学和机械论世界观一直是一种占统治地位的意识形态，其对人们思维方式形成的根深蒂固的影响，并不是轻易能够消除的，甚至在历史和现实中都还存在误把机械决定论当作马克思主义的错误倾向。反对机械决定论，仍然是坚持唯物辩证法面对的艰巨任务。

要有效地认识和改造世界，必须反对非决定论。非决定论虽然在质疑机械决定论的错误中也曾提出一些有价值的思想，客观上促进了人们对因果性、必然性和规律性的认识。但是它否认客观世界存在着普遍的因果性、必然性和规律性，把自然界和人类社会的发展看作是大量偶然现象的杂乱堆积，不能为人类有效地认识和改造世界提供科学的世界观和方法论，是人类认识之树上的一朵不结果实的花朵。特别是在当代，非决定论正在成为西方资产阶级思想家反对马克思主义的意识形态工具。马克思主义在对自然界和人类社会的认识和改造中，承认外在世界的因果性、必然性和规律性，特别是它对人类社会发展规律的揭示，深刻地体现了对决定论一般原则的辩证运用。资产阶级意识形态专家对此十分仇视，因此，他们就想方设法通过宣扬非决定论攻击马克思主义。以提出所谓“偶然性宇宙哲学”自居的莫诺，对马克思主义哲学的攻击便是不遗余力。他攻击辩证唯物主义“炮制”了“一切演化的根本规律”，攻击历史唯物主义“用歪曲真实的论述方式，来宣称它已‘科学地’确立了历史的规律。”①进而攻击社会主义是建立在辩证唯物主义和历史唯物主义基础上的救世主义理想。波普作为非决定论思想的集大成者，更是直言不讳地道出了他宣扬非决定论的政治居心。他攻击马克思“是一位错误的预言家”，由于固执于“严格的决定论”而被“引入歧途”。他否认统计学规律也是一种客观规律，宣称在机械力学规律不适用的领域就不存在规律，并据此指责马克思主义的决定论，“好像牛顿发现物体运动规律一样”，希望在某一天发现社会运动的规律。东欧剧变、苏联解体之后，否定社会主义历史必然性的非决定论思潮一度泛起。在这种情况下，只有从世界观方法论的高度认清非决定论的错误实质，才能坚定广大干部群众的社会主义信念，有力地回击资产阶级意识形态的挑战。

要有效地认识和改造世界，必须坚持辩证决定论的原则。人类文明的进步，包括一切物质文明和精神文明成果的取得，都是建立在对客观世界的因果性、必然性和规律性认识和运用的基础之上的。人们从事自然科学和社会科学的研究，进行生产实践和改造社会的实践，要想取得预期的成功，都必须遵循实事求是的思想路线，都要按照客观规律办事，因此都是以揭示和运用自然界和人类社会的客观存在的因果性、必然性和规律性为必要前提的。显然，承认决定论原则，即承认世界存在着客观的因果性、必然性和规律性，是任何人认识和改造世界实际上所遵循的原则。但是，客观世界的物质形态是复杂多样的，自然界和人类社会发展中的因果性、必然性和规律性也是复杂多样的。因此，仅仅一般地承认客观世界存在着普遍的因果性、必然性和规律性还不够，还应当按照物质世界的本来面貌，承认因果性、必然性和规律性的复杂多样的形态，这就要坚持辩证决定论的原则。现代自然科学的新成果，人类

① ［法］雅克·莫诺:《偶然性与必然性》，上海人民出版社 1977 年版，第 134 页。

社会实践的新发展，以无可辩驳的事实证实和发展着辩证决定论。它表明，辩证决定论是人类认识和改造世界的正确指导原则和强大思想武器。

思考题：

1. 唯物辩证法的总特征是什么？
2. 系统的基本特征有哪些？
3. 如何理解唯物辩证法与形而上学的本质区别？

◆第四章 世界联系和发展的基本规律

世界万物究竟是怎样相互联系和不断发展的呢？唯物辩证法指出，这种联系和发展不是任意的，而是有规律的。

规律本身就是一种联系，不过并非任何联系都是规律。规律是指事物、现象之间的本质的、必然的、稳定的联系。规律是本质的联系。本质是事物的根本性质，事物的本质是由事物内在的基本矛盾构成的。事物的非本质联系表现为事物的现象，现象是事物的表面特征和外部联系，是本质的外部表现。现象分为真相和假象：真相是事物本质直接的、正面的表现；假象则是从反面歪曲地、颠倒地表现本质的现象。真相和假象都是客观的。现象是本质的具体表现，本质是现象的内在根据。抓住了事物的本质联系，也就揭示了事物运动的规律，从更深的层次上把握了事物的现象及其变化。规律是事物的必然联系，它表征着事物必定要朝着某一方向发展下去的趋势，它是由事物内部的基本矛盾所决定的。偶然联系则是事物存在和发展的外在规定性，它在事物发展中可以出现也可以不出现、可以这样出现也可以那样出现，它是由事物的外部条件或事物内部的非基本矛盾所决定的，是事物存在和发展的外在规定性，对事物发展进程起加速或延缓作用。偶然联系表现着必然联系，必然联系制约着偶然联系。只要具备一定的条件，某种合乎规律的现象和过程便必然会发生。本质的、必然的联系是相对稳定的，它在相同的条件下是一定会重复出现的。因此，规律又是事物的稳定性的联系，而不是只适用于某种个别的、物体的、偶然的、转瞬即逝的联系。例如，价值规律是一切商品生产的共同规律，只要商品生产还存在，它就必然会发生作用。

规律有适用范围和层次的不同。有只适用于较小范围和较低层次的比较特殊的规律，也有只适用于较大范围和较高层次的比较普遍的规律。各门具体科学的研究对象总是整个世界的一个局部、一个方面、一个时段，它们揭示的规律的范围虽然有大有小、普遍的程度有高有低，但是都不足以反映整个世界的存在状态，不能适用于整个世界。而适用于整个世界(包括自然、社会和思维)的最普遍的规律是由唯物辩证法揭示和表述的，叫做唯物辩证法的规律。掌握这种最普遍的规律对我们认识世界和改造世界极为重要。当然，人们如果只懂得最普遍的规律而不懂得某一领域中的特殊规律，没有专门的知识，也不可能在这一领域中实现预期的目的，因而仅仅懂得最普遍的规律是不够的。但是，如果不懂得最普遍的规律，就会在大的方向上陷入盲目性，就可能犯根本性的错误，即使有专门知识也会事倍功半甚至劳而无功。

唯物辩证法的规律是一个完整的体系，包括对立统一规律、质量互变规律和否定之否定规律。其中，对立统一规律揭示了事物最本质的联系以及事物发展的源泉和动力，质量互变规律揭示了事物发展的状态和形式，否定之否定规律揭示了事物发展的道路和趋势。当然，世界联系和发展的普遍规律并不限于这三个方面。例如，本质与现象、内容与形式、必然与偶然、原因与结果等等的成对范畴，也具有普遍规律的性质。但是，上述三方面是最基本的规律。

这三大规律的地位也不是平列的。正如列宁指出的："可以把辩证法简要地规定为关于对立面的统一的学说。这样就会抓住辩证法的核心，可是这需要说明和发挥。"①对立统一规律是全部唯物辩证法的实质和核心，是理解其他规律的钥匙。质量互变规律和否定之否定规律都要用对立统一规律来解释和说明。但是，这三大规律各有自己的独特内容，不能互相代替。

第一节　对立统一规律

一、矛盾的同一性和斗争性

对立统一规律就是矛盾规律。矛盾是一个关系范畴，它揭示的是事物内部各要素之间或事物之间的既对立又统一的关系。同一性和斗争性是矛盾对立面之间的两种基本关系或两种基本属性。

作为哲学范畴，矛盾的同一性（或统一性）的含义并不是"相等"或"相同"，而是指矛盾双方之间相互联系、相互吸引、相互转化的性质和趋势。一般说来，矛盾的同一性主要有两种情形：

第一，矛盾双方相互依存，共处于一个统一体中。相互依存就是矛盾双方互为存在和变化发展的前提和条件。矛盾着的每一方都不能孤立地存在和变化发展，没有自己的对立一方，自身就失去了存在和变化发展的条件。例如，吸引和排斥、作用和反作用、同化和异化、遗传和变异、真理和谬误、顺利和困难等等，所有这些相互对立的方面，都在一定条件下相互依存着。任何事物、现象的存在和变化，都是作为矛盾统一体而存在和变化发展的。

第二，矛盾双方相互贯通。矛盾双方的相互贯通有多方面的表现，但主要表现为两种情况：一是矛盾双方相互渗透。矛盾双方相互包含着对方的因素和属性，也就是"你中有我，我中有你"。例如，化合和分解、生和死、感性认识和理性认识等都是相互渗透的。在战争与和平的矛盾中，战争中有局部的和平，和平中有局部的战争。在工业和农业的矛盾中，工业中渗透着农业所提供的粮食、原料等因素，农业中渗透着工业所提供的农机、化肥等因素。二是矛盾双方具有相互转化的特性和趋势。正由于矛盾双方的相互贯通、相互渗透，就存在着一条由此达彼的"桥梁"，包含着相互转化的特性和趋势。例如，自然界事物的化合和分解、凝聚和扩张、遗传和变异，社会领域里的公有制和私有制、战争和和平、顺利和困难、民主和集中、自由和纪律，人类思维领域中的真理和谬误、唯物主义和唯心主义、抽象和具体等矛盾双方，无不在一定条件下相互转化。矛盾双方相互转化的特性和趋势，最深刻地体现了对立面之间的相互贯通、内在同一性的辩证本质。

作为哲学范畴，矛盾的斗争性是指矛盾双方互相对立、互相排斥的性质和趋势。对这个范畴不能按照日常用法作狭隘的理解。把斗争仅仅理解为政治斗争、阶级斗争，甚至仅仅理解为敌我斗争，一讲到"斗争"就同"你死我活"之类的概念等同起来，这是对"斗争"这一哲

① 《列宁选集》第2卷，人民出版社1995年版，第412页。

学范畴的误解和曲解。作为哲学范畴的“斗争”的外延是极其广泛的。它反映的是自然、社会和思维中普遍存在的事实，形式极其多样。政治斗争、阶级斗争、敌我斗争固然也是斗争，但只是斗争的某些形式而非全部形式。斗争的内容和形式是十分丰富和多种多样的。例如，机械运动中物体之间的排斥、原子的裂变、正负电子的对撞、生物界的“生存斗争”、社会领域中的阶级斗争、人民内部的批评与自我批评、思想领域中不同观点的争鸣等等，在哲学意义上都是某种形式的斗争。

同一性和斗争性是矛盾双方同时具有的性质。世界上绝没有只有同一性而无斗争性或只有斗争性而无同一性的矛盾。人们常说的“相反相成”，就生动地说明了同一性和斗争性之间的相互联系，“相反”的东西就存在于它们“相成”之中，而事物之所以能够“相成”，又恰好是由于它们“相反”。同一性和斗争性是不可分割的。一方面，同一性不能离开斗争性而存在，没有斗争性就没有同一性。因为矛盾的同一性是以差别和对立为基础和前提的，辩证的同一是相互排斥的同一，是充满斗争的同一，同一性中包含着斗争性。在资本主义社会中，资产阶级和无产阶级的同一就是辩证的同一，它们之间如果没有剥削与被剥削和反剥削、压迫与被压迫和反压迫的相互斗争，也就不能相互依存。另一方面，斗争性也不能离开同一性而存在，在一定意义上讲，没有同一性也就没有斗争性。因为矛盾的斗争性是以同一性为前提的，辩证法所说的差异、对立，是指矛盾统一体内部的差异、对立，它们不能离开矛盾的同一性。例如，原子中的原子核和电子双方的相互排斥和斗争总是在它们相互吸引的统一体中进行的，如果离开这个统一体，它们之间也就无所谓排斥和斗争。可见，斗争性是寓于同一性之中的。斗争的形式、规模、程度都和同一性相联系、为同一性所制约。

同一性和斗争性辩证统一的原理，要求我们在社会实践中把同一性和斗争性有机地结合起来，在同一性中把握斗争性，在斗争性中把握同一性。割裂同一性和斗争性的辩证关系，必然导致形而上学的错误。

辩证法所讲的矛盾与形式逻辑所谓的矛盾不是相同的概念。形式逻辑所谓的矛盾即逻辑矛盾是指在同一个思维过程中对两个互相矛盾着的东西都予以肯定，它是人们的思维不合形式逻辑的表现，是对形式逻辑规则的背离。例如，在同一意义上，我们只能说 A 是 A，而不能说 A 是非 A；只能说某个人是人，而不能说这个人既是人又不是人。辩证法也遵守形式逻辑的规律，肯定 A 是 A、A 不是非 A。这是没有问题的。但是，辩证法认为仅仅这样看问题是不够的。辩证法强调，在肯定 A 是 A 的同时，还应看到在 A 中存在着非 A 的因素，看到非 A 的因素正在逐步发展起来，并最终会使 A 变成非 A。辩证法的矛盾概念，反映的就是这样的客观事实。

二、矛盾在事物运动发展中的作用

矛盾是事物运动发展的源泉和动力。

要说明矛盾是事物发展的动力，首先必须考察内因和外因在事物发展中的不同作用及其相互关系。

唯物辩证法把运动看作是事物的自我运动，认为事物的运动、发展主要是事物内部矛盾引起的，同时也受外部矛盾的影响。内因是事物自身所包括的各要素的对立统一，即内部矛盾。外因是一事物和其他事物的对立统一，即外部矛盾。

内因和外因是既相互区别又相互联系的辩证统一关系。任何事物的存在和发展，都是内因和外因共同作用的结果。但是，内因和外因在事物发展中的地位和作用是不同的。毛泽东说："唯物辩证法认为外因是变化的条件，内因是变化的根据，外因通过内因而起作用。"①

内因是事物存在和发展的根据，是事物运动、变化、发展的第一位的原因。这是因为，内因是一事物区别于他事物的内在本质，它规定着事物发展的基本趋向。自然界、人类社会和人的思想变化，都是由其内部矛盾运动所引起的。为什么一个水分子电解出来的恰恰是两个氢原子和一个氧原子，而不能是别的原子？为什么从受精的鸡蛋中孵出的恰恰是小鸡，而不是老虎？就是由于它们的内因正好如此。是否承认内因是变化发展的根据，这是唯物辩证法和形而上学两种发展观的根本分歧点。

外因是事物存在和发展的必要条件，是事物运动、变化、发展的第二位的原因。唯物辩证法在肯定内因是事物存在和发展的根据的前提下，又承认外因在事物运动、变化、发展过程中的重要作用。第一，它加速或延缓事物发展的进程。同一类事物的发展，由于外部条件不同，其发展变化的速度是不相同的。第二，它是事物质变的可能性变为现实性的必要条件。第三，它使事物发展显示出特定的具体形式和外貌。由此可见，外因对事物的发展有重要的作用，任何忽视或否定外因作用的观点都是错误的。

外因必须通过内因而起作用。外部条件是多种多样的，但只有通过内因的选择，把外因内因化，才能起作用。外界的肥料，只有被植物吸收并使之内因化，才能成为植物"自己运动"的力量。形而上学外因论的根本错误，就在于片面夸大外因的作用，否认内因是事物变化发展的根据，否认外因必须通过内因而起作用。

在同一范围和过程中，内因和外因的界限是绝对的、确定的、不容混淆的。但是，在不同的范围和过程中，内因和外因的界限则是相对的，二者是可以相互转化的。从范围来看，在较大范围内是内因的东西在另一较小范围内则可能变成外因的东西，反之亦然。从过程来看，对某一事物的发展过程是外因的东西，如果后来融合到了这一过程的结果中，就变成了下一过程的内因；对某一事物发展过程是内因的东西，如果后来从这一过程的结果中消失了，就变成了下一过程的外因。我们研究事物发展的原因时，不应抽象地看问题，而应该明确它的范围和过程，否则就会犯片面性的错误。

内因和外因辩证关系的原理，是我们改造客观世界和主观世界的有力思想武器，它是我们党的独立自主、自力更生方针和对外开放政策的哲学基础。我们搞社会主义现代化建设，要把独立自主、自力更生作为我们的立足点，即应该主要靠内因。但是，我们同时也应充分利用和发挥外因的作用。实行对外开放政策，扩大对外经济、技术交流，把外因转化为内因，以增强自己的实力，加速社会主义现代化建设的步伐。内因和外因的辩证关系的原理，对于人们的实际工作和实际生活具有重要的指导意义。

内因是事物发展的动力，而内因即事物的内部矛盾又具有同一性和斗争性这两种不同的属性。因此，要深入地理解矛盾在事物发展过程中的作用即矛盾是事物发展的源泉和动力的原理，还必须进一步分析矛盾的同一性和斗争性各自在事物发展中的作用及其相互关系。

矛盾的同一性在事物的发展中有如下几方面的作用：

首先，矛盾同一性是事物存在和发展的条件。矛盾双方的相互依存、相互联系保持着事物的相对稳定性，使矛盾双方构成一个确定的矛盾统一体，这是事物得以存在和发展的前

① 《毛泽东选集》第1卷，人民出版社1991年版，第302页。

提。没有矛盾双方的相互联系，也就没有矛盾的统一体，事物的存在和发展就成了一句空话。例如，国民经济是由农业和工业、轻工业和重工业、生产和消费等各方面构成的，只有各方面的相互依存、相互贯通，才能相互作用、相互促进，使国民经济协调地向前发展。如果没有各方面的相互联系，国民经济就无法形成一个整体，更谈不上协调地发展。

其次，矛盾同一性使矛盾双方相互吸收有利于自身的因素，在相互作用中各自得到发展。矛盾双方相互包含着可以相互利用的因素，这是一个普遍现象。社会主义制度和资本主义制度之间有着本质的区别，但社会主义在对资本主义经济、政治制度予以否定的同时，也吸收其中一些积极的因素，并由此使自身得到了发展。在不同学派的争鸣中，各派都可以吸收其他学派有利于自己的观点，并通过这种相互吸收共同地得到发展。

再次，矛盾同一性规定了事物向自己的对立面转化的基本趋势。事物矛盾双方的相互贯通，为矛盾双方的相互转化提供了由此达彼的桥梁。事物为什么总是向自己的对立面转化，而不是向任意一个方向转化呢？这是由矛盾双方相互渗透、相互贯通的特点决定的。资本主义转化为社会主义、落后转化为先进、谬误转化为真理、坏事转化为好事，就是因为它们之间本来就相互贯通，具有内在的同一性。

矛盾的斗争性在事物的发展中有如下几方面的作用：

首先，它引起矛盾双方力量对比的变化，推动事物的量变。矛盾双方的对立和斗争，必然造成矛盾双方力量对比的变化、此消彼长，从而为对立面的转化即质变准备了条件。在生产方式中，生产力的发展影响着生产关系，使旧生产关系中不适应生产力发展的因素逐渐暴露，并要求克服这些因素。这种对立面的相互斗争，为促使生产方式的根本质变作了量变的准备。

其次，它冲破事物存在的界限，促使旧的矛盾统一体的破裂和新的矛盾统一体的产生，造成事物的质变。这是矛盾双方斗争促使事物内部矛盾双方力量变化达到一定界限的必然结果。

需要说明的是，所谓矛盾的斗争性推动着事物的发展，是就斗争的作用而言的，即斗争的结果促使事物向前发展，并不是说斗争本身就是发展。同时，也不能认为所有的斗争都对事物的发展起推动作用。事实上，只有新事物反对旧事物的斗争才能推动事物的发展，而旧事物反对新事物的斗争只会阻碍事物的发展。

上述表明，矛盾的同一性和斗争性在事物的发展中各有自己的特点，起着不同的作用。但是，我们决不能认为矛盾的同一性和斗争性在事物的发展中是各自孤立地起作用的。矛盾的同一性和斗争性在事物发展中的作用，是在它们的紧密结合中实现的。矛盾着的同一性和斗争性相结合，才是事物发展的源泉和动力。离开斗争性来研究同一性在事物发展中的作用，或离开同一性来研究斗争性在事物发展中的作用，都不能正确地理解和全面地把握事物运动、发展的内在动力。

三、矛盾的普遍性和特殊性

矛盾的普遍性就是矛盾的共性。它有两方面的含义：首先，矛盾存在于一切事物的发展过程中。也就是说，处处都有矛盾，矛盾无处不在。世界上任何事物都充满着矛盾，矛盾在自然、社会和人们思想领域中是普遍存在的。在机械运动中存在着作用和反作用的矛盾；在物理运动中存在着阴电和阳电、波动性和粒子性的矛盾；在化学运动中存在着化合和分解、氧化和还原的矛盾；在生物运动中存在着同化和异化、遗传和变异的矛盾；在社会运动中存在着生产力和生产关系的矛盾、经济基础和上层建筑的矛盾，以及由这两对矛盾所引起的一系列矛盾；在人们的思维中存在着真理和谬误、相对和绝对、抽象和具体的矛盾，等等。其次，每一事物的发展过程中存在着自始至终的矛盾运动。也就是说，时时都有矛盾，矛盾无时不有。每一事物从它产生、发展到消亡的整个过程中始终存在着矛盾。旧的矛盾解决了，又开始新的矛盾运动。有一种观点认为，事物发展在开始阶段只有差异而无矛盾，这就否认了矛盾的普遍性。如果说两个毫不相干的事物之间的差异不是矛盾，这当然是正确的。但是，事物内部对立双方的差异，或有机联系在一起的两个对立事物之间的差异，本身就是矛盾。这里所存在的，只是矛盾发展的程度问题，而不是有无矛盾的问题。

矛盾的客观性、普遍性原理，要求我们在任何时候，对任何事物都要坚持矛盾观点和矛盾分析法。在实际工作中，我们要敢于承认矛盾、揭露矛盾、分析矛盾、解决矛盾，决不能否认矛盾、掩盖矛盾、回避矛盾、害怕矛盾。唯心主义、形而上学者否认矛盾的客观性和普遍性，或者认为矛盾只存在于思维中，而不存在于现实事物中，这些观点都是错误的。

矛盾是普遍存在的，但任何一个事物的矛盾本身又有其特殊性。矛盾的特殊性就是矛盾的个性，它是指每一事物的矛盾及其每个侧面都各有特点。矛盾的特殊性规定着一事物区别于他事物的特殊本质，是事物千差万别的内在根据。认识事物矛盾的特殊性是科学认识事物的基础，是科学分门别类的客观依据。分析矛盾的特殊性，要求对具体事物作具体分析，而具体地分析具体情况是马克思主义的活的灵魂。

矛盾的特殊性主要表现为以下几个方面：

首先，矛盾的性质具有特殊性。一是，各种物质运动形式的矛盾都有其特殊性。世界上的物质运动形式是多种多样的，但大致可分为机械的、物理的、化学的、生物的、社会的五种基本运动形式。各种物质运动形式的矛盾各有自己的特殊性，不能混同和代替。二是，同一运动形式的不同发展过程和发展阶段的矛盾也有其特殊性。例如，人类社会的发展，经历了原始社会、奴隶社会、封建社会、资本主义社会和社会主义社会等不同的社会形态，这五种依次更替的社会形态的矛盾都有其特殊性。同时，同一事物发展过程又包括一系列的不同阶段，而各个不同阶段的矛盾也有其特殊性。资本主义发展过程中存在着自由资本主义和垄断资本主义两个阶段；共产主义发展过程中存在着共产主义社会的低级阶段（社会主义社会）和共产主义社会的高级阶段，而每一阶段中的矛盾都各带有其特殊性。三是，各种物质运动形式、同一运动形式的不同发展过程和发展阶段的矛盾的各个方面同样有其特殊性。就上述这些不同的矛盾而言，它们的每个侧面、构成部分及其相互联结方式都具有特殊性。

其次，矛盾的地位具有特殊性。矛盾体系中各对矛盾以及每对矛盾的双方在事物发展过程中的地位和作用，都各不相同。复杂事物所包含的矛盾，往往不只有一个，而是由许多矛盾构成的复杂系统，其中各对矛盾在事物发展中占有不同的地位、起着不同的作用。在每一对矛盾中，矛盾双方的地位和作用也是不同的。根据矛盾地位的特殊性，我们可以对复杂事物所包含的矛盾或矛盾方面作以下区分：

一是基本矛盾和非基本矛盾。在复杂事物的整个发展过程中，我们可以从它所包含的矛盾体系中区分出基本矛盾和非基本矛盾。基本矛盾也叫根本矛盾，是指贯穿于事物发展过程始终并决定事物的本质的矛盾。非基本矛盾也叫非根本矛盾，是指那些不一定贯穿于事物发展过程始终、对事物的基本性质也不起决定作用的矛盾。在复杂的事物中，基本矛盾可能是一个或多个，但非基本矛盾一般来说有多个。例如，资本主义社会的基本矛盾是无产阶级和资产阶级的矛盾，而其他矛盾如资产阶级内部的矛盾、无产阶级内部的矛盾、资产阶级和其他阶级的矛盾、种族之间的矛盾等，都属于非基本矛盾。基本矛盾和非基本矛盾是既相区别、又相联系的。基本矛盾规定和制约着非基本矛盾，而非基本矛盾对基本矛盾又有一定的反作用，它的发展状况和解决程度可以加速或延缓基本矛盾的解决。在社会实践中，我们要善于抓住事物的基本矛盾，把握事物的本质，同时也要重视其非基本矛盾，认识它们对事物存在和发展的影响。

二是主要矛盾和次要矛盾。在复杂事物发展的某一阶段上，我们又可以从它所包含的矛盾体系中区分出主要矛盾和次要矛盾。主要矛盾是指在复杂事物发展的某一阶段上居于支配地位、对事物的发展起决定作用的矛盾，由于它的存在和发展，规定或影响着其他矛盾的存在和发展。次要矛盾则是处于从属地位、对事物的发展不起决定作用的矛盾，它的存在、发展变化和解决会影响主要矛盾的解决。在复杂事物发展过程的某一个阶段上，主要矛盾只有一个，而其他的矛盾都属于次要矛盾。例如，目前我国社会的主要矛盾是人民群众日益增长的物质文化需要同相对落后的社会生产力之间的矛盾，而其他的一切矛盾都是次要矛盾。主要矛盾和次要矛盾是相互区别、相互联系，并在一定条件下相互转化的。主要矛盾和次要矛盾辩证关系的原理，要求我们在分析和处理问题时必须抓住主要矛盾，解决主要矛盾，以促进其他矛盾的解决。同时，这一原理也要求我们以适当力量去解决次要矛盾，以加速主要矛盾的解决。

基本矛盾和非基本矛盾与主要矛盾和次要矛盾，并不是完全对应的两对范畴。前一对范畴是根据矛盾是否贯穿于事物发展全过程并决定事物的本质来确定的，而后一对范畴则是根据矛盾在矛盾体系中是否居于支配地位和起决定作用来确定的。从事物发展的全过程来看，基本矛盾和主要矛盾有时可能重合，有时也可能不重合。因此，对于基本矛盾和主要矛盾、非基本矛盾和次要矛盾这两对矛盾之间的关系要作具体分析，不能简单地把它们加以等同。

三是矛盾的主要方面和次要方面。在任何一对矛盾中，矛盾双方的发展都是不平衡的，因此，在同一个矛盾的不同方面中，我们还可以区分出矛盾的主要方面和次要方面。矛盾的主要方面是指在矛盾统一体中居于支配地位、起着主导作用的方面，而矛盾的次要方面则是指在矛盾的统一体中处于被支配地位、起着次要作用的方面。事物的性质，主要是由取得支配地位的矛盾的主要方面决定的。但是，矛盾的次要方面对矛盾的主要方面也有一定的影响。矛盾的主要方面和次要方面既相区别又相联系，并在一定条件下相互转化。随着取得支配地位的矛盾的主要方面和次要方面的地位的转化，事物的性质也会发生根本变化。

基本矛盾和非基本矛盾、主要矛盾和次要矛盾、矛盾的主要方面和次要方面的辩证关系原理，要求我们在实践中坚持唯物辩证法的“两点论”和“重点论”，反对形而上学的“一点论”和“均衡论”。坚持“两点论”，就是在研究复杂事物时，既要重视基本矛盾、主要矛盾、矛盾的主要方面，又要重视非基本矛盾、次要矛盾、矛盾的次要方面。只顾其一，不及其余，是形而上学的“一点论”。坚持“重点论”，就是在研究复杂事物时，要着重把握它的基本矛盾、主要矛盾、矛盾的主要方面，如果将各种矛盾、矛盾的各个方面平列看待，不分重点，就是形而上学的“均衡论”。唯物辩证法要求把“两点论”和“重点论”有机地结合起来，唯物辩证法的“两点论”是有重点的“两点论”，唯物辩证法的“重点论”是“两点论”基础上的“重点论”。

再次，矛盾的解决形式具有特殊性。不同的矛盾，有不同的解决方法。研究矛盾特殊性的目的，就是为了找到解决矛盾的正确形式和方法。矛盾的解决形式大体有如下几种：一是矛盾一方克服另一方。这是最常见的矛盾解决形式。自然界中的优胜劣汰、一种动物吃掉另一种动物，社会生活中的革命阶级战胜反动阶级、先进克服落后，认识领域中真理战胜谬误、唯物主义战胜唯心主义等，都属于这种形式。二是矛盾双方"同归于尽"，为新的矛盾双方所代替。例如，在微观世界中，一个负电子和一个正电子相撞变成一对光子；在人类历史上，奴隶主阶级和奴隶阶级在斗争中同归于尽，为封建地主阶级和农民阶级的矛盾所代替。三是矛盾双方"融合"成一个新事物，使矛盾得到解决。例如，在社会主义条件下，城市和乡村之间、工人和农民之间以及脑力劳动和体力劳动之间仍然存在着一定程度的矛盾，它们之间的矛盾也就是我们通常所说的"三大差别"。随着社会的发展，"三大差别"必然逐步缩小以至消失，并最后逐步"融合"成新型的城乡结合居民点和新型的劳动者。这里所说的"融合"与矛盾的"调和"有着根本的区别，矛盾的"融合"是矛盾双方相互斗争的结果，是矛盾解决的一种形式，而矛盾"调和"论则是否认和取消斗争的一种形而上学理论。

在分析解决矛盾的形式时，还要注意区别对抗性矛盾和非对抗性矛盾。一般地说，对抗性矛盾应该用对抗性的形式解决，非对抗性矛盾则应该用非对抗性的形式解决。在社会领域中，对抗性矛盾是指对立双方在根本利益相互冲突基础上的矛盾，如剥削阶级和被剥削阶级之间的矛盾、敌对政治集团之间的矛盾等，这种性质的矛盾，一般要采取外部冲突的形式去解决。非对抗性矛盾是指对立双方在根本利益一致基础上的矛盾，如人民内部矛盾、不同学术观点的矛盾等，这种性质的矛盾，只能采取批评与自我批评、民主讨论等形式去解决。对抗性矛盾和非对抗性矛盾，在一定条件下是可以相互转化的。

矛盾的普遍性和特殊性之间的关系是一种共性和个性、绝对性和相对性、一般性和个别性的对立统一的辩证关系。这表现在：第一，矛盾的普遍性存在于特殊性之中，并通过特殊性表现出来。矛盾的普遍性离不开特殊性，没有特殊性就没有普遍性。第二，矛盾的特殊性包含和表现着普遍性。矛盾的特殊性也离不开普遍性，离开普遍性的特殊性就会丧失它原有的共同性质，而具有另一类事物的共性。第三，矛盾的普遍性和特殊性在一定条件下相互转化。由于事物的范围的极其广大和发展的无限性，在一定范围、一定过程为普遍性的东西，在另一范围、另一过程变为特殊性的东西，反之亦然。例如，阶级斗争在阶级社会的范围内是普遍矛盾，但相对于整个人类历史来说则是特殊矛盾。

矛盾的普遍性和特殊性辩证关系的原理具有重大的方法论意义。第一，它是马克思主义普遍真理和各国具体实践相结合的哲学基础。马克思主义反映了各国革命和建设的普遍规律，即反映了矛盾的普遍性。各个国家、各个民族的国情包括它们的历史和现实又都各有特点，体现了矛盾的特殊性。坚持矛盾的普遍性和特殊性的辩证关系的原理，就要求我们把马克思主义与各国的具体实践结合起来。中国特色社会主义理论体系，就是对矛盾的普遍性和特殊性辩证关系原理的创造性的运用。作为一种关于社会主义的理论，它揭示了社会发展的普遍规律，体现了社会主义所固有的共同本质，即反映了矛盾的普遍性；而作为一种有中国特色的社会主义理论，它又体现了中国的基本国情和中国社会主义建设的特殊规律，即反映了矛盾的特殊性。坚持中国特色社会主义理论体系，就要求我们首先正确地把握这二者的关系。一方面，中国的国情不管如何特殊，一定要坚持社会主义方向，坚持四项基本原则。那些借口中国情况特殊，背离社会主义道路，否定四项基本原则的观点和做法，都是错误的、有害的。另一方面，社会主义的普遍原则又必须同中国的国情相结合，否则，就会把社会主义教条化。归纳起来，就是我们要坚持四项基本原则，走自己的路，建设有中国特色的社会主义。那种离开中国的实际，把马克思主义当作教条，到处生搬硬套的观点和做法，也是错误的、有害的。第二，它是反对教条主义和经验主义的理论武器。教条主义和经验主义从两个极端割裂了矛盾的普遍性和特殊性的辩证关系。教条主义只承认矛盾的普遍性而否认矛盾的特殊性，它从本本出发，到处套用一些条条本本。经验主义只承认矛盾的特殊性而否认矛盾的普遍性，它从狭隘的经验出发去处理一切新的问题。这两种错误倾向，本质上都是主观主义和形而上学的。第三，它是科学的领导方法、工作方法和认识方法的理论依据。在领导方法上，它要求我们坚持"一般号召和个别指导相结合"的方法，即在贯彻执行党的路线、方针和政策时，要结合本地的具体情况，坚持理论联系实际；在具体工作中，它要求我们学会"解剖麻雀"，即通过分析个别典型而掌握一般，指导全面；在认识上，它要求我们遵循"由特殊到一般，再由一般到特殊"的认识程序。

第二节　质量互变规律

一、质、量、度

任何事物都有质，质是一事物成为它自身并与其他事物区别开来的内在规定性。质和事物是直接同一的，事物是具有一定质的事物，没有质的事物是不存在的，当事物失去质时，该事物就变成为他事物；质是一定事物的质，离开特定事物的质只能是一种抽象。质和事物的直接同一，既说明了事物的确定性，又说明了质的客观实在性。

质与属性有密切的关系，事物的质是一事物的总规定，它通过该事物的各种属性表现出来，属性就是一事物在与他事物的联系中表现出来的质。每一种属性都从特定方面体现该事物的质。人们对事物质的认识就是通过分析、研究事物的各种属性实现的。事物的属性多种多样，有本质属性和非本质属性。本质属性集中地、突出地表现了事物的质，本质属性发生变化，事物的质就变化，事物变为他物。而非本质属性的变化一般起不到这种作用。确定事物的质即确定事物"是什么"时，既要从客体方面考虑，又要结合人的实践的需要，把社会实践作为考察事物的基点，包括到事物的"定义"中。比如，对人的质的认识，既可以从生物学或医学的角度确定，也可以从哲学的角度确定，还可以从伦理学的角度确定。

认识事物的质被称作定性分析，是认识事物的起点和基础。只有认识了事物的质，才能把它与其他事物区别开来。也才能进一步去认识它。如果在认识事物的质上出现了错误，必然会给实践带来不良的后果。

质与事物的直接同一，使人可以通过对质的把握而把不同的事物区别开来，寻找不同事物之间的关系。但是，质又有程度的规定，即同质的事物只有在特定程度的变化中才是稳定的，才能仍然是同质的。程度即变化的幅度。它是通过量的概念来表示的。所以，理解"量"这一概念是把握同质事物变化幅度的重要前提。

量是事物存在和发展的规模、速度、程度以及事物构成要素在空间上的排列组合等可以用数量表示的规定性。量的规定性由内涵的量和外延的量构成，外延的量表示事物存在的范围和广度，是可以用机械的方法来计算的；内涵的量是表示事物的等级程度、构成方式、功能过程，是一种更为深刻的量，它不能用机械的方法加以计算。现代科学的特点之一，是更多地从事物内涵的量来研究事物的运动变化。量是事物的一种外在规定性，它的变化在一定的范围内并不影响事物的质。

认识事物的量叫定量分析，是对事物认识的深化和精确化。人们只有在认识质的基础上又进一步把握事物的量，才能获得对事物较为清晰的认识，才能对实践给予具体的、具有可操作性的指导。

事物的质与量两种规定性不是孤立存在的，而是有机统一在一起的，反映这种统一的哲学范畴是度。度是事物保持自己质的量的限度。度的两端的界限叫关节点或临界点，度就是关节点范围内的幅度，它是一定质的事物所能容纳的量的活动范围的最高界限和最低界限。事物的量在度的范围内的变化不影响事物的质的稳定存在，超出了度的量变就会引起事物的质变。

掌握事物的度对认识和实践具有重要的意义。首先，只有认识了事物的度，才能正确把握事物的质。当认识还停留于质的阶段时，人们对事物的认识还是模糊和笼统的；由质进入量，对事物的认识会更为清晰；而只有把握了事物的度，才能对事物有清晰准确的认识。其次，只有把握事物的度，才能提出指导实践活动的正确准则，坚持适度原则，防止“过”和“不及”。当需要保持事物的相对稳定性的时候，人的活动目标是设法使量变不超出度的范围，以便尽量做到“注意分寸”、“掌握火候”、“适可而止”。

二、量变、质变及其关系

量变和质变是事物变化的两种形式或两种状态。量变是事物量的规定性的变化，即事物数量的增减、场所的变更和空间排列组合顺序等方面的变化；是较小的、不显著的变化；是在度的范围内的延续和渐进。我们日常所说的统一、相持、平衡、静止等，都表征着事物的量变过程。质变是事物质的规定性的变化，是事物由一种质态向另一种质态的飞跃；是根本性的、显著的突变；是连续性和渐进性的中断。统一体的分解以及相持、平衡、静止的破坏等，表征的都是事物质变的状态。区别质变与量变的根本标志，在于事物的变化是否超出了度的范围和界限。

量变和质变是对立统一的辩证关系。第一，量变是质变的前提和准备。事物的一切变化都始于量变，只有量变达到一定的程度才能发生质变，没有量变就没有质变。古语所说的千里之行始于足下、九层高台起于累土、千里之堤溃于蚁穴，反映的都是质变以量变为前提和基础的道理。第二，质变是量变的必然结果。量变达到一定的程度，必然要突破事物度的界限，引起事物的质变。质变体现和巩固量变的成果，为新的量变开辟道路。只有质变的存在，才能使量变的成果得以体现和巩固。只有通过质变，新事物才能得以产生和发展。第三，质变与量变相互渗透。首先，总的量变过程中渗透着部分质变。这可以分为两种情况：一是事物的根本性质未变而比较次要的性质发生了变化，使事物的发展呈现出阶段性，称为阶段性部分质变。阶段性部分质变是事物的本质属性和非本质属性变化的不平衡性或不均一性的一种表现。二是事物全局的性质未变而其中个别部分发生了性质的变化，可称为局部性的部分质变。局部性的部分质变是事物内部各部分发展不平衡性或不均一性的一种表现。生物有机体的衰败都是先从局部开始。这证明局部性部分质变是事物发展过程中较为普遍的现象。其次，质变过程中也渗透着量变。具体事物的质变都是一个过程。在这个过程中，有新质的不断增加，也有旧质的不断减少。无论在客观世界的哪个层次上所发生的飞跃，都有一个量的延伸或扩张的过程。总之，事物的变化从量变开始，经过质变，再到新的量变。引起新的质变。如此交替，不断推动事物向前发展。这就是质量互变规律。

在量变和质变的关系问题上，形而上学否定质量互变规律，往往走向两个极端，“激变论”和“庸俗进化论”就是例证。19 世纪法国生物学家居维叶提出了生物“激变论”的观点：有机界的变化是由于突然性的灾变所引起的。这种理论只看到地球上一些古代的生物物种已经灭绝，出现了一些古代没有的新物种的事实。但由于不懂得质量互变的辩证法，把“激变”作为生物发展的普遍规律，从而走向极端。庸俗进化论则认为生物的进化只是量变，没有质变；只有量的渐进，没有质的飞跃；只有连续性，没有间断性。这种观点不能解释事物质的多样性，不能解释质变现象，也是错误的。

质量互变规律要求我们在学习和实际工作中，既要脚踏实地、埋头苦干，注意日常的点滴积累，又要树立远大的理想和目标，把远大的理想和埋头苦干的精神结合起来。要反对拔苗助长、急于求成和胸无大志、踏步不前的观念和做法，既不做满足微小进步的庸人，也不做脱离实际的狂想家。

三、量变、质变的普遍性和复杂性

质量互变规律，是自然界、社会和人类思维的客观普遍规律。质量互变规律的客观普遍性可以从两个方面来理解：其一，物体总是因其空间大小与质量的不同而分为不同质的物质层次。其二，不论物质何种层次、何种运动形式的质的变化，都是由于相互对立着的量的变化所引起的。总之，无论自然界、人类社会还是人类思维，都遵循着质量互变规律在变化着。

质量互变是客观的、普遍的，但在现实世界中，由于事物的性质和外部条件的复杂性，质量互变的具体表现也是复杂多样的。

量变和质变的形式是多种多样的。量变的形式基本可分为两种：一种是由数量的增减引起的质变；另一种是由于构成事物的成分在空间排列次序和结构形式上的变化而引起的质变。质变的基本形式有两种：爆发式飞跃和非爆发式飞跃。爆发式飞跃是解决矛盾的一种对抗的质变形式，这种形式的飞跃，是在量变的积累达到临界点以后，新事物和旧事物发生激烈的外部冲突，通过一次或数次决定性的打击，摧毁阻碍新事物诞生和成长的桎梏，使新事物迅速战胜旧事物的质变。如，火山爆发、炸弹爆炸以及私有制社会形态的更替等都属于爆发式飞跃。非爆发式飞跃是解决矛盾非对抗性的质变形式，在这种形式下，旧事物向新事物转化时一般不发生剧烈的外部冲突，而是通过新质要素的逐渐积累和旧质要素的逐渐减少而实现的。如，新物种的形成、从猿到人的转化、语言的更新、世界观的转变、正确思想对错误观念的否定等，都采取非爆发式飞跃的形式。事物不同的飞跃形式是由于事物本身的性质决定的，同时又受它所处的外部条件的制约。由于外部条件的不同，同样的事物，其飞跃形式也会不同。如，原子核的裂变在原子弹爆炸中是爆发式飞跃，而在原子发电站的原子反应堆中就是非爆发式飞跃。

质变、量变的相互渗透充分显示了质变的复杂性和多样性。

第三节 否定之否定规律

一、肯定和否定

（一）肯定和否定及其辩证关系

肯定的方面是事物维持其存在的方面，是使自己成为自己的方面。否定的方面是事物中促使其灭亡的方面，即破坏事物的现存秩序和结构促使它向新事物转化的方面。肯定、否定的作用是不一样的，肯定使事物保持着自己质的稳定性，维持着自己的存在，而否定却使事物具有不稳定性，使事物发生着变化，最终走向灭亡。按日常的看法，肯定的方面是积极的方面，否定的方面则是消极的方面；而在唯物辩证法看来，否定的方面才是积极的方面，因为正是由于这种否定，事物才有变化和发展，才有旧事物的灭亡和新事物的产生。所以，马克思说："辩证法在对现存事物的肯定的理解中同时包含对现存事物的否定的理解，即对现存事物的必然灭亡的理解；辩证法对每一种既成的形式都是从不断的运动中，因而也是从它的暂时性方面去理解；辩证法不崇拜任何东西，按其本质来说，它是批判的和革命的"。[①] 辩证法的这种否定性就是它的批判性和革命性的本质所在。

肯定和否定不仅相互对立、相互排斥，同时又相互联系、相互依赖。肯定与否定是相对而言的，没有肯定就没有否定，没有否定也就没有肯定，离开了一方，另一方就无法存在。如果只有肯定而没有否定，那就意味着事物永远是它自己，长生不老，这显然是不可能的。如果只有否定而没有肯定，事物不断的变动，没有了稳定性，也就没有了事物之间的界限，一片混沌，这也是不可能的。肯定和否定还相互包含，肯定之中有否定，否定之中有肯定。在一定场合和意义上，它们二者甚至直接同一，肯定就是否定，否定就是肯定。

任何事物都是肯定和否定的辩证统一，也是稳定性和变动性的辩证统一。唯物辩证法注重事物的否定性，但并不意味着不要和反对肯定性，它要求的是"在对现存事物的肯定的理解中同时包含对现存事物的否定的理解"。当事物处于上升阶段的时候，它的肯定性就是合理的积极的，是事物发展过程所必须的，也是我们在实践中应该予以保护的。否定、灭亡是一种必然，但当某事物的存在对人们的实践是有益的和有价值的时候，人们就要尽量维持该事物的存在，延缓和推迟它的灭亡。当一定的政策有利于社会安定和发展时，国家就要保持它的稳定性和连续性，而在它不利于社会发展时，则必须对之进行改革。总之，要具体问题具体分析，要把事物的发展规律与人的实践需要结合起来。

（二）辩证否定观和形而上学否定观

对于事物发展过程中存在的肯定和否定两个方面及其相互关系，历来存在着不同的认识和理解。

马克思主义的辩证否定观是对否定的科学认识，是对事物中肯定方面和否定方面辩证关系的正确反映。辩证的否定观包括了三方面的内容：①否定是事物的自我否定，是事物内部矛盾运动的结果。由于事物自身矛盾的作用，事物自己否定了自己，从而实现着自己运动和

---

① 《马克思恩格斯选集》第2卷，人民出版社1995年版，第112页。

自我发展。②否定有两个特征，它是事物发展的环节，也是新事物与旧事物联系的环节。正因为否定方面的作用，事物突破了原来的界限，转化为新的事物。旧事物灭亡了，新事物产生了，这就是发展。没有否定，就不会有发展。新事物否定了旧事物，但并不是完全抛弃旧事物，而是吸取旧事物中各种合理因素。这就是说，否定在新旧事物之间形成了质的区别，体现了发展过程的间断性；同时又使新事物和旧事物联系起来，体现了发展过程的连续性。发展就是间断性和连续性的辩证统一。③否定作为发展环节和联系环节的统一，它是一种“扬弃”，既克服又保留，克服旧事物中不合理的过时的因素，又接受和保留了旧事物中的合理因素，将之加以改造，融入新事物的结构中，成为新事物的因素。这就是说，辩证的否定不是单纯的简单的否定，而是包含了肯定的否定。

与辩证的否定观相反，形而上学的否定观则把否定看作是由外部因素引起的事物的灭亡，把否定和肯定绝对对立起来，否认否定在事物发展中的作用。①形而上学的否定观否认事物的内在矛盾，它总是从事物的外部因素来看待否定，把否定看作是外部力量对一个事物发展过程的破坏和打断。在它看来，否定就是发展的停止，是毁灭和死亡，是存在变成了虚无。②形而上学的否定观割裂否定和肯定的辩证关系，将二者绝对对立起来，要么全盘肯定，要么全盘否定，是就是是，否就是否，除此之外，一切都是鬼话。形而上学的观点看似非常痛快，实质却是一种主观任意。用这种观点去指导实践，只能带来损失和失败。所以，我们必须坚决防止和反对形而上学的否定观。

辩证的否定观对于我们正确对待传统文化和外国经验，都具有重要的指导意义。社会主义固然需要有与自己的经济政治相适应的新文化，但社会主义新文化不是从天上掉下来的现成的东西，而是从以往的文化中成长演化而来的，它否定了旧的封建主义和资本主义文化，既与它们有着本质的区别，又与它们有着无法分割的联系。在建设社会主义新文化的过程中，我们必须坚持辩证的否定观，对我国的传统文化，要采取批判继承的态度，去其糟粕，取其精华，使之既具有社会主义的思想内容和时代精神，又具有中国老百姓所喜闻乐见的民族风格和中国气派；对五四运动以来形成的革命文化传统，一要发扬、二要创新，既不能否定，也不能僵化；对人类社会的其他文明要学会分析与鉴别，积极吸取先进、科学、有益的东西，坚决抵制落后、腐朽、有害的东西。在这里，我们一定要反对两种错误倾向：一种是盲目自大的观点，一切都是我们的好，一切都是“古已有之”，这是一种夜郎自大、复古主义和闭关锁国的态度，是极为有害的，不利于新文化的建设；另一种是全盘西化论，把传统文化说得一无是处，把外国文化说得奇妙无比，它是传统文化虚无主义和洋奴哲学的结合，是形而上学绝对肯定（西方文化）和绝对否定（传统文化）两极相通的一种典型。

二、否定之否定

（一）否定之否定规律

否定之否定规律是一个带有总括性特点的规律，它揭示了事物的发展过程往往要通过“肯定——否定——否定之否定”形成一个发展周期，这便是通常所说的“三个环节、两次否定”的否定之否定。

否定之否定规律的根源在于事物内部的矛盾运动，在于否定、肯定两种因素的辩证运动，是一个自我否定、自我发展、自我完善的过程。当一个事物作为新事物刚从旧事物中过渡和转化出来的时候，它是蓬勃向上的，充满了生命力的，也就是说，它的肯定的方面居于绝对优势地位。而当该事物的发展达到成熟之时，也就是到了高峰之时，否定方面的因素和影响也日益显露和突出出来，矛盾也开始尖锐起来。所谓由盛而衰，正是这个道理。因此，从肯定到否定，是事物内部矛盾对立的展开。否定的方面作为肯定方面的对立面，它极力削弱、破坏着肯定的方面，而在这个阶段，否定更多的是作为单纯的简单的否定而存在，或者说在否定与肯定的矛盾中，对立和斗争是主要的，还不可能较为充分、较为从容地吸收肯定方面中的合理因素，因此也不能展现出自我运动和自我发展的全部丰富的内容。只有当否定被再否定，即新的事物出现时，它综合了原来的肯定和否定双方的合理因素，又克服了它们各自的片面性，达到了肯定和否定的辩证统一。只有到了这个时候，只有在它们的统一中，才能充分体现它们全部的丰富性。

否定之否定规律揭示了事物的运动经过从肯定到否定再到否定之否定，仿佛是一个"回到出发点的运动"，但这不是回到原来的出发点，而是在更高层次上的一种回复，这就是说否定之否定规律表现为一种周期性。从形式上来说好像是一种回复，实际内容是一种提高。这种周期性不是封闭的，而是开放的，是向上螺旋着的。因此"回到自己的出发点"只是仿佛回到了出发点，实质上是在新的起点上向新的高度的继续攀升。事物的发展就如同螺旋那样，由一个个小圆圈构成一个个大圆圈。事物的发展，总是螺旋式上升或波浪式前进的过程。

（二）否定之否定规律的实质

事物的发展总是螺旋式上升或波浪式前进，形象地说明了事物的发展方向是前进的，道路是曲折的，是前进性和曲折性的统一。事物发展的方向是前进的，这就是说事物内在的矛盾推动了事物的变化和发展，造成了事物从低级阶段过渡到高级阶段，促成了旧事物的灭亡和新事物的产生。在由辩证否定所形成的事物发展的链条中，每一次否定都意味着一次扬弃，舍弃了先前阶段中过时的不合理的因素，保留了其中的积极成果，同时又增加了一些新的因素，这就使事物的内容越来越丰富，事物的结构和功能越来越复杂，越来越高级。事物发展的总趋势是前进性的，总是沿着从简单到复杂、从低级到高级的方向前进，宇宙的演进、生命的进化、社会的发展，都证明了发展的这种趋势。但由于事物内部矛盾和外部条件的复杂性，事物发展的具体道路和途径又是曲折的，会出现一定的倒转和回复，会遇到各种各样的艰难险阻，有时还会遭受暂时的挫折和失败，这又表现为一种曲折性。

由此可见，事物发展总趋势的前进性与具体道路的曲折性是内在统一在一起的，前进的总趋势就存在于并实现于曲折的发展道路中，离开了具体道路的曲折性就没有前进性；具体发展道路的曲折性又体现在这种前进性的总趋势上，并为之开辟了道路。

理解事物发展是前进性与曲折性辩证统一的原理，对于我们坚定社会主义信念，开辟社会主义事业的新局面，具有重要的指导意义。社会主义作为人民群众自己解放自己的伟大事业，具有强大的生命力和无限的发展前途，但由于它是对几千年来的私有制度的否定，所以必然会遇到各种旧势力的强烈反抗。这就决定了社会主义的发展道路必然是相当曲折的，甚至会遇到暂时的局部的失败。所以，我们必须对社会主义发展中的各种困难和曲折性有充分的思想准备，在遇到挫折的时候不为困难所吓倒，不因一时的失败而丧失信心，保持社会主义必然胜利的信念，付出艰苦的努力，争取光明的前途。

（三）新事物必然战胜旧事物

发展的实质是新陈代谢，是新事物的产生和旧事物的灭亡。否定之否定规律既揭示了新事物最终战胜旧事物的必然性，又揭示了新事物成长过程的曲折性和复杂性。

新事物也叫新生事物，它有两个特点：①在时间上新出现的事物。但是，新出现的事物不一定就是新生事物，但新生事物必然是新出现的事物。②合乎发展规律，具有强大的生命力和远大的前途，这是新生事物的本质特征。人们认识新生事物，总是以新出现的事物作为出发点，进一步分析它是否具备第二个特征。说新生事物具有强大的生命力和远大的前途，这是相对于旧事物而言的，是相对的而不是绝对的。相对于旧事物的即将灭亡，新事物则充满了活力，具有较长远的生命。而当新事物到了自己的成熟期和发展的顶峰，它就由盛而衰，变成了旧事物，从它的内部又生长出了新的事物来。如此循环不已，构成了新陈代谢的总过程。

新事物之所以必然要战胜旧事物，是因为：①新事物比旧事物具有本质的先进性。新事物是在旧事物无法克服自身的矛盾，丧失了存在合理性时出现的，它的使命就是克服这些矛盾，它就是作为克服这些矛盾的新形式而存在的。因此，它在本质上就高于并优于旧事物。②新事物比旧事物具有整体的优越性。新事物是在旧事物的母腹中发育起来的，它吸取了旧事物中各种养分和合理的东西，又增添了旧事物中所没有的新因素。这种扬弃关系使得它比旧事物在整体上要优越得多。③在社会领域，新事物的发展与人民群众的利益相一致，因此能够得到人民群众的拥护和支持，这是新事物必然战胜旧事物的社会基础。

新事物必然要战胜旧事物，这是一个总的趋势、总的结局，但新事物的成长发展也要经过一个艰难曲折的过程。新事物刚刚出现时往往比较弱小，甚至于具有这样或那样的缺陷和不足，因而，相比于旧事物就处于一种劣势。旧事物的相对强大，新事物的种种不足和缺乏经验，以及人们对新事物的不习惯，都为新事物的健康发展设置了障碍，有时甚至还会出现夭折和失败。但由于新事物代表了发展的方向，它最终会克服种种困难，取旧事物而代之，这就是新事物发展的逻辑。

三、否定之否定的普遍性和特殊性

（一）否定之否定的普遍性

与对立统一规律、质量互变规律一样，否定之否定规律也是自然界、社会和思维现象中普遍存在的规律。但是，与对立统一规律和质量互变规律适合于每一个事物、每一事物发展的每一个环节不同，否定之否定规律带有总括的性质，只有综观事物发展的整个过程，才能理解否定之否定规律的作用。

对于否定之否定规律的普遍性，理论界有一些人持怀疑的态度，这有两个原因：①不明白否定之否定规律的这种总括性的特点，用看待和理解对立统一规律、质量互变规律的模式来理解否定之否定规律。②把否定之否定简单地等同于黑格尔提出的“正——反——合”三段式，看到有些事物的发展不符合三段式，就认为否定之否定不具有普遍性。应该看到，正——反——合的三段式，在经过马克思主义的唯物主义改造之后，是基本表现了肯定——否定——肯定（再否定）的精神的。但即使如此，这也是事物辩证发展过程的一种典型形式，是对这种典型形式的理论表述，它不可能穷尽具体发展过程的复杂性和多样性。否定之否定规律的实质，是揭示事物发展是自我发展、自我完善的过程，是前进性和曲折性的辩证统一，我们应该从这个角度来理解否定之否定规律的普遍性，而不应仅仅拘泥于它的形式表现。自然界、社会和思维中的许多现象的发展，确实遵从了三个阶段、两次否定的公式，但确有一些现象，所经过的历程难以用这个公式去套，由此否认否定之否定规律的普遍性是不合理的；无视这些现象的存在，或硬是把它们削足适履地塞进这个公式，也是不妥当的。

（二）否定之否定的特殊性

否定之否定规律具有普遍的适用，但具体事物的否定之否定过程，由于各自矛盾的特殊性和条件的特殊性，又带有各自的特点。不仅自然界中事物否定之否定的具体形式不同于社会领域中事物否定之否定的具体形式，社会领域中事物否定之否定形式不同于思维领域中概念否定之否定的形式，就是在同一个领域、同一类事物中的不同事物，由于所处的具体条件的差异性，其各自的发展道路、各自所采取的否定之否定的形式，也会有所不同。比如，同是植物，从麦粒到麦株再到麦粒的过程就不同于从树种到树苗再到树种的过程；同是动物，卵生动物的否定之否定过程与胎生动物的否定之否定过程也各有自己的特点。否定之否定规律是从各种不同否定之否定的具体形式中提炼出来的一般形式，它存在于各种不同的各带有特殊性的具体形式中，而不是它们之外的某种独立的存在。因此，我们只能把它当作是研究问题的指导方针，而不能把它当作是一种证明工具，更不能把它作为公式到处乱套。

由于具体事物和具体条件的复杂性，否定之否定规律具体表现形式也是很复杂的。对于否定之否定的复杂性，可以从两个方面来理解：

一方面，前进性表现形式的复杂性。事物发展的总趋势是前进的，但由于事物内在矛盾的特殊性，有的事物、有的过程的前进性表现得比较明确、比较直观，有的事物和过程的前进性则表现得比较隐晦；有的在较短时间和期限内就可以显露出来，有的则需要很长的时间才能显现出来。比如，无机界事物发展过程的前进性就表现得较为隐晦，需要相当长的时间才能显现出来，或者说需要从宇宙演化的大尺度上才能发现，而社会发展的前进性则表现得较为直观和明显，几十年甚至几年就能显现出巨大的变化。因此，不能简单地看待发展过程的前进性，只用某一种尺度来看待发展，这样就把一些前进性不甚明显或需要较长时间才能显现出来的前进性看作是没有发展，看作只是在循环。在理解发展前进性的时候还要注意另外一种复杂性，即有些事物一方面的进步以另一方面的退步为代价，特别是在社会历史问题上表现得更为突出，资本主义生产方式极大地推动了人类历史的前进，但同时也加剧了各种社会矛盾，使人们之间的关系浸在了金钱的冰水之中，造成了严重的异化现象。我们既不能因为有这些对抗和退步就否认发展的前进性，也不能只看到进步的一面而忽视存在对抗和退步的一面。在社会历史观上之所以长期存在否认历史进步的观点，就是因为没有辩证地理解这种前进性的复杂性的缘故。

另一方面，曲折性的复杂性。事物发展过程中的曲折性可以大致分为两类：①事物发展过程中所必须的，也属于正常的“回复”。②由于外部偶然因素的作用而造成事物发展过程的中断、倒退和逆转。前一种“回复”本身就构成了发展过程的一个环节，后一种情况则属于一种“非常”现象，既不具有必然性，也不具有合理性，是应该避免而没有避免的现象。

只有对否定之否定规律的复杂性具有相当的了解，才会加深对否定之否定规律特殊性的认识，才能把否定之否定规律的普遍性和特殊性结合起来，正确地指导我们的认识和实践。

思考题：

1. 如何理解矛盾是事物发展的动力？
2. 如何看到矛盾同一性和斗争性的关系？
3. 质量互变规律的基本内容是什么？
4. 辩证否定观和形而上学否定观的主要区别是什么？

◆第五章 世界联系和发展的基本环节

唯物辩证法的范畴是客观事物最普遍的辩证关系的反映，是辩证思维的逻辑形式。本书前面介绍唯物辩证法的基本原则和基本规律时，已经涉及到唯物辩证法的若干基本范畴，如联系和发展、对立和统一、量变和质变、肯定和否定，等等。除此之外，唯物辩证法还有若干成双成对的基本范畴，作为基本规律的补充。这些基本范畴是：本质和现象、内容和形式、原因和结果、必然性和偶然性、可能性和现实性，等。它们从不同的侧面进一步揭示了物质世界的联系和发展。学习这些基本范畴，有助于我们更加完整和深入地掌握唯物辩证法。

第一节　本质和现象

我们在实践中认识客观事物，首先接触到的是这个事物的种种现象，经过头脑的分析综合、加工制作，才进而认识该事物的本质。认识的真正任务，在于透过现象把握本质。弄清本质、现象及其相互关系，对于人们正确地认识世界和改造世界有重要意义。本质是事物的内部联系。事物内部矛盾的特殊性，“构成一事物区别于他事物的特殊的本质”。[①] 波动性和微粒性的矛盾构成光的本质；同化和异化、遗传和变异的矛盾构成生物的本质；生产力和生产关系、经济基础和上层建筑的矛盾构成人类社会的本质，如此等等。现象是本质的外部表现。本质是隐蔽的、比较一般的、相对稳定的，事物的本质靠人的抽象思维去把握；与此相反，现象是表面的、丰富多彩的、变动不居的，事物的现象靠人的感官去感知。

本质和现象有明显的区别，又有内在的紧密联系。任何事物的本质都要通过种种现象表现出来，任何现象都是本质某一方面的显现。不表现为现象的赤裸裸的本质或不以某一本质为根据的现象，都是不存在的。正如列宁所说：“本质在表现出来；现象是本质的。”[②]商品的现象世界五光十色，使人目不暇接，但所有这些现象无一例外地都表现着商品的本质，即价值和使用价值的统一。马克思深刻地揭示了人的本质，指出：“在其现实性上，它是一切社会关系的总和。”[③]人的本质总要通过不同时代、不同国度、不同阶级阶层的人的种种表现呈现在我们面前。

研究事物的现象，应注意区分真相和假象。真相是本质的表现，假象也是本质的表现。

---

① 《毛泽东选集》第2版，第1卷，第309页。

② 《列宁全集》第1版，第38卷，第278页。

③ 《马克思恩格斯选集》第2版，第1卷，第56页。

从正面表现本质的是真相，从反面表现本质的是假象。列宁说："不仅本质是客观的，而且假象也是客观的。""假象的东西是本质的一个规定，本质的一个方面，本质的一个环节。本质具有某种假象。"①直的竿子放在水中看上去是折的；刽子手有时会摆出一副牧师的面孔，如此等等。这种种假象都是事物的本质在特殊条件下的一种表现，水中的直竿变折，是光从一种介质(空气)进入另一种介质(水)发生折射的反映。两面嘴脸是敌人狡猾的本质表现。假象的存在无疑会给人们认识事物的本质造成屏障和困难，然而，一旦发现了假象和本质的联系，我们就可以更全面、更深刻地把握本质。所以，认识事物的本质要综合分析真犯、诈骗犯、杀人放火犯，总是制造种种假象，而将其真相隐蔽着。共产党人在复杂的斗争环境中，要善于识破假象，并通过真相和假象的比较分析，进一步把握事物的本质。

现象有真假之分，本质亦有层次之别。列宁说："人的思想由现象到本质，由所谓初级的本质到二级的本质，这样不断地加深下去，以至于无穷。"②人们对燃烧现象的认识，就实际地经历了这样一个过程。18 世纪末，拉瓦锡证明燃烧的反应过程在于可燃物质同空气中的氧结合。这可以说是对燃烧现象初级本质的认识。19 世纪初，化学家进一步认识到原子运动和相互作用形式这一过程的内部结构，如一个碳原子同一个氧原子化合构成一氧化碳(CO)，或同两个氧原子化合构成二氧化碳(CO_2)。这就认识到燃烧现象的二级的原子论的本质。人们进一步探索：为什么原子能够相互结合，是什么力量使它们互相接近？汤姆生发现了电子，为洞察燃烧现象的更深刻的本质奠定了基础。对人类社会本质的认识也有一个逐步深化的过程。首先发现阶级斗争是阶级社会发展的动力，继而发现生产方式是社会发展的决定力量。马克思主义经典作家把阶级斗争称之为阶级社会发展的"直接动力"，这是因为阶级斗争还不是社会发展的最终原因，社会发展的最终原因是生产方式，即生产力和生产关系的矛盾运动，其中，生产力是社会发展的最终决定力量。至此，才达到了对人类社会更深刻的本质的认识。

透过现象认识本质，从不甚深刻的本质到更深刻的本质，这是科学的认识方法和认识途径。科学研究之所以必要，是因为本质和现象存在着差别和对立。马克思说："如果事物的表现形式和事物的本质会直接合而为一，一切科学就都成为多余的了"。③ 科学研究之所以可能，因为本质和现象不是绝对对立，而是辩证的统一，它们之间没有不可逾越的鸿沟，人们可以通过对现象的分析，把握事物的本质。在实际生活中，我们应当自觉地掌握本质和现象的辩证法，善于透过现象认识本质，在把握本质的基础上，深刻理解各种现象。

就以资产阶级经常标榜的"民主"来说吧。从现象上看，西方资本主义国家似乎是很民主的。他们承认全体公民享有同等的民主权利；他们形成了相当完备的民主体制和运行机制；他们的总统还是竞选产生的。但是，如果从本质上看，他们的民主无非是建立在生产资料私有制基础之上的政治制度，是资产阶级用以保护和巩固自己的财产所有权和政治统治地位的工具。比如资产阶级给予劳动人民的民主权利是附加了种种条件，且以不危害资产阶级的统治为人到事物的本质，就会清楚地看到，资本主义制度固有的矛盾即生产社会化和生产资料私人占有的矛盾，并没有从根本上解决，资本主义的本质并没有改变。当今，社会主义确实遭

① 《列宁全集》第 1 版，第 38 卷，第 97、137 页。

② 《列宁全集》第 1 版，第 38 卷，第 278 页。

③ 《马克思恩格斯全集》第 25 卷，第 923 页。

受了比较大的挫折，面临严峻的挑战。但是，社会主义毕竟是新生的社会制度，它虽然基础薄弱，且只有几十年短暂的历史，却已初试锋芒，显示了自己的优越性;它由于经验不足、工作失误给自己带来的麻烦和困难，正在被自己逐步认识和克服。面对严峻的形势，每一个忠实于马克思主义的共产党员，应当有忧患意识，但我们应把这种忧患意识包容在乐观主义之中。我们的乐观主义不是盲目的，而是建立在对两种制度本质分析的基础之上的。邓小平说:“社会主义经历一个长过程发展后必然代替资本主义。这是社会历史发展不可逆转的总趋势”。“一些国家出现严重曲折，社会主义好像被削弱了，但人民经受锻炼，从中吸取教训，将促使社会主义向着更加健康的方向发展。”①

1930 年，针对中国共产党内对时局估量的一种悲观思想，毛泽东同志深入地分析了中国社会的各种矛盾，指出:“一九二七年革命失败以后，革命的主观力量确实大为削弱了。剩下的一点小小的力量，若仅依据某些现象来看，自然要使同志们(作这样看法的同志们)发生悲观的念头。但若从实质上看，便大大不然。这里用得着中国的一句老话:‘星星之火，可以燎原。’”②他进而从马克思主义哲学世界观的高度作出结论:“我们看事情必须要看它的实质，而把它的现象只看作入门的向导，一进了门就要抓住它的实质，这才是可靠的科学的分析方法。”③共产党员应牢牢掌握这个科学的分析方法。只有如此，才能在复杂的环境中保持清醒的头脑而不致迷失方向。

第二节　内容和形式

内容和形式是反映事物外部表现形态和内在要素之间的关系的一对范畴。内容是指构成事物的一切内在要素，即事物的各种内在矛盾以及由这些矛盾所决定的事物的特征、成分、运动过程和发展趋势等的总和，是事物存在的基础。形式则是指把内容诸要素统一起来的结构和表现内容的方式。形式有内在形式和外在形式之分。所谓内在形式是由内容直接决定、与内容直接相关的形式，是事物主要的、本质的形式。所谓外在形式是指与内容不直接相关的形式，它不是由内容直接决定的，是事物次要的、非本质的形式。形式和内容是同一事物的两个不同的侧面，世界上任何事物都有自己的内容，也都有自己的形式，二者缺一不可。形式和内容普遍存在于现实世界的任何事物之中。

事物的形式和内容是复杂多样的。其主要表现是:其一，从无机界到有机界，从微观世界到宏观世界，从自然界到人类社会，不同的对象各有自己特定的内容，也都有自己特定的形式。从社会现象来看，社会生活具有政治、经济、军事、文化、教育和艺术等十分丰富的内容。同这些内容相适应，也就产生了表现这些生活内容的纷繁复杂的形式。其二，同一内容可以有多种表现形式，同一形式也可以容纳或表现不同的内容。如，当我们要以歌颂祖国这一特定主题为内容时，就可以采取诗歌、散文、报告文学、展览等多种形式来体现。这是同一内容具有多种表现形式。再如，联欢晚会这种形式，既可以表现欢迎新同学入校的内容，又

① 《邓小平文选》第3卷，第382-383页。

② 《毛泽东选集》第2版，第1卷，第99页。

③ 《毛泽东选集》第2版，第1卷，第99页。

可以表现庆祝某一节日的内容。这是同一形式表现不同的内容。

形式和内容是对立统一的关系。

第一，形式和内容是相互区别、相互对立的。形式是事物存在的表现方式，内容是事物存在的基础；事物的内容是活跃易变的，而形式则是相对稳定的。

第二，形式和内容又是统一的。首先，形式和内容相互依存、相互作用。一方面，二者相互依存，密不可分。任何形式都是特定内容的形式，任何内容都是具有一定形式的内容。形式要以内容为基础，内容要通过形式表现出来。内容作为事物的内在要素的总和，并非存在于自己的形式之外，而是存在于自己的形式之中。内容和形式在每一事物身上都是密不可分的。另一方面，形式和内容是相互作用的。内容决定形式，形式反作用于内容。有什么样的内容就要求有什么样的形式，内容的变化发展决定形式的变化发展。形式又反作用于内容，当形式适合于内容时，对内容的发展起积极的推动作用；当形式不适合内容时，则对内容的发展起消极的阻碍作用。其次，形式和内容在一定条件下可以相互转化。在一种关系中作为一定内容的形式，在另一关系中可以转化为另一种形式的内容；反之亦然。

在形式和内容既对立又统一的矛盾运动中。内容总是比较活跃、易变的，而形式则具有相对的稳定性。形式和内容的矛盾运动贯穿于事物发展过程的始终。当某一形式出现后，在一段时间内它是基本适合内容发展的，随着内容的发展，新的内容壮大到了一定程度，原来与之基本适合的并能促进事物发展的形式，逐渐成为内容进一步发展的桎梏，这时就要求改变旧形式，建立适合新内容的新形式。新形式的建立，意味着旧矛盾的解决，又开始了新的内容与形式的矛盾运动。形式和内容之间，就是这样由基本适合到基本不适合，然后再到新的基本适合，循环往复，不断发展着。这就是内容和形式矛盾运动的辩证法。

在形式和内容关系问题上。存在着两种形而上学的观点和错误倾向。一种是形式主义的观点，这种观点把事物形式的作用片面夸大，认为形式决定内容，或者认为形式就是一切，否定内容决定形式；另一种是形式虚无主义，这种观点只讲内容对形式的决定作用，根本否定形式对内容的反作用。形式主义和形式虚无主义都是从不同的侧面割裂了形式和内容的辩证关系，因而都是错误的。

根据形式和内容相互作用的原理。在实际工作和认识活动中，我们应当首先重视事物的内容，并在此前提下，注意事物形式的作用。既然内容决定形式，形式服从内容，那么，我们在观察和处理问题时，应把重点放在内容上，根据内容选择形式，避免用一种固定的形式硬套在不同内容的客观事物上面。而形式具有反作用，这要求我们在实际工作中，必须根据内容的具体情况，善于选择、利用和创造最适合内容发展的形式，促进内容的发展。既要反对只注重形式而忽视内容的形式主义，又要反对只重视内容而忽视形式作用的形式虚无主义倾向。

根据内容与形式矛盾运动的情况，在实践中，必须及时正确地调节和解决内容与形式的矛盾。当旧形式已经成为内容发展的障碍时，就应当果断地抛弃旧形式，采取适合内容发展需要的新形式，否则，就会犯右的错误；当形式还基本适合内容的发展状况，对内容发展起促进作用时，就必须保持形式的相对稳定性，而不能任意地、过早地改变这种形式，否则，就会犯“左”的错误。

第三节　原因和结果

一、原因和结果的含义及其特征

原因和结果是揭示事物前后相继、彼此制约关系的一对哲学范畴。原因是指引起一定现象的现象，结果是由一定现象所引起的现象。世界上任何事物或现象都有其产生的原因，任何原因都会引起一定的结果，事物之间这种引起和被引起的关系，就是因果关系。人们经常说，“风吹草动”“水涨船高”“药到病除”，等等，这些从实践当中总结出来的谚语生动地反映了事物之间的因果联系。

因果联系有两个明显特点：①原因和结果具备时间上的顺序性或前后相继性。俗话说，前因后果，原因总是在前，结果总是在后，这个顺序是不能颠倒的。如果两个现象之间没有这种时间上前后相继的特征，人们就不会把它们看作是因果联系。但是，并非所有前后相继的事物都存在因果联系，“在此之后”不等于“由此之故”。春、夏、秋、冬四季更替确实存在时间上的顺序性，但四季之间并不存在因果联系，四个季节的循环更替是由地球的绕日运动造成的。②原因和结果之间存在着引起和被引起的关系。这是因果关系的本质性特征，看一种联系是不是因果联系，总是从具有时间顺序性的事物入手，进一步确认是否存在着这种引起和被引起的关系，如果存在这种关系，就被确认此现象是彼现象的原因，彼现象是此现象引起的结果，如果不存在这种关系，就排除了它们之间有因果联系。

因果联系具有客观性。因果联系是客观世界本身所具有的、不以人们的主观意志为转移的事实。人们头脑中的因果观念不过是客观事物之间所存在的因果联系的主观反映。因果联系的这种客观性可以从人们的现实生活中得到充分的验证：一方面，人们通过自己的感性经验不断地观察到一种现象之后必然引起另一种现象的发生；另一方面，人们还可以根据对因果联系的认识，由原因入手，创造条件，在实践中得出能满足人们需要的结果来。承认因果联系的客观性，就是承认唯物主义的决定论。世界上的一切事物都是由一定原因引起的，只有尚未查明其原因的事物，而没有不受因果联系支配的事物。唯心主义和不可知论者否认因果联系的客观性，比如：英国的哲学家休谟认为因果联系不过是一种主观的东西，是人们根据经常重复的感觉而形成的习惯性心理联想；德国哲学家康德则把因果联系看作是人类整理自身感觉经验的一种先验的认识范畴。休谟和康德都从根本上否定了事物之间存在着客观的因果联系，把因果联系归结为人的主观意识，走向了唯心主义和不可知论。神学目的论表面上似乎承认因果联系的客观实在性，但又认为上帝是一切事物的最终原因。根据这种观点，猫创造出来是为了吃老鼠，老鼠创造出来则是为了给猫吃的。把一切事物的原因归结为上帝的意志，必然导致宿命论和宗教迷信的“因果报应”说，这种观点既不符合自然科学发展的事实，也经不起人类实践的检验。

二、原因和结果的辩证关系

原因和结果作为一对矛盾，存在着既对立又统一的关系。原因和结果的对立是指二者的区别在一定范围内是确定的。当我们把某一具备因果联系的事物从普遍联系中抽取出来单独考察时，就会发现原因和结果是互相排斥的，原因就是原因，结果就是结果，不能倒因为果，也不能倒果为因。这就是说，在一定条件下原因和结果的对立是确定的、不容混淆的。如果把它们的关系颠倒，就会得出极为荒谬的结论。

原因和结果又是统一的，这主要是指原因和结果之间的相互依存和相互转化。原因和结果的相互依存表现为原因总会产生一定的结果，结果也必定由一定的原因所引起，既没有无因之果，也没有无果之因，因果双方失去了一方，另一方就不可能存在。在事物的发展过程中，原因和结果在一定条件下又是可以相互转化的。这种转化表明事物在发展过程中其原因和结果的区分又带有不确定性。原因和结果的相互转化有两种情况：一种是在事物无限发展的链条当中，相对于不同事物原因和结果是相互转化的，例如，摩擦生热、热引起燃烧、燃烧导致爆炸……在这一连串因果联系的环节中，生热是摩擦的结果，又是引起燃烧的原因，燃烧是由热引起的结果，同时又是引起爆炸的原因，等等。另一种情况是事物之间的相互作用互为因果，从一定意义上说前者是因，后者为果，而从另一个意义上说后者为因，前者为果，例如，热引起燃烧，反过来燃烧又会产生大量的热。

因果联系是普遍存在的联系，而它的具体形式又是多种多样的。因果联系的多样性主要有以下几种情况：一因一果；一因多果；同因异果；一果多因；同果异因；多因多果。因果联系的复杂多样性，要求我们对客观存在的因果联系进行全面、具体的分析，尤其是对多种原因引起多种结果的因果联系更要进行全面、具体的分析，分清主要原因和次要原因、根本原因和诱因、内部原因和外部原因，等等。要注意研究不同原因在系统中的地位和作用，也要注意对各种结果作出正确的估计，把握过程发展的趋向，努力争取好的结果，避免坏的结果。

三、因果联系的重要意义

因果联系对于正确地指导人们的认识和实践具有重要的方法论意义：

正确认识和掌握事物的因果联系是做好一切工作的必要条件。俗话说："凡事预则立，不预则废"，有无正确的预见，是能否做好工作的前提。如果我们错误地理解了事物的因果联系，或对事物因果联系的把握不准确、不深入、不全面，就会给现代化建设带来巨大的损失。反之，如果我们对事物的因果联系认识得深刻、正确，就会掌握工作的主动权，就能有力地推动现代化建设事业的健康发展。

正确认识和掌握事物的因果联系是一条重要的科学思维方法。我们无论是从事科学研究或承担任何一项工作，都要正确地把握事物的因果联系，只有这样才能正确地总结实际工作中的经验教训，才能增加工作中的预见性并找到解决问题的方法，实现我们所需要的结果。

第四节　必然性和偶然性

必然性和偶然性是反映事物发展过程中确定联系和非确定联系相互关系的一对范畴。

必然性联系是事物发展过程中不可避免的、一定如此的趋向。偶然性联系在事物发展的过程中，可能出现、也可能不出现，或许此时出现、或许彼时出现，可以这样出现、也可以那样出现。古希腊哲学家亚里士多德称必然性为"常然"、"不得不然"，称偶然性为"出忽常然"、"反忽常例"。比如，人总有一死，谁也不可能长生不老，这是必然的；至于某人多大岁数死去，死于疾病、战乱、车祸，还是遇刺身亡，则是偶然的。社会主义制度终归要代替资本主义制度，这是不以人们意志为转移的客观规律；但是，具体到某一个国家，社会主义如何取代资本主义，把谁推举为无产阶级革命领袖，则是偶然的。

确定不移的必然性联系是由事物的内部根据即事物内部的根本矛盾决定的。人体内部的新陈代谢决定人固有一死。生产的社会化和生产资料资本家私人占有的矛盾决定资本主义制度不会永世长存。偶然性联系之所以是非确定的，因为它是由事物的外部条件即此一事物同其他事物的关系引起的，而条件是不确定的。

必然性和偶然性并非彼此孤立互不相干，它们是事物发展过程中不可分割的两个方面，是相互统一的。

首先，必然性和偶然性互以对方为自己存在的前提。必然性总是通过大量偶然性表现出来，并为自己开辟道路。偶然性背后总是隐藏着必然性，它是必然性的表现形式和补充。没有赤裸裸的必然性，也没有纯粹的偶然性。这是因为，事物由根据决定的确定的联系，只有在一定条件下，通过非确定的联系才能实现出来；非确定的联系形式又总是表现确定的联系内容。恩格斯说："被断定为必然的东西，是由纯粹的偶然性构成的，而所谓偶然的东西，是一种有必然性隐藏在里面的形式"①。我们所生活的地球的北温带区，从一月到七月，气温呈上升的趋势。这是由太阳光对该地区从斜射到直射的变化这一根本原因决定的。但是，在这个时期内，由于气压、气流等多种因素的影响，气温并不是直线上升，明天的温度未必就比今天高。就是说，气温上升这个总的必然的趋势，是在无数偶然的、波浪起伏的天气变化中实现的。

其次，必然性和偶然性在一定条件下可以互相转化。生物个体由于变异出现的某些性状，最初只是偶然的、不稳定的，当这些性状同改变了的环境相适应，并通过遗传固定下来成为新物种的固有特性时，偶然就转化为必然了。与此相反，生物进化中的返祖现象提供了必然性向偶然性转化的证明。生物物种的某些必然性状随着条件的变化逐步退化，即使在某些个体身上再现，也是一种例外。必然性和偶然性的相互转化还有另一种情形：由于事物范围的极其广大和发展的无限性，在一定范围或一定过程为必然性的东西，在另一一定范围或一定过程则变为偶然性，反之亦然。这是因为，在此一范围、此一过程有根据的东西，到了彼一范围、彼一过程就失去了根据，反过来也是一样。

在必然性和偶然性的关系问题上，要注意反对两种错误观点：

一种错误观点是，片面夸大偶然性，否认必然性。这是唯心主义非决定论的观点。这种观点在社会历史领域表现得尤为突出。实用主义者胡适认为，人类社会是偶然事件的堆积，个别人物可以决定历史的命运。"他吐一口痰在地上，也许可以毁灭一村一族，他起一个念头，也许可以引起几十年的血战。他也许'一言可以兴邦，一言可以丧邦'"。

另一种错误观点是，片面夸大必然性，否认偶然性。这是机械决定论、宿命论的观点。如恩格斯所指出的，在这种观点看来："这个豌豆荚中有五粒豌豆，而不是四粒或六粒；这条狗的尾巴是五英寸长，一丝一毫不长，一丝一毫也不短……今天清晨 4 点钟一只跳蚤咬了我一口，而不是 3 点钟或 5 点钟，而且是咬在右肩上，而不是咬在左腿上"。② 如此机械地把偶然性视为必然性，无异于把必然性降低为偶然性。"承认这样一种必然性，我们也还是没有

① 《马克思恩格斯选集》第 2 版，第 4 卷，第 244 页。

② 《马克思恩格斯选集》第 2 版，第 4 卷，第 324－325 页。

从神学的自然观中摆脱出来。”①因为一切都得听天由命了。

正确认识必然性和偶然性的关系，有极其重要的意义。

第一，必然性是通过偶然性表现出来的，所以我们要善于通过偶然，掌握必然。自然科学的许多新发现就是如此。就拿第一个望远镜的诞生来说吧。1608 年，荷兰磨眼镜的徒工里波斯在闲玩时，用一前一后两个透镜看东西，他意外地发现，当两个镜片离开一定距离时，远处的物体似乎近了许多。这一偶然发现引起了伽利略的重视，经他潜心研究，造出能放大三十多倍的望远镜。青霉素的发现也借助于偶然性。1928 年，英国细菌学讲师弗来明研究毒性很大的葡萄球菌时，忽然发现原来长得很好的葡萄球菌全部消失了。经仔细观察才知道，原来有些青霉素掉到那里去了。消灭葡萄球菌的不是别的，正是青霉素。这一偶然发现导致药物青霉素以及一系列其他抗菌素的发明。这些事例说明，科学的发现同科学家借助偶然有关。但是更为重要的还是他们多年的刻苦钻研，所谓“长期思考，偶然得之”。忽视这后一方面，寄希望于偶然是一种侥幸心理，是不会有所得的。人类社会有不同于自然界的特点。在许多人看来，社会历史是偶然事件的堆积，没有什么规律可循。所以，在一个相当长的时间里，这个领域是唯心主义在一统天下。马克思透过纷纭复杂的偶然性，发现了人类社会的一般运动规律，发现了资本主义社会发生、发展和灭亡的规律，对人类作出了不可磨灭的贡献。马克思的成就不是“偶然得之”，而是因为他在科学的大道上，不畏艰险，勇于攀登，才达到了光辉的顶点。

第二，正确认识必然性和偶然性的关系，有助于抓住历史机遇。机遇看似偶然，背后有其必然，是必然性和偶然性的统一。通过主观努力，认识必然，明瞭大势，综合分析瞬息万变的各种因素，捕捉于我有利的事件和条件，及时制定正确的发展战略，并坚决地贯彻实施，就叫做抓住机遇。进入 21 世纪，对我国来说，机遇和挑战并存。机遇是难得的，挑战是严峻的。此时此刻，解放思想，实事求是，抓住机遇，开拓进取，是一个决定民族命运的至关重要的问题。机遇常常和挑战并存，从某种意义上说，挑战中蕴含着机遇。机遇往往和风险同在，需要的是眼力、勇气和化险为夷的本事。机遇总是留给善于把必然性和偶然性统一起来的人，留给科学求实、眼光敏锐的人。

第三，必然性是事物发展过程中确定不移的趋势，所以，无产阶级政党应当把自己的理想、信念，建立在人类历史发展的必然性的基础之上。从人类社会发展的规律看，共产主义制度取代资本主义制度是历史的必然。正因此，中国共产党以共产主义为最高理想，中国共产党人怀有坚定的共产主义信念。当然，必然性必定通过偶然性才能实现出来，必然性决定事物发展的根本方向，偶然性则会加速或延缓事物发展的具体进程。共产主义取代资本主义的必然的历史趋势是在起伏曲折的途程中实现的，有高潮、有低潮，有胜利、有失败。共产党人应当把原则的坚定性和策略的灵活性结合起来。一方面，不应被历史上五光十色的偶然现象所迷惑而怀疑历史必然性的客观存在，不能被暂时的困难和挫折所吓倒而迷失前进的方向；另一方面，应当尽可能利用有利的偶然因素，努力克服不利的偶然因素带来的影响。

---

① 《马克思恩格斯选集》第 2 版，第 4 卷，第 325 页。

第五节　可能性和现实性

可能性与现实性是反映事物的过去、现在和将来的相互关系的一对哲学范畴。它揭示了事物的发展是可能性和现实性相互转化的辩证运动过程。任何现实的事物都是由可能性发展而来，在现实中，又产生新的可能性，而这种可能性又会转化为新的现实性。可能性和现实性的无限转化，使整个物质世界不断发展，并呈现出丰富多彩的状态。

现实性是指包含内在根据的、合乎必然性的存在。是客观事物和现象种种联系的综合。现实性不是孤立的、凝固不变的，而是发展变化的。今天的现实是过去现实发展的结果，又是发展为未来现实的原因。现实性体现着事物联系和发展纵横两方面的整体性质。现实性和必然性是密切联系的，只有在发展中表现为必然性的事物，才是现实的，或者说必将变为现实。而丧失必然性的事物就不是现实性的。现实与现存的事物是有区别的，现实的当然是现存的。但现存的并非都是现实的、合理的。例如，我国现阶段所存在的以权谋私、权钱交易等体育活动腐败现象，是现存的，但并不具有现实性，是不合理的。

可能性是指包含在事物内部的、预示着事物发展前途的种种趋势，是潜在的、尚未实现的东西。把握可能性这个范畴，要对各种不同的可能性进行具体分析、正确区分。① 要分清可能性和不可能性。可能性是指在现实中存在其实现的内在根据，只要条件具备，即可转化为现实的东西。不可能性是指在现实中没有任何客观根据和发展的必然性，在任何条件下永远无法实现的东西。②要分清现实的可能性和抽象的可能性。现实的可能性是指已经具备了充分的内在根据和必要的实现条件，在目前就可以转化为现实的可能性。抽象的可能性是指在现实中缺乏充分根据，因而在目前条件下无法实现的可能性。但从长远看，随着内在根据的展开和必要条件的基本具备，它可以转化为现实的可能性，并进而转化为现实。所以，既要将二者区分开来，把精力和工作重点放在具有现实的可能性的事物上，又要注意二者的转化，从而及时调整工作重心。③区分两种相反的可能性。事物的发展存在着两种相反的可能性。一种是好的可能性，是指在事物的发展中，新事物战胜旧事物，使事物向前发展的可能性;一种是旧事物暂时战胜新事物，使事物向后倒退的可能性。④区分可能性的程度。现实生活中的可能性在量上有大小之别。只有对可能性进行量化分析，才能做好工作，避免工作中的盲目性，防止不利的甚至是有害的可能性。或然率就是对可能性在量上的科学说明和测定，它是所要测定的偶然事件的数目与全部可能发生的事件的总数之间的比率。这一方法的广泛运用使人们可以做到“心中有数”，努力创造条件，增大有利的可能性，缩小和避免有害的可能性。

可能性和现实性是辩证统一的关系。

第一，可能性和现实性是相互区别、相互对立的。可能性是潜在的、尚未实现的东西;现实性则是已经实现了的可能性。例如，我们常说“坏事可以变为好事”，但是坏事本身并不就是好事，它只是具有转化为好事的可能性，要把这种可能性变为现实，还需要进行大量的工作。

第二，可能性和现实性相互依赖，并在一定条件下相互转化。首先，可能性和现实性是相互依存、密不可分的。一方面，可能性依赖于现实性，可能性是以现实性作根据的，是在一定现实性的基础上产生的，它总是包含在现实自身之中。同时，它又是潜在的、还没有展开的现实，并且在条件具备时能够转化为新的现实。不与现实相联系，不依赖于现实的可能性是不存在的。另一方面，现实性依赖于可能性。现实性是以可能性为前提的，是由潜在的可能性发展而来的，是充分展开并已经实现了的可能性，同时它又孕育着新的可能性。不与可能性相联系、相依存的现实性也是没有的。其次，可能性和现实性在一定条件下相互转化。一切现实事物的内部，都具有相互对立、相互矛盾的倾向，因而都包含有转化为他物的可能性，并且在条件具备时就可以转化为现实性；新的现实事物又包含新的可能性，在一定条件下由新的可能转化为新的现实。由现实包含着可能性，由可能性再到现实，这种可能性和现实性的相互转化，是一个永无止境、无限发展的过程。

可能性和现实性辩证关系的原理，对于正确发挥主观能动性、指导人们的实践活动具有重要的方法论意义。可能性和现实性的统一，使人们的主观能动性有发挥的余地。人们可以依靠自己的主观努力把有利的可能的东西变为现实的东西，并且在自己创造的现实中展示出继续前进的光明前景。可能性和现实性的对立，使人的主观能动性具有发展的必要，可能性转化为现实性需要一定的条件，其中包括客观条件和主观条件。在客观条件已经具备的情况下，人的主观能动性是实现由可能向现实转化的关键性条件。另外，由可能向现实的转化要经历一个或快或慢的过程。这是一个条件变化的过程，而条件的变化在很大程度上也取决于人的主观努力。在实际生活中，估量某项工作或某件事情的可能性，关键在于科学地分析它由可能向现实转化的各种条件的总和。如果客观条件具备，加上主观努力能够实现，那它就具有可行性；反之，则不具有可行性。

思考题：

1. 为什么说科学的任务就在于透过现象看本质？
2. 如何理解形式与内容的关系？
3. 如何看待必然性和偶然性的辩证关系？
4. 怎样才能实现从可能向现实的转化？

第六章 认识的本质和过程

人们要正确地解决自身活动中的主客观矛盾，有效地认识和改造世界，就不仅要了解客观世界的辩证本性，把握客观世界联系和发展的规律，而且还要了解人的认识本身，懂得认识的特殊本质和规律，特别是要懂得认识与客观世界的关系。

哲学是关于世界观的理论体系，而认识论历来都是哲学的一个重要组成部分。认识论是人们对认识的认识，是关于认识的哲学理论，它研究认识的性质、前提和基础、认识的过程及其一般规律、认识的真理性和价值性及其检验和评价标准、思维的方式方法等等，也就是研究人类的认识是否可能、如何可能以及为何可能等问题。对于这些问题的不同回答，形成了哲学史上形形色色的认识论学说。马克思主义哲学在总结和吸收人类哲学认识论发展的积极成果的基础上，对有关认识的一系列重大理论问题作出了正确的回答，创立了真正科学的认识论理论。

第一节 认识的本质和特征

一、认识的本质

认识是什么？如何理解认识的本质？这是认识论中的核心问题，也是一切认识论理论都要探讨和回答的问题。然而，围绕着这个问题，认识论中历来都存在着两条根本对立的认识路线，即“从物到感觉和思想”的路线和“从思想和感觉到物”的路线。这两条认识路线的对立和斗争，是哲学上唯物主义和唯心主义两大基本派别的对立和斗争在认识论上的表现。一切唯心主义哲学都主张意识第一性、物质第二性，把物质世界看作是主观或“客观”精神的产物，把认识看作是先于物质、先于实践经验的东西，奉行“从思想和感觉到物”的认识路线。其中，主观唯心主义认为，认识是人的头脑里固有的、主观自生的，人们对世界或“存在”的认识实际上是对自己的感觉和观念的认识，因为“存在就是被感知”，世界不过是“感觉的复合”或“观念的集合”。中国古代哲学家陆九渊、王守仁，西方近代哲学史上的贝克莱、休谟、康德、费希特等，都是这种主观唯心主义认识论的代表人物。客观唯心主义则认为，客观精神是现实世界的创造主，世界上的各种具体事物包括人类本身都只是客观精神的“外化”形式或不真实、不完善的“摹本”，因而人对世界的认识不过是客观精神自己认识自己。古希腊哲学家柏拉图的“回忆说”是这种客观唯心主义认识论的最原始的形式，中国古代的程朱哲学、德国近代的黑格尔哲学也都提出了这样那样的客观唯心主义认识论。无论是主观唯心主义认识论还是客观唯心主义认识论，都是以否认物质世界独立于意识而存在为前提的，都是与科学根本不相容的先验论。在现代西方哲学中，这两种形式的唯心主义先验论仍然在不断地产生和继续存在，但它们通常以各种不同的方式披上了“科学”的外衣，因而往往具有更大的欺骗性。

一切唯物主义哲学都主张物质第一性、意识第二性，坚持“从物到感觉和思想”的认识路线，承认客观世界独立于人的意识而存在，认为认识是客观世界在人脑中的反映。反映论是唯物主义的基本原则贯彻于认识论的必然的理论结论。而作为一切唯物主义认识论的共同的基本原则，反映论主要包括以下两个基本观点:第一，认识是关于客观世界的主观映象。这是唯物主义反映论区别于唯心主义先验论的根本之点。列宁曾经指出:所谓唯物主义反映论，就是主张“思想反映对象的理论……物存在于我们之外。我们的知觉和表象是物的映象。”①在唯物主义反映论看来，人的认识与客观世界的关系，是一种反映与被反映或映象与原型的关系，没有客观世界及其事物，就不会有人的认识。同时，既然认识只是客观世界在人脑中的反映，是人关于客观世界的主观映象，它必然要受到人的生理状况和精神状况的制约，因而不同的人或同一个人在不同的条件下对同一对象的认识常常是有差异的。尽管唯物主义反映论有着多种不同的历史形态，但它们都承认认识的客观来源，都肯定认识是关于客观世界的主观映象。第二，认识能够提供客观世界的正确映象。这是唯物主义反映论区别于不可知论的根本之点。不可知论是一种怀疑世界的客观存在和人类正确认识世界的能力、否定科学认识的客观可靠性的哲学观点，它是唯心主义认识论的一个变种。与不可知论的观点相反，唯物主义反映论不仅承认外部世界的客观存在和人的认识是对客观世界的反映，而且还承认反映与反映对象之间的符合，承认人的认识可以提供客观世界的正确映象。在唯物主义反映论看来，世界的可知性是为人类实践和科学认识的发展早已证明了的客观事实，不可知论怀疑人类的认识能力、否定科学认识的可靠性是根本错误的。

反映论是一切唯物主义认识论的共同的基本原则，但在唯物主义反映论内部又有着不同的情况。马克思主义哲学产生以前的旧唯物主义认识论虽然坚持了反映论的立场，但它们的反映概念却有着重大的理论缺陷。旧唯物主义认识论只是从生物学的意义上去理解人的认识，把人对对象的反映看作是如同动物的感觉和心理活动一样，只是一种消极地接受对象的刺激并被动地作出反应的过程。在他们那里，人的认识反映活动与照镜子的活动基本上没有什么区别。旧唯物主义的这种直观的、消极的、被动的反映论既不懂得认识活动的社会性和能动性，也不懂得认识过程中的复杂矛盾。究其原因，就在于旧唯物主义没有实践的观点和辩证的观点，离开实践来孤立地考察认识问题，不能把辩证法应用于分析认识的过程和发展。马克思曾说:“从前的一切唯物主义(包括费尔巴哈的唯物主义)的主要缺点是:对对象、现实、感性，只是从客体的或者直观的形式去理解，而不是把它们当做感性的人的活动，当做实践去理解，不是从主体方面去理解。”②列宁也指出:“形而上学的唯物主义的根本缺陷就是不能把辩证法应用于反映论，应用于认识的过程和发展。”③这些都是对于旧唯物主义反映论的缺陷的深刻分析。

马克思主义认识论首先坚持了唯物主义反映论的基本原则，坚决反对各种形式的唯心主

① 《列宁全集》第18卷，人民出版社1988年版，第108页。

② 《马克思恩格斯选集》第1卷，人民出版社，1995年版，第54页。

③ 《列宁选集》第2卷，人民出版社1995年版，第559－560页。

义先验论和不可知论。但是，马克思主义认识论又不是一般形式的反映论，而是能动的反映论，它与旧唯物主义反映论有着原则的区别。这种原则区别集中表现在两个方面：第一，马克思主义认识论运用实践的观点来考察人的认识，说明了人对世界的反映的社会性和能动性。马克思主义认识论认为，人与世界的关系首先是一种改造与被改造的关系，在此基础上才产生了他们之间的反映与被反映的关系，就是说，人是在自觉地、主动地改造世界的过程中反映世界的，人对世界的反映能力也是随着实践的发展而历史地变化、发展着的。这就克服了旧唯物主义认识论对反映的直观化、生物学化的理解。第二，马克思主义认识论运用辩证的观点来考察人的认识，说明了人对世界的反映的辩证性。在马克思主义认识论看来，人对客观世界及其事物的反映决不是像照镜子那样一次完成的，而是一个充满复杂矛盾的辩证运动过程，是一个由浅入深、由片面到更多的方面的无限发展过程。这就克服了旧唯物主义认识论对反映过程的简单化、机械化的理解。

马克思主义认识论认为，认识是人对世界的能动反映，这种能动的反映具有两个方面的特点：

首先，反映具有模写性。所谓反映的模写性，是指人的认识作为对客观事物的反映，必然要以客观事物为原型，它总是力图在思维中再现客观事物的状态、属性、关系、本质和规律，并由此实现对客观事物的观念重建或再造。反映的模写性意味着人的认识要受到作为认识对象的客观事物的规定，认识的内容就是客观事物的状态、属性、关系、本质和规律，因此，反映的模写性决定了反映的客观性。

其次，反映具有创造性。虽然反映必然具有模写性，但这种模写决不是对对象的直观描摹或照镜子式的原物映现。如果把人对对象的反映过程看作是一种信息活动过程，那么，在反映过程中，不仅有人对对象信息的接受，而且还有人对对象信息的分析、选择、运算、重组、整合和建构。正因为如此，所以人不仅能够反映事物的现象，而且还能反映事物的内在本质和规律；不仅能够反映事物的现在，而且还能反映事物的过去和未来；不仅能够反映现实中的事物，而且还能反映现实中并不存在、按照客观世界的自发发展过程永远也不会出现的事物。所有这些都说明，反映具有创造性的特点。创造性从根本上是把人的反映与动物的感觉和心理活动区别开来，它是反映的能动性的基本标志。

总之，在马克思主义认识论看来，人对客观世界及其事物的能动反映是模写性与创造性的统一。看不到反映的模写性，就会陷入否定认识客观性的唯心主义；如果把反映完全等同于模写，忽视反映的创造性，又会重复旧唯物主义直观反映论的错误。

二、实践在认识中的基础地位

列宁曾说："生活、实践的观点，应该是认识论的首要的和基本的观点。"①实践的观点之所以应该是认识论的首先的和基本的观点，就在于实践是认识的基础，它对人的认识活动及其发生和发展起着决定性的作用。实践在认识中的基础地位，主要表现在以下几个方面：

第一，实践产生了认识的需要。

实践是人们有目的地改造和探索客观世界的物质活动，它总是在一定的认识的指导下进行的。人们要改造世界就必须先认识世界，认识就是适应实践的需要而产生的。世界上的事

① 《列宁选集》第2卷，人民出版社1995年版，第103页。

物无限多样，但并不是任何事物都同时或同等重要地进入到人的认识活动领域中来，其中，哪些事物能够成为人们关注和认识的对象，是由实践活动的需要决定的。

人类的认识活动总是为各个时代社会实践的特定需要服务的，科学研究的任务也总是围绕着社会实践的需要这个中心来确定的。在古代，为了适应游牧民族和农业民族确定季节、了解气候以及后来航海的需要，产生了天文学；为了适应丈量土地、衡量容积和其他计算上的需要，产生了数学；为了适应建筑工程、手工业以及战争的需要，产生了力学；天文学和力学的发展，又促进了数学的发展。近代资本主义生产的发展，产生了对新动力的需要，在这种需要的推动下，出现了蒸汽机。对蒸汽机的研究和改造，又进一步推动了动力学、热力学和机械学的发展。现代科学虽然具有较大的相对独立性，它的某些研究课题并不直接源自实践的需要，但即使是对于这样的研究课题，人们仍然十分重视所取得的成果的实际意义。至于人们最关心的多数研究课题，主要地还是由社会实践的需要所决定的。由此可见，社会实践的需要始终是人类认识发展的强大动力。正如恩格斯所说："社会一旦有技术上的需要，这种需要就会比十所大学更能把科学推向前进。"①

第二，实践为认识提供了可能。

人类实践活动提出的问题归根到底只能依靠和通过实践来解决。实践不仅产生了认识的需要，而且通过创造出必要的物质条件，它还为人的认识及其发展提供了可能。

物质生产是人类实践的最基本的表现形式，也是人类认识最重要的基础。对于人类的科学认识来说，生产实践不是只发考题的主考官，它既提问，又给解决问题提供物质保障，包括提供经验资料和科学研究所需要的实验仪器和设备。恩格斯指出，近代工业的巨大发展，"不但提供了大量可供观察的材料，而且自身也提供了和以往完全不同的实验手段，并使新的工具的设计成为可能。可以说，真正有系统的实验科学这时才成为可能"②。经验资料的提供，使人的认识有可供加工的材料，而且，经验资料越丰富，人们获取具有系统性和普遍性的认识的可能性也就越大。实验手段的应用，则大大地提高了人的认识能力，使人的认识有可能突破人体自然感官的局限，向物质世界的无限领域拓展。在现代，人类的科学认识已深入到宇宙的深处和基本粒子的内部，现代科学研究具有高难度和高精度的特点。没有现代工业所提供的各种强大的物质手段和物质工具，如电子计算机、高能加速器、太空探测仪等等，要从事现代科学研究是根本不可想像的。

第三，实践是认识的来源。

实践不仅为认识提供了可能，而且还通过实际地作用于对象，使人的认识不断地由可能转化为现实。这包括两个方面的意思：①人们只有通过实践实际地改造和变革对象，才能使对象诸多隐匿的方面呈现出来，才能使对象的真实状态、属性、关系、本质和规律得到充分的暴露；②人们也只有通过实践使自己的感觉器官直接地同对象相接触，才能使对象的各种现象反映到头脑中来，形成一定的感觉经验。人的一切认识都是从直接经验开始的，而直接经验则是人们亲身实践的产物。不进行改造和变革对象的实践活动，没有直接经验，人的认识就无从开始，也就根本不可能有认识。当然，这并不是说每一个具体的人或每一代人的认识都必须从自己的直接经验开始。事实上，特定历史阶段上人们的知识大部分来自间接经验，

① 《马克思恩格斯选集》第4卷，人民出版社1995年版，第732页。

② 《马克思恩格斯选集》第4卷，人民出版社1995年版，第280页。

即来自书本知识或社会教育。那种贬低书本知识、轻视教育工作、拒绝向前人和他人学习的做法，是非常愚蠢的。但是，必须明确的是，对人的认识来说，间接经验只是“流”而不是“源”，对我们来说是间接经验的东西在前人和他人那里则是直接经验。因此，从总体上看，一切知识都是从直接经验发源的。正是在这个意义上，我们说实践是认识的惟一来源。

第四，实践是检验认识的真理性的惟一标准。

人们认识世界是为了改造世界，而人们要有效地改造世界，就必须使自己的认识符合客观实际、具有真理性。要检验和判定某种认识是否符合实际，亦即是否具有真理性，需要有一个客观的标准，这个标准也只能是实践。这是实践在认识中的基础地位的又一重要表现。

总之，人的认识从实践产生，为实践服务，随实践发展，并受实践检验。认识依赖于实践，离开实践的认识是根本不可能的。

中国哲学史上的知行之辩，重点是讨论道德意识和道德践履的关系问题，但也具有一般认识论的意义，即对认识（知识、理论）和实践的关系这一认识论的中心问题进行了多方面的探讨。从孔夫子到孙中山，中国历代的哲学家都十分重视知行问题，在总结人类认识发展规律时提出了许多深刻的思想，尤其是发展了重行的知行统一观，与辩证唯物主义以科学的社会实践为特征的知行统一观是内在相通的。例如，中国古代一些具有唯物主义倾向的哲学家，大都肯定行先于知，主张由行而致知，在一定意义上也可以说是看到了实践是认识的基础和源泉。另一方面，他们也在一定程度上肯定了知对行的指导作用，阐述了知之明也、因知进行的思想，提出了要“注重实效，以行证知”、“以行验知”的观点，这也可以说是主张以客观事实、经验和实践作为检验认识真理性的标准。同时，他们还提出了“知行并进，相资为用”的思想，这是中国哲学对知与行、理论与实践的具体的历史的统一的一种独特的表述，等等。中国哲学中的这一部分内容特别值得重视，应加以总结、继承和发展。

三、认识的基本结构

人的认识活动是一种高度有目的地组织起来的复杂系统，这一系统有着自身的特定结构。所谓认识的结构，是指认识系统诸要素相互联系、相互作用中形成的比较稳定的结合方式。具体来说，认识系统由以下三个基本要素构成。

（一）认识主体

认识主体是在认识活动中居于主导地位并具有自主性和创造性等特点和功能的一方，它是认识系统中的首要因素，对认识系统的形成及其诸要素的结合方式起着决定作用。认识主体必定是人，但并不能抽象地说人就是认识主体。只有具备一定认识能力并从事一定认识活动的人，才是现实的认识主体。

作为认识主体的人，是从物质自然界分化发展而来的并仍然属于自然界的一部分。不仅人的机体组织以及存在于他身上的自然力、生命力和生命过程都属于自然界，而且人的存在和活动依赖于其他的自然物。因此，主体首先是一种“有生命的自然存在物”，具有自然属性。但是，有生命的自然存在只是人作为认识主体的物质前提，并不是它的本质规定。人作为认识主体的存在是一种社会存在，主体的本质规定也只能从人的社会属性和社会关系中获得。人的机体和智力都是在社会性的劳动中形成和发展的，人作为认识主体的力量和能力只能来自社会性的联系即社会实践中人们之间的社会合作，因此，人只有首先成为实践的主体，才能成为具有能动反映能力的认识主体。历史上的旧唯物主义把认识主体仅仅看作是一种有生命的自然存在物，而唯心主义则这样那样地把认识主体归结为某种主观的或客观的精神，都没有能够正确地理解认识主体的本质规定。

认识主体包括个体主体、集体主体和类主体等三种基本形式。个体主体也就是从事认识活动的个人。个人是认识主体的基础和细胞，一切认识活动归根到底都是以个人为主体来进行的。但是，作为认识主体的个人不同于生物学意义上的个体，他们总是在一定的社会关系中进行活动的。由于各种主客观条件的限制，个体主体的认识能力是非常有限的。集体主体是指按照一定的信仰、目的、利益、规范等组织起来的社会共同体，如民族、阶级、政党、科学家集团等等。集体主体是由个体主体构成的，但并不是个体主体的机械拼凑。由于其内部有组织的联系和活动方式的变化，集体主体创造了一种新的认识能力，这种能力可以远远大于个体主体能力的简单叠加。当然，任何时代的集体主体的认识能力也仍然要受到历史条件的限制。类主体是指作为认识主体的全人类，它是无数世代的个体主体和集体主体的总和。就其本性和可能来说，类主体的认识能力是无限的。对于类主体而言，世界上只有尚未认识之物，而根本没有什么不可认识之物。

(二)认识客体

在认识系统中，认识客体是与认识主体相对应的另一基本要素。认识客体是认识活动中处于被动地位的一方，是主体认识活动所指向的对象。认识客体与认识主体是相对而言、相互规定的。某人是认识主体，是因为他认识着特定的事物(客体)；某物是认识客体，则是因为有认识它的人(主体)。当然，人既可以是主体也可以是客体。当某人从事一定的认识活动时，他就处于认识主体的地位；而当他成为他人的认识对象时，他又处于认识客体的地位。

认识客体与客观事物既有区别又有联系。客观事物是指不以人的意志为转移的一切事物，它与客观存在属于同一范畴。当客观事物尚未进入人的认识领域时，它还只是自在的客观实在；只有与认识主体发生一定的关系，它才具有认识客体的意义。客观事物是无限多样的，但在人类认识发展的某一历史阶段上，只有部分客观事物能够进入人的认识领域，成为认识客体。随着人类认识的日益进步，客观事物越来越多地向认识客体转化。而促使客观事物进入人的认识领域并向认识客体转化的根本力量，仍然还是人们的社会实践。因此，正如认识主体首先是实践主体一样，认识客体也必然首先是实践客体。可见，无论是把认识客体与客观事物混为一谈，还是像唯心主义那样把认识客体主观化，认为认识客体不过是人的意识或精神活动的产物，都是根本错误的。

同认识主体一样，认识客体也具有多种形式。概括地说，它主要包括：自然客体、社会客体和思维客体。自然客体是人的认识所及的自然界，亦即自然界的事物中已进入人的认识领域的那一部分。从人类认识发展的历史过程看，周围自然界的事物最早成为人的认识客体。各门自然科学就是研究自然客体的认识部门。社会客体是作为认识对象的人类社会。任何人一生下来都面临着一定的社会关系，都会自觉不自觉地对社会进行认识。人类在对社会客体的认识中，逐渐形成和发展起了各门社会科学。思维客体则是作为认识对象的思维现象。思维是人认识事物时所进行的一种精神活动，但它本身也可以为人所认识、成为人的认识客体。从历史上看，思维活动很早就已成为人们的认识客体。在现代，人类已经有了专门研究思维客体的各门思维科学。

(三)认识工具

认识工具是认识活动中主客体相互作用的中介，是主体借以认识客体的手段、方式和方法的总和，它是认识系统中的又一基本要素。

认识工具可分为物质认识工具和精神认识工具两大类。

物质认识工具是主体从事认识活动的物质手段或物质条件。人是在改造客观世界的实践活动中认识世界的，从这种意义上说，人们在实践活动中所运用的工具特别是各种劳动生产工具同时也就是认识工具。实践活动的工具是最基本的物质认识工具，但同时也是最简单的物质认识工具。随着人类认识的发展，人类逐渐设计和制造了各种专门用来探测事物的状态、属性、关系、本质和规律的物质认识工具，如科学研究的仪器、设备等。20 世纪 40 年代以来，电子计算机的发明和智能机的问世，更是标志着人类的物质认识工具发展到了一个全新的水平。如果说早先的各种物质认识工具还只是人体自然感官的延伸物，那么，电子计算机和智能机则不仅延伸和放大了人体自然感官、可以代替人进行体力劳动，而且更重要的是还放大了人的思维器官，能够代替人的部分脑力劳动。需要指出的是，尽管不同时代的物质认识工具的发展水平是很不一样的，但任何时代的人类认识都离不开一定的物质认识工具。

精神认识工具是以观念形态存在的思维方式，它包括概念、范畴和思维方法两个方面。概念、范畴既是以往人类认识的成果，它们以抽象的形式将人类的经验和知识浓缩起来；同时又是主体进行新的认识活动的思维工具，对认识客体具有概括和统摄作用，主体通过运用它们能够有效地把握客体的本质和规律。思维方法则是主体把握客体的思维规则或思维程序，它实质上属于概念、范畴在思维中运行的程序和联系结合形式。列宁曾说："范畴是区分过程中的梯级，即认识世界的过程中的梯级，是帮助我们认识和掌握自然现象之网的网上纽结。"①人类认识"自然现象之网"的成果是以概念、范畴的形式固定下来的，这些概念、范畴在人脑中按照某种形式联系结合起来则形成了"思维之网"，即一定的思维方式。这种由概念、范畴和思维方法构成的网络性的思维方式，也是任何主体认识客体所必不可少的中介。

总之，认识主体、认识客体和认识工具是认识系统的三个基本构成要素，而认识主体通过一定的认识工具作用于认识客体，就是这三个基本要素的具体结合方式亦即认识结构的具体内容。

四、认识的历史演化

人的认识是一种社会性的活动，它总是在一定的社会关系中进行的，总是特定历史条件下的产物。也正因为如此，人的认识有一个历史演化问题。所谓认识的历史演化，是指认识活动的内容和形式随着社会历史条件的变化而不断演进，以及人类认识的水平随着社会历史的发展而不断提高。

认识的历史演化，突出地表现出人类认识的历史继承性。认识活动赖以进行的社会历史条件，也包括先前人类既已达到的认识水平。一定历史发展阶段上的人类认识，其内容和形式都有两个来源：在内容上，它主要是反映该时代社会实践的需要所规定的特定对象，但这种反映必然要利用历史上已经积累的认识材料；在形式上，它继承了以往既有的认识方式和方法，同时又根据新的内容的要求对其加以改造、补充和发展，并创设出某些新的认识形式。正是这种历史继承性，使得后代人的认识总是比前代人的认识更为深刻和完善。因此，认识的历史演化，总是向着更高的认识水平推移。在认识的历史演化过程中，人类认识不断实现

① 《列宁全集》第 55 卷，人民出版社 1990 年版，第 78 页。

着历史性的进步。

认识的历史演化是一个有规律性的过程。这种规律性，既体现在人类认识发展的内容和形式上，也体现在人类认识发展的速度上。

首先，在内容上，认识的历史演化表现为从宏观向微观和宇观拓展，从既成事物向事物的过去和未来推移。在古代，人类的认识所及仅限于周围世界有限的宏观客体。虽然近代的科学家们陆续发明了光学望远镜和显微镜，但直到19世纪以前，人类认识的范围基本上仍没有超出宏观世界。19世纪末20世纪初的自然科学革命，则使人类认识由宏观世界进入到了微观世界。与此同时，人类认识也在相反的方向上由宏观世界向宇观世界拓展，并由此促进了现代宇宙学的发展。同在空间上人类认识从宏观世界开始，然后向两个相反方向即向微观和宇观世界拓展一样，在时间上，人类认识也是由既成事物开始，尔后向它的过去和未来推移的。古代甚至近代早期的科学，所关注和研究的基本上都是既成事物或事物的当下状态。直到19世纪，人类才开始真正以科学的眼光看待事物的过去，逐渐在不同的领域探讨了事物的起源、发生和演化的历史。在另一个方向上，人类认识也从现在指向了尽可能遥远的未来，不仅各门科学都加强了对未来的研究，而且还出现了一门专门以未来为研究对象的综合性学科——未来学。总之，在认识的历史演化过程中，人类认识是从与人类社会实践关系最为直接的客观世界的中间层次、中间阶段逐渐向不同的方向、方面延伸和扩展的。这种延伸和扩展必然反过来促进人类对客观世界的中间层次和中间阶段的认识，使它更加深刻和精确，从而能够更为有效地指导人类社会实践。

其次，在形式上，认识的历史演化表现为科学进化与科学革命交替进行，科学分化与科学整体化相互转化。科学史的研究表明，科学理论的发展总是在一定历史时期内处于相对稳定的进化状态，而在另一个时期则处于新旧理论更替的剧烈变化状态。进化与革命总是交替往复地进行着。通过这一发展形式，人类的科学认识不断地实现着自身的历史性的进步。而如果说各门科学理论的发展通常表现为进化与革命的交替进行，那么，人类科学认识的整体发展，从宏观上看则是通过不断地分化与整体化来实现的。在人类科学认识发展的各个历史时期，有时科学分化较为显著，有时科学整体化较为突出。但是，每个历史时期的科学发展都同时包括科学分化和科学整体化两个方面，二者在相互促进、相互补充中相互转化，由此涌现出一批又一批的新兴学科。

再次，在速度上，认识的历史演化表现为科学知识的加速度增长。恩格斯曾说："科学发展的速度至少也是和人口增长的速度一样的；人口的增长同前一代人的人数成比例，而科学的发展则同前一代人遗留下的知识量成比例，因此在最普通的情况下，科学也是按几何级数发展的。"①这就是说，人类知识的数量越多，基数越大，起点越高，其增长速度也就越快。恩格斯所总结的认识历史演化过程中科学知识加速度增长的规律，在现当代科学发展中表现得更为充分。英国科学家詹姆斯·马丁的测算表明，人类的科学知识在19世纪是每五十年增加一倍，20世纪中叶是每十年增加一倍，70年代则是每五年增加一倍。目前，有关专家估计大约每二年至三年增加一倍。科学知识加速度增长规律起作用的结果，是知识更新的周期日趋缩短，它标志着人类认识能力的不断提高。

---

① 《马克思恩格斯全集》第1卷，人民出版社1956年版，第621页。

第二节　认识的辩证发展过程

一、认识过程的第一次飞跃

(一)感性认识和理性认识的辩证关系

认识的辩证过程首先是从实践到认识,即在实践基础上形成感性认识,并实现由感性认识到理性认识的飞跃。这是认识过程中的第一次飞跃。

感性认识是认识的初级阶段,这个阶段的认识有两个基本的特点:从认识的主体来说,感性认识离不开人的感觉经验,人们通常所说的经验知识基本上属于感性认识;从认识的客体来说,感性认识属于对事物的现象、事物的各个片面、事物的外部联系的认识,感性认识包括感觉、知觉和表象三种基本的反映形式。感觉是通过人的各种感觉器官对事物的形状、颜色、气味、冷暖、软硬等个别属性和特性的反映,是意识与外部世界的直接联系;知觉是把对于事物的各种感觉综合起来而形成的关于对象的整体形象;表象是大脑对于过去感觉和知觉的回忆和再现。是曾经作用于人的感觉器官的那些客观对象的形象的再现和重组。由感觉到知觉再到表象,即由认识事物的个别属性到认识事物的整体形象,再到对直接的感觉印象的保留和事后的回忆,已经显示出认识由直接到间接、由个别向一般的发展趋势。感性认识以形象性和直接性为特点,以事物的现象为内容,没有揭示出事物的本质和规律。

人的感性认识不同于动物的感觉心理活动,它始终同实践相联系,同人所特有的思想活动相联系。人的感觉和感性认识要受到主体已有的理论观念、思维方式的制约。并且主体的需要、目的、爱好、兴趣、情绪、价值观念无不渗透于感性认识之中并影响着感性认识的形成。尽管感性认识中渗透着主观的因素,但主体必须在感性认识中尽可能地摈除主观随意性的成分,以达到观察的客观性。

理性认识是认识的高级阶段,它是人们借助于抽象的思维对感性认识进行加工、整理、概括而形成的关于事物的本质、事物的全体和事物的内部联系的认识。理性认识的基本形式是概念、判断和推理。理性认识的形成过程就是主体运用抽象的思维形成概念、判断和推理的过程,以及进一步形成概念的逻辑体系即理论体系的过程。概念是对同类事物的共性和本质属性的概括,它是最基本的思维形式;判断是对事物之间的联系和关系的反映,是对事物是什么或不是什么、是否具有某种属性等的判明或断定,在形式上表现为概念与概念之间的联系或关系;推理是由已知判断推论出未知判断,由前提推论出结论的思维形式,在形式上表现为判断与判断之间的联系。理性认识以事物的本质和规律为内容,以抽象性和间接性为特点。特别要注意的是,通过抽象,一方面,理性认识的内容更加普遍化、深刻化、规范化,使认识更加接近客体的本质,另一方面,又有脱离客体本身的危险。

感性认识和理性认识是认识过程中的两个不同阶段,同时,又是相互联系的两种认识形式,两者是在实践基础上辩证统一的。

首先,感性认识是理性认识的基础,理性认识依赖于感性认识。人们只有积累了十分丰富的、合乎实际的感性材料,才能进行科学的抽象,使感性认识上升为理性认识。离开感性认识,理性认识就成了无源之水,无本之木。坚持感性认识是理性认识的基础,就在认识论上坚持了唯物论。

其次，感性认识有待于发展为理性认识。感性认识所反映的只是事物的现象和外部联系，人类认识的真正任务是透过现象深入本质，获得关于事物的规律性的认识，预见事物的发展趋势，指导人们的实践活动。为此，必须使感性认识上升为理性认识。坚持这一点就在认识论上坚持了辩证法。

再次，感性认识和理性认识是相互渗透的。在人的具体认识中。感性认识和理性认识总是相互渗透、交织在一起的。既没有纯粹的感性认识，也没有纯粹的理性认识。一方面，感性认识中有理性认识的因素。主体在进行实践活动获取感性认识时，大脑并不是一片空白，而是受已有的理性认识的支配和指导的。毛泽东曾说:“我们的实践证明:感觉到了的东西，我们不能立刻理解它，只有理解了的东西才更深刻地感觉它。”①人的理性认识的状态制约着感性认识活动，理性参与的程度和范围不同，人的感知能力还会呈现出极大的个体差异;另一方面，理性认识中有感性认识的因素。理性认识不仅来自于感性认识，而且要以语言这种具有一定声响和文字的感性形式来表达。同时，要更深刻地解释和理解理论，往往要借助于感性形象。可见，感性认识和理性认识的区别是相对的，人们不应当也不可能把它们截然分开。

总之，感性认识和理性认识是辩证统一的关系。西方哲学史上曾出现过的“唯理论”和“经验论”之争，将感性认识和理性认识对立起来，各执一端，陷入了片面性。唯理论否认感性认识的重要性，片面夸大理性认识的作用，认为只有理性认识才是可靠的。如，笛卡尔断言，真正可靠的知识不能由感官得到，而只能从清楚明白的公理中推导出来;斯宾诺莎认为，感性是混乱不清的，容易造成错误，只有凭理性的能力，从定义、公理推论出来的认识，才能避免感觉的蒙蔽。经验论则否认理性认识的重要性，片面夸大感性认识的作用，否认感性认识发展到理性认识的必要性。如，马赫认为，凡是不能为经验证实的就是不可信的;现代西方哲学中的唯意志论、生命哲学、弗洛伊德主义、存在主义等，其共同特征就是非理性主义，即否定、排斥理性思维在认识中的作用，把认识完全归结为无意识的直觉活动。实际工作中的教条主义和经验主义在认识论上犯了唯理论和经验论的错误。教条主义者片面夸大书本知识的作用，轻视感性经验，把马克思主义当作僵死的教条生搬硬套，犯了类似唯理论的错误。经验主义者片面夸大感性经验的作用，轻视科学理论，把局部经验当作普遍真理，处理一切问题都超不出狭隘经验的界限，犯了类似经验论的错误。

(二)感性认识向理性认识飞跃的条件

人们在实践的基础上实现从感性认识到理性认识的飞跃，就是使认识从对事物现象的认识上升到对事物的本质的认识。这次飞跃不是轻而易举、一蹴而就的，而是需要一定的条件。

首先，必须在实践的基础上观察大量生动的现象，获取十分丰富的合乎实际的感性材料。这是实现由感性认识上升到理性认识的前提条件。在当代信息量迅速增加的条件下，必须充分运用现代科学技术手段获取信息。但是，现代科学技术手段不能完全代替我们对客观复杂情况的了解，要获得十分丰富的合乎实际的感性材料，必须深人实际，进行认真的调查研究和科学实验。也就是在实践中搜集感性材料。

其次，必须对这些感性材料进行科学的思维加工。把感性材料加工成概念和理论。这是个相当复杂的加工制作过程。毛泽东把这一过程精辟地概括为“去粗取精，去伪存真，由此

---

① 《毛泽东选集》第1卷，人民出版社1991年版，第286页。

及彼，由表及里”十六个字。而要有效地实现这一加工制作过程，就要充分发挥主体的能动作用，运用已有的科学知识去分析、选择和概括感性材料，掌握和运用科学的逻辑思维方法，并注意发挥想像、直觉、灵感、顿悟等非逻辑思维形式和方法的作用。两种方法相互补充，从而把个别现象中蕴含的一般本质揭示和概括出来，促使由感性认识到理性认识的飞跃。

二、认识过程的第二次飞跃

（一）理性认识向实践飞跃的必要性和重要性

从感性认识上升到理性认识，这是认识过程中的第一次飞跃。而一个相对完整的认识过程，还必须实现从理性认识再回到实践的飞跃，这是认识发展过程中的第二次飞跃。

理性认识必须再回到实践中去，这是由认识目的、认识功能和实践本质所决定的。

第一，认识的目的是为了改造世界，满足人的需要。人是为了改造、变革具体对象才去认识它的。因此，只有把在实践基础上获得的感性认识经过加工、改造、制造工作而形成的理性认识成果再回到实践中去指导实践，才能达到改造世界的目的。同时，认识对实践具有导向功能。人们重视理论，就因为它对实践有重大的指导作用，能够提高人们实践的自觉性和预见性，使实践能够实现理论所设定的目标。如果有了正确的理论，只是空谈一阵，而不付诸实践，这种理论再好也是没有意义的。

第二，理性认识向实践的飞跃也是由实践的本质决定的。没有理论指导的实践是盲目的实践，科学技术史表明，科学技术上的重大发现、发明和突破，几乎都是在一定的科学理论的指导下取得的。同时，理性认识只有回到实践中去，才能得到检验和发展。理性认识可能是正确的，也可能是错误的。只有回到实践中去，才能使错误的认识得到纠正，不完全的认识得到补充，正确的认识得到证实，并使其随着实践的发展而不断发展。

总之，无论是认识必须服务于实践，接受实践的检验，还是实践必须接受认识的指导，都说明了认识向实践飞跃的必要性和重要性。

（二）理性认识向实践飞跃的条件和途径

认识过程的第二次飞跃包含着理论与实践的矛盾，把理想转化为现实是这次飞跃的基本任务。要完成这一任务，需要一定的条件和途径。

首先，要从实际出发，坚持一般理论与具体实践相结合的原则。理论知识反映客观事物的本质和规律，是一般性的东西。而实践面临的情况总是具体而复杂的。因而，理性认识的成果无法直接应用于实践活动。同时，实践和客观具体事物总是变化发展着的，总是不断出现新情况和新问题。因此，理论要有效地发挥指导实践的作用，必须和实践的具体情况相结合，克服理论知识的抽象性和间接性。

其次，把客观事物存在的尺度同人的需要的尺度结合起来，确立可靠的实践目的。要使理性认识具体化，主体必须以对客观事物的正确认识为根据，结合主体自身的利益和需要，在现实的实践活动之前，在观念中事先建立起关于实践的理想模型，即实践所应达到的理想客体，使实践成为合规律性和合目的性相统一的过程。

再次，理论要能够向实践转化，还必须发现和掌握适当的实践手段和方法。比如，质能关系式的发现，揭示了人类利用能源的远景，但要实际利用这一规律，还必须有能使原子发生聚变或裂变的复杂技术装置。也就是说，理论要付诸现实，还必须制定出既能体现一般理论，又能反映主体需要的可能的实践方案。包括实践计划、措施、步骤、方式方法等，把实践的合规律性、合目的性与现实的可行性有机结合起来。

最后，理论要回到实践中去，还必须为群众所掌握。群众是实践的主体，必须把实践的目的、科学的理论和实践方式用适当的方法教给群众，把实践和群众的利益、需要紧密结合起来。这样，群众才能成为自觉自愿的实践主体，理论也才能转化为改造自然、改造社会的物质力量。

三、认识运动的总规律

(一)认识运动的多次反复和无限发展

由实践到认识，再由认识到实践，构成了一个相对完整的认识辩证运动。但是，人们对一个复杂事物的认识往往不是经过这一次反复就能完成的。人类对客观世界的认识，更是需要在认识活动和实践活动的不断反复过程中，得到不断的深化和具体化。

认识之所以要经过多次反复才能完成，是因为主体对客体的认识受着诸多条件的制约和限制。从认识的客体来看，客观事物是复杂的，事物的各种现象及其本质的暴露有一个过程。当它没有充分暴露的时候，人们不可能一下子就获得对客观事物的完整认识。如果本质为假象所掩盖，还可能发生错觉。只有经过实践和认识的多次反复，才能跟踪事物发展的轨迹，透过各种现象，认识事物的本质和规律。

从认识的主体来看，人对事物的认识要受到具体的实践水平、社会生产发展水平、科学技术发展程度等各种客观条件的限制。同时，还要受到个人的立场、观点、方法、思维能力、工作经验、知识水平等各种主观条件的限制。因此，仅有实践和认识的一次循环是远远不够的。

认识不仅具有反复性，而且具有无限性。人们的认识经过由实践到认识，又由认识到实践的多次反复，如果在实践中达到了预期的目的，可以说对于某一事物的认识运动算是完结了。但是对于过程的推移来说，人们的认识运动并没有终结。这一方面是因为任何事物、任何过程都是不断地向前发展的，人们的认识和实践必须跟着事物的发展过程而不断发展。客观世界及其发展的无限性，决定了认识发展的无限性。另一方面，人们的实践活动是不断发展的，实践范围的不断扩大，必然推动认识不断进入新的领域。

毛泽东对认识运动的辩证过程作了如下的概括："实践、认识、再实践、再认识，这种形式，循环往复以至无穷，而实践和认识之每一循环的内容，都比较地进到了高一级的程度。"①这一概括，深刻地揭示了实践和认识的辩证统一关系，揭示了人类认识运动的基本规律，揭示了人类的认识运动辩证发展的全过程。

(二)认识与实践的具体的历史的统一

认识的辩证运动过程，也是主观和客观、认识和实践的矛盾运动过程，是求得主观和客观、认识和实践具体的历史的统一的过程。认识和实践的统一是具体的，是指认识要同一定时间、地点、条件下的客观实践相符合。实践是具体的，在实践中产生的理论也必然是具体的。认识和实践的统一是历史的，是指实践总是发展的，认识要同不断发展变化的实践相符合。认识与实践的具体的历史的统一要求人们，当实践的具体过程已经向前推移的时候，理

---

① 《毛泽东选集》第1卷，人民出版社1991年版，第296～297页。

论就应当随之而转变，否则就会犯思想落后于实际的错误；当实践的具体过程尚未结束，向另一具体过程推移转变的条件还不具备的时候，如果人们硬要强制推移，把将来才能做的事情勉强拿到现在来做，企图超越历史阶段，就会犯冒险主义的错误。毛泽东在总结历史经验的基础上深刻指出："我们的结论是主观和客观、理论和实践、知和行的具体的历史的统一，反对一切离开具体历史的'左'的或右的错误思想。"①

四、非理性因素在认识过程中的作用

(一)认识过程中的理性因素与非理性因素

人的认识过程是十分复杂的，并非只有理性的因素起作用。人作为认识的主体是一个有意志、有情感并有一定的认知能力的统一整体。人的任何心理意识的因素都会参与到认识活动中，对认识的形成和发展发生作用。因此，深入到认识活动的内在机制，正确认识人的非理性因素对认识活动的影响，是当代认识论研究的一项重要任务。

"非理性"是相对于"理性"而言的。"理性"这个范畴的内涵有狭义和广义之分，狭义的理性仅指概念、判断、推理等抽象的逻辑思维形式。广义的理性是指认识辩证运动过程中的感性反映形式和理性反映形式。"非理性"与广义的理性相对应。

"非理性"也有广义和狭义之分。狭义地说，在人的知、情、意三大意识要素中。"知"属于人的理性因素。而"情"和"意"即情感和意志，包括动机、欲望、信念、信仰、习惯、本能等等，总体上属于人的非理性因素。因为这些精神要素一般不属于人的认识能力，而是作为一种精神力量渗透到主体的认识活动中，并对其发生影响。广义地说，"非理性"还包括人的认识过程中不能被逻辑思维所包含的主体心理形式，如幻想、想像、猜测、顿悟、直觉、灵感等等。这一类虽属人的认识能力，但与逻辑的、自觉的理性思维相比，具有不自觉、非逻辑等特点。

在认识上区分理性与非理性，绝不意味着在实际的认识辩证运动过程中存在着纯粹的理性因素或纯粹的非理性因素。事实上，在人们的实际认识活动中，理性因素与非理性因素是相互渗透、彼此交织的。认识的辩证运动过程总是理性因素与非理性因素协同地发挥作用的过程。

(二)非理性因素在认识过程中的作用

情感、意志、欲望和需要等非理性因素虽不属于人的认识能力，但对人的认识活动的发动与停止、对主体认识能力的发挥与抑制起着重要的控制和调节的作用。

人的认识活动总有情绪情感的因素贯穿其中。情感是人对其活动对象的态度的体验，它以喜、怒、哀、乐等体验形式体现着对象能否满足人的某种需要。一般来说，凡是能够满足人的某种需要的对象，能引起积极的或肯定的情感体验，否则便导致消极的或否定的情感体验的出现。积极的情感给认识活动注入了活力和动力，它能够激发人的认识潜能，加速认识的进程。人的求知欲、兴趣、好奇心，都同人的情绪情感有密切的关系。反之，当人对某种认识活动缺少热情和情感时，人的认识能力就受到抑制，认识进程就受到影响。

认识活动总是在一定的意志因素的驱动下进行和完成的。意志是自觉地确定目的，根据目的支配、调节自己的行动，克服困难，实现预定目的的心理过程。意志同情感一样，对人的

---

① 《毛泽东选集》第1卷，人民出版社1991年版，第296页。

认识活动也起着激发和调控作用。而且，越是艰苦、困难、复杂的活动，越需要坚定的意志能力。“在科学上没有平坦的大道，只有不畏劳苦沿着陡峭山路攀登的人，才有希望达到光辉的顶点”。① 人类的认识活动没有坚定的意志是无法完成的。

认识活动的开展和认识水平的提高，也离不开幻想、想像、直觉和灵感等非逻辑思维的作用。在认识过程中，逻辑思维方法的运用是十分重要的，但往往有这样的情况，人们不是掌握了全部事实材料再进行逻辑推理，而是凭借少量事实的启发，通过创造性的联想。运用大胆的想像和幻想，实现了对某些复杂事物的认识。而想像又往往伴随着直觉和灵感，使人们的认识超越一般的认识秩序，一下子抓住事物或问题的根本。阿基米德发现浮力定律，牛顿发现万有引力定律，凯库勒发现苯分子结构，都是极好的例证。所以，爱因斯坦认为“想像力比知识更重要”。因为知识是有限的，而想像力是“知识进化的源泉”。这种通过创造思维实现认识突变的方法，已成为现代科学认识形成和发展的重要特点。

当然，想像、直觉、灵感、顿悟等非逻辑的思维活动不能离开概念、判断、推理等逻辑思维活动而单独进行，它必须以一定的逻辑思维活动为基础，并对问题的解决已积累了大量的信息，而在某一时刻，以某种偶然事件为契机，认识者豁然开朗。一下子找到了问题的答案。可以说，逻辑思维的循序渐进的过程与非逻辑思维的跳跃上升的过程相互作用、相互补充，共同促进人的认识由感性向理性、由现象向本质的飞跃。

第三节 认识的真理性及其检验标准

认识产生、发展的过程，就是在实践基础上不断发现真理、检验真理和发展真理的过程。

一、真理与谬误

(一)真理及其基本特征

真理是人们对客观事物及其规律的正确反映。真理是一种认识，不是客观事物及其规律本身，而是对它们的正确反映。所以说，真理的内容是客观的，形式是主观的，真理是标志主观同客观相符合的哲学范畴。

真理具有客观性，因而称之为“客观真理”。它有两个方面的含义:①真理的内容是客观的，凡是真理都有不依赖于意识而存在的客观对象。②检验真理的标准——社会实践也是客观的。真理的客观性是真理的最基本的属性。唯物主义反映论从物质第一性、意识第二性这个基本前提出发，必然坚持真理的客观性。列宁讲过:“认为我们的感觉是外部世界的映象;承认客观真理;坚持唯物主义认识论的观点——这都是一回事。”②

承认真理的客观性，就要坚持真理一元论，反对“真理多元论”。在阶级社会中，尽管由于人们的阶级立场、观点和方法不同，观察同一对象得出的结论不同。但是，真理内容的客观性表明，在一定时间、地点和条件下，对同一事物的真理性认识只有一个。真理既不因人而异，也不因阶级而异，在真理面前人人平等。当然，在阶级社会中，人们对真理的认识和

---

① 《马克思恩格斯全集》第 23 卷，人民出版社 1972 年版，第 26 页。

② 《列宁选集》第 2 卷，人民出版社 1995 年版，第 89 – 90 页。

运用，在不同程度上要受到阶级利益的制约和影响。自然科学真理，一般不涉及各个阶级的利益，而社会科学真理则往往直接或间接地涉及到各个阶级的利益，因而不同阶级对此抱有不同的态度。一般来说，顺应历史发展潮流，同社会发展方向相一致的进步阶级，其阶级性同真理的客观性可以达到基本一致，反之，则会歪曲和颠倒真理。我们所说的真理没有阶级性是指真理不能因阶级而异，而不是指真理的内容不涉及阶级的利益，也不是指不同阶级对真理的不同态度，我们要把这些问题区别开来。

同唯物主义相反，唯心主义坚持意识第一性、物质第二性的认识路线，因而否认真理的客观性，坚持主观真理论。主观真理论最典型的代表是实用主义真理观，其基本观点是"有用即真理"。美国的詹姆士认为，真理是人们为了适合自己的利益，实现自己的目的创造的，如果一种观念或理论能使人们取得满意的效果，对人们有用，那它就是真理。他说："你可以说，'它是有用的，因为它是真的'；也可以说'它是真的，因为它是有用的'。"中国的胡适认为，真理是"人造出来供人用的"，正"因为它大有用处"，所以才叫它"真理"。真理是"人的一种工具"，如同粉笔、黑板、茶壶等物品一样，"都是我们的工具"。这种实用主义的真理观是极其错误的：①它取消了判断真理的客观标准，用"有用""无用"这一主观标准代替实践标准，必然导致"公说公有理，婆说婆有理"，真理因人而异的混乱局面。②抹杀了真理和谬误的界限。真理是有用的，因为它正确地反映了事物的本质及其规律，对人们认识世界、改造世界有积极作用，但不能说有用就是真理，在现实生活中，一些谎言、谬论、诡辩、欺骗、宗教迷信等都能产生相应效果，对一些人、一些阶级大有用处，如果把这些东西当作真理，势必造成颠倒黑白、混淆是非的荒谬结论。③其实质就是宣扬主观唯心主义。

（二）真理和谬误的关系

真理和谬误是对立统一关系。在认识过程中，既有真理，也有谬误。真理是人们对客观事物及其规律的正确反映，谬误是对客观事物及其规律歪曲的反映。真理和谬误是两种完全相反的认识，在一定范围内，两者的对立是绝对的，不能混淆。真理和谬误又是统一的，这种统一表现在：

1. 真理和谬误相比较而存在，相斗争而发展。没有真理，就无所谓谬误；没有谬误，也无所谓真理。同时，真理在发展过程中，总是伴随着这样或那样的错误，正确路线是在同错误路线斗争中发展的，各种不同认识、理论、意见的争论，可以从不同侧面把事物的特征和本质揭示出来，使错误的认识相形见绌，正确的认识更加完善，从而使人们不断获得真理性认识。

2. 真理和谬误在一定条件下相互转化。真理可以转化为谬误，谬误也可以转化为真理。真理向谬误的转化主要表现在：①真理是具体的，任何真理都有它的适用条件和范围，如果超出这个条件和范围，"只要再多走一小步，看来像是朝同一方向多走了一小步，真理就会变成错误。"[①]②真理是全面的，是一个完整的科学体系，如果把对客观对象某一侧面的反映，当作对全体的完整的反映，或者把其中某一原理孤立地抽取出来，割裂它同其他原理的内在联系，真理就会转化为谬误。③真理是一个过程，真理性的认识体现了主观和客观、认识和实践具体的历史的统一，如果人们的认识落后于或超越于社会历史的发展阶段，真理也会变成谬误。

---

① 《列宁选集》第4卷，人民出版社1995年版，第211页。

谬误也可能转化为真理，其主要表现是：①真理是具体的，谬误同样是具体的。既然超出一定的条件或范围，真理就转化为谬误，那么只要回到原来它所适用的条件和范围内时，谬误又会变为真理。②从人们的认识过程看，谬误往往是正确的先导，失败常常是成功之母。③人们常常在批判谬误的过程中获得真理和发展真理，这也是谬误向真理转化的一种特殊形式。错误的东西往往从反面给人以启迪，从而加深和完善我们的真理性认识。同时，错误的东西可以当作反面教员，即使是敌对阶级的谬误，我们也应该认真研究，不可忽视反面教员的作用。

真理和谬误统一在人们的认识过程中，生长在人类认识之树上，我们应该坚持真理，修正谬误。

(三)真理与价值的关系

真理具有价值性。人类的认识活动是为了探索真理、追求真理。但是，达到真理性的认识并不是人类活动的最终目的。认识世界是为了改造世界，改造世界是为了满足人们的需要，创造价值，实现价值。在实践和认识活动中，追求真理和创造价值是人类活动的两个基本内容。人和动物不同，“动物只是按照它所属的那个种的尺度和需要来建造，而人却懂得按照任何一个种的尺度来进行生产，并且懂得怎样处处都把内在的尺度运用到对象上去。”① 人之所以高于动物，是因为人能够认识对象的本性和规律，同时又能认识、掌握自身的本性和规律，也就是能够掌握这两个尺度，并在行动中把二者自觉地结合起来。客体尺度和主体尺度在人的活动中表现为真理和价值两大原则。这是人类活动必须遵循的普遍规范和一般准则。

价值是反映客体与主体需要之间关系的范畴，即客体以它自身属性满足主体需要或主体需要被客体满足的效益关系。一个事物如果能满足主体的一定需要，就可以认为是有价值的，否则就是无价值的。某种事物价值的大小，根据其满足主体的需要程度而定。

真理与价值是对立统一的关系。它们的对立主要表现在：①真理原则要求遵循“物的尺度”，即客体尺度进行活动，而价值原则却要求遵循“人的尺度”，即主体尺度进行活动。②真理原则主要体现人的活动中的条件制约性，而价值原则主要体现人的活动中的目的性。③真理原则遵循社会历史活动中的统一性，而价值原则却遵循社会历史活动中的多样性。

真理与价值不仅相互对立，而且相互统一，主要表现在：①真理和价值相互渗透。一方面真理中包含着价值的因素，真理总是沿着实践的需要方向去揭示事物的本质；另一方面价值中也包含着真理的因素，因为人们活动的成功、价值的实现都包含着对真理的认识和运用。②真理和价值相互贯通。二者在人们的活动中互为前提、相互引导、相互适用。③真理和价值在实践基础上是具体的历史的统一，合规律性和合目的性的统一，物的尺度和人的尺度的统一。

真理和价值的统一，是马克思主义哲学的一条基本原则。根据这一原则，要求我们在理论上坚持马克思主义科学性与革命性的统一，在实践上做到坚持真理和捍卫人民利益的统一。真理和价值统一的根据就在人类的实践活动之中。作为同一人类活动的两个方面，真理原则和价值原则不是相互排斥，而是相互补充的。只有把二者有机地结合起来，人类才能合理、有效地进行各种活动；如果只强调一方，而忽视另一方，就会使人的活动偏离或失去正确的轨道。尽管人们的每项具体活动并不一定能够实现真理与价值的完美结合，特别在阶级社

---

① 《马克思恩格斯全集》第42卷，人民出版社1979年版，第97页。

会中，真理与价值的背离更是时常发生，但是，人类必然需要也能够通过一定的自我调节来解决真理与价值的冲突，使之以某种方式达到一定程度的统一。每当价值选择与真理原则发生冲突时，就需要主体调节自己的活动，一般说来，这种调节总是要使价值服从真理，使需要服从可能，使暂时服从长远，使局部服从全局。人们是在实践中通过真理与价值的相互引导、相互结合、相互过渡来实现真理和价值具体的历史的统一。

二、真理的绝对性和相对性

真理是客观的，这是真理问题上的唯物论；同时，真理既有绝对性，又有相对性，即绝对真理与相对真理的统一，这是真理问题上的辩证法。

（一）真理的绝对性

真理的绝对性，或绝对真理，是指人们对客观事物及其规律认识的确定性和无条件性，有两个方面的含义：

1. 从真理的内容看，任何真理都包含着不依赖于人和人类的客观内容，都是对客观世界的正确反映，在它所反映的限度和范围内都永远不可能被推翻，这一点是绝对的，无条件的。在这个意义上，承认了客观真理，也就承认了绝对真理。

2. 从人的认识本性和认识任务来看，人类是能够正确认识无限发展着的物质世界及其规律的。虽然人的认识不可能穷尽世界，但认识每前进一步，都是对无限发展的物质世界的接近。世界上只有尚未认识的事物，没有完全不能认识的事物。今天没有认识的，明天会认识。这一点是无条件的，绝对的。从这个意义上讲，承认人类能够获得无限发展的物质世界的正确认识，也就承认了绝对真理。

（二）真理的相对性

真理的相对性，或相对真理，是指人们对客观事物及其规律的认识的不确定性和有条件性，也有两个方面的含义：

1. 从认识的广度来看，任何真理都是对无限发展着的客观事物的一个部分、一个片断的正确反映，认识有待于扩展。人类已达到的认识总是有限的，世界上还有很多事物我们没有认识。所以，只要承认世界上有尚未被认识的东西，我们的认识有待扩展，也就承认了相对真理。

2. 从认识的深度来看，任何真理都是对客观事物一定程度、一定层次的正确反映，认识有待于深化。所以，人们达到真理性的认识也是有限的、近似的。只要承认我们的认识尚未穷尽认识对象的一切方面和一切特性，承认真理的近似性，人们的认识有待于深化，也就承认了相对真理。

（三）真理绝对性和相对性的辩证关系

真理的绝对性和相对性是任何客观真理都具有的两重属性，它们之间的关系是辩证统一的关系。

1. 任何客观真理本身既是绝对真理，又是相对真理。这就是说，任何一个客观真理本身既有绝对性的一面，又有相对性的一面，是绝对真理和相对真理的统一。说它是绝对真理，是从它正确反映客观事物这一角度而言，任何真理在它所适用的范围内，永远不会被推翻，具有绝对性；说它是相对真理，是从它是一定历史条件下的认识这一角度而言，是在一定条件、一定范围和一定程度上对客观事物及其规律的正确反映，具有相对性。它们是同一真理的两个方面，我们不能把两者截然分开。

2. 绝对真理和相对真理相互联结、相互渗透。一方面，相对之中有绝对，任何相对真理中都包含着绝对真理的成分、颗粒。另一方面，绝对之中有相对，绝对真理是通过相对真理表现出来的，绝对真理寓于相对真理之中，无数相对真理之总和构成绝对真理。由此可见，它们总是"你中有我，我中有你"，相互渗透、相互包含，世界上没有脱离绝对的纯粹的相对真理，也没有脱离相对的纯粹的绝对真理。

3. 相对真理不断向绝对真理转化。真理是一个由相对向绝对转化的过程，它永远处在发展之中，两者之间没有不可逾越的鸿沟。在人类认识的发展过程中，人们达到的每一个真理性的认识，都是在一定条件下获得的，都是相对性真理，随着实践和认识的不断演进而不断得到丰富，不断扩大它的实用范围，使相对真理向绝对真理转化。比如，人们对天体的认识，起初只是凭直觉认识到关于地球、月亮、太阳等少数星体的现象。后来在实践中逐步加深了这种真理性的认识，进一步认识到太阳系的九大行星以及它们之间的关系。之后，人们的认识又扩展到银河系、河外星系、总星系。现在，人们大约可以观测到宇宙的十亿个星系。人们对天体的真理性认识就是这样不断地随着实践的发展而不断深化和拓展着，就像登山运动员一样，每登高一步，就接近顶峰一步。不过与登山不同的是，人们永远不可能到达真理的顶峰。这是因为客观世界的发展是无限的，人们认识的发展也是无限的，人们只能向绝对真理无条件地接近，而永远不会穷尽它。人类认识的历史，充分证明真理的发展是由相对向绝对不断转化的过程。

绝对真理和相对真理的辩证统一，同人的认识能力、思维能力的至上性和非至上性的辩证统一相联系。人类的思维，按其本性、能力和可能性来说，是能够认识无限发展的物质世界的，只有暂时未被认识的事物，没有永远不能认识的事物，这就是思维的至上性，也就是思维的无限性和绝对性。但是，每一个人以至每一代人，由于受到主客观条件的限制，如客观事物的发展过程、生产力水平、科学技术条件、个人的立场、观点、思维方式、知识水平等，他们的思维又是非至上的，也就是有限的和相对的。人的认识能力的至上性与非至上性的统一，由此决定了真理是绝对和相对的统一。

如果割裂了绝对真理与相对真理的辩证关系，就会陷入绝对主义或相对主义真理观。绝对主义真理观片面夸大真理的绝对性，否认其相对性，否认真理是一个辩证发展过程，认为人的认识可以一下子穷尽一切，获得终极真理，从而把人类在一定历史时期形成的真理性认识当作永恒不变的教条，成为禁锢人们思想的枷锁，既阻碍了人们研究新事物、探索新问题，又使人们在认识活动中谨小慎微，不敢越雷池一步。实际工作中的教条主义和经验主义都是绝对主义的表现。教条主义把马克思列宁主义、毛泽东思想的某些原理、观点绝对化，到处乱套，把它当作包治百病的灵丹妙药，否认马克思列宁主义、毛泽东思想要在实践中不断发展；经验主义则把局部经验绝对化，当作普遍适用的指导原则，这两种倾向都曾给中国革命和建设事业带来重大损失。相对主义真理观片面夸大真理的相对性，否认真理的绝对性。它们认为，既然人们的认识都是在一定范围和条件下的认识，旧的理论、公式、概念总要被新的所代替，那么，在同一情况下真理就只能是相对的，并不存在绝对性。因此，相对主义否定真理的客观性，把真理的相对性歪曲为主观随意性，否认有划分真理和谬误的标准，从而陷入唯心主义和诡辩论。绝对主义和相对主义都是形而上学的表现，两者是相反的两个极端，但是两极相通，在一定条件下可以互相转化。

掌握绝对真理和相对真理辩证关系原理，对于我们用科学的态度对待马克思主义具有重要意义。马克思主义是完整的科学体系，是人类认识由相对真理到绝对真理的一个环节和发展阶段，体现着绝对真理与相对真理的统一。作为真理，马克思主义正确地揭示了自然、人类社会和思维发展的普遍规律，社会实践反复证明了它的真理性，因而它具有绝对性的一面。然而，同其他真理一样，马克思主义没有穷尽一切事物及其规律，没有也不可能解决人类认识的一切问题，它要与时俱进，随着客观历史条件的变化和社会实践的发展而不断扩展、深化和完善，因而它又具有相对性的一面。马克思主义既是绝对真理，又是相对真理，这就决定了我们对待它的正确态度：一要坚持，二要发展。在坚持中发展，只有坚持，才能发展；在发展中坚持，只有发展，才能坚持。

三、真理的检验标准

（一）实践是检验认识的惟一标准

马克思主义哲学把科学的实践观引入认识论，彻底批判了唯心论、怀疑论和不可知论，并克服了旧唯物主义的局限性，正确地回答了实践是检验真理的惟一标准。马克思指出：“人的思维是否具有客观的真理性，这不是一个理论的问题，而是一个实践的问题。”①毛泽东在《实践论》中也指出：“判断认识或理论之是否真理，不是依主观上觉得如何而定，而是依客观上社会实践的结果如何而定。真理的标准只能是社会的实践。”②

实践之所以是检验真理的惟一标准，这是由真理的本性和实践的特点决定的。

1. 从真理的本性看，真理是同客观实际相符合的主观认识，所谓检验认识的真理性，就是要判明主观认识是否和客观实际相符合、相一致。要检验一种认识是否符合客观实际，只停留在主观认识范围内是无法解决的，因为真理是一种认识，认识本身不能成为检验自己是否正确的标准。同样，只停留在客观范围内也不行，客观事物本身既不能充当真理，也不会把自己同认识自身的成果联系起来加以对照，所以客观事物本身也不能回答某种认识是否与它相符合。要判明主观认识是否和客观实际相符合，就必须把主观认识和客观实际联系起来加以对照。而能把主观与客观联系起来的，只有人们的社会实践。

2. 从实践的特点看，实践是主观见之于客观的物质性活动，具有直接现实性的品格，是惟一能把主观和客观联系起来的“桥梁”。这就是说，实践是人类有意识、有目的的活动，是在一定思想指导下进行的，实践活动中包含着主观的因素，但它本身又超越了主观认识的范围，是人们在一定思想指导下变革现实的物质活动。实践能够把主观认识变成客观现实，把思想、理论在现实中实现出来，引出一定的客观效果，这样就能够把原来的思想、理论同客观现实相对照，从而直接检验理论与客观事物及其规律是否相符合。一般来说，人们在一定思想指导下的实践活动，如果取得了预期的效果，那么就证明这种认识是正确的；如果得不到预期的效果，就证明这种认识是错误的。正因为如此，实践才是检验真理的惟一标准。

（二）实践标准的绝对性和相对性、确定性和不确定性

实践是检验真理的惟一标准，这是确定无疑的，但是由于实践总是具体的、历史的，因

① 《马克思恩格斯选集》第1卷，人民出版社1995年版，第58页。

② 《毛泽东选集》第1卷，人民出版社1991年版，第284页。

此，人们对实践标准必须做历史的考察和辩证的理解，既要看到它的绝对性、确定性，又要看到它的相对性、不确定性。

所谓实践标准的绝对性，是指实践标准的确定性和无条件性。主要表现在：①从现实的角度讲，实践是检验真理的惟一标准，此外再没有第二个标准。②从发展的角度讲，实践能够最终对一切认识的真理性作出判定，也就是说，随着实践的发展，凡是真理终将被实践所证实，凡是谬误终将被实践所戳穿，这是绝对的、确定无疑的。如果否认了这一点，就会导致唯心主义和不可知论。

所谓实践标准的相对性，是指实践标准的不确定性和有条件性。主要表现在：①从现实角度讲，任何实践都是一定历史条件下的实践，都要受到特定的社会历史的限制或影响，因而它不能完全证实或驳倒现有的一切理论、观点。②从发展的角度讲，认识是发展的，实践本身也是发展的，因而实践对认识的检验也要有一个多次反复的过程，一种认识的真理性，即使已被今天的实践所证实，还会被尔后的更高水平上的实践所否定、修正、补充和完善。如果否认实践标准的相对性、不确定性，就会使人们的思想僵化，导致形而上学。

真理的绝对性和相对性的统一，同实践标准的确定性和不确定性的统一是紧密相关的。历史的局限性使社会实践对认识的检验带有一定的不确定性，历史的发展又使社会实践最终一定可以确定无疑地检验认识的真理性。只有把实践标准的绝对性与相对性结合起来，才能在实践标准问题上坚持唯物论和辩证法的高度统一。

(三)逻辑证明是实践标准的必要补充

坚持实践是检验真理的惟一标准，并不意味着排斥逻辑证明在检验认识过程中的作用。所谓逻辑证明是一种在认识过程中运用正确的概念和判断进行推理，从理论上论证和确定另一新判断是否正确的逻辑方法。逻辑证明是理论思维形式，它可以成为判定认识正确与否的一种手段，是实践标准的必要补充，它的作用主要表现在：

1. 逻辑证明给实践提供理论的指导。实践必须以科学的理论为依据，同时需要正确的逻辑思维指导。每当提出一项计划、方案和设计后，人们常常不是立即付诸实践，而是先进行逻辑证明，进行可行性论证。如果在逻辑证明中不能成立，那就要重新修改计划、方案和设计。逻辑证明在一定范围内对某种认识是否正确起着判定作用。

2. 逻辑证明使实践经验由特殊性提高到普遍性。检验理论的某个实践总是具体的、特殊的，而被实践检验的理论相对是抽象的、普遍的，要从具体的实践中把握它的普遍性，就必须借助逻辑证明进行理论分析，把实践经验由特殊性提高到普遍性，从而辅助实践达到检验真理的目的。

3. 逻辑证明可以证明实践无法直接检验的科学理论的正确性。有些高度抽象的学科，像数学上的某些定理公式、哲学上的普遍性命题，都无法用直接的、有限的社会实践去检验，只有靠严密的逻辑推理，依靠人类全部的认识史(包括科学史)去证明其正确性。

尽管逻辑证明在检验认识过程中具有十分重要的作用，但它毕竟是一种主观的理性思维方式，只是在主观范围内对一种认识的可靠性进行逻辑上的论证。因此，它不能代替实践对认识的检验作用，不能独立地成为论证认识的真理性的标准，这是因为：①逻辑证明也是以实践为基础的。逻辑证明的前提以及它所应用的公理、定理和原理都是从实践中总结出来，并为实践所确证的；逻辑证明所使用的规律、规则和方法也是人类在长期反复的实践中提炼出来的。人类逻辑思维本身就是实践的产物，并为实践反复证明是完全符合实际的。②逻辑证明的结论是否正确，最终要由实践检验。虽然说根据正确的前提和正确的推理方法得出的结论应该是正确的，但由于人们实践水平的限制，往往不能保证推理的前提百分之百是正确的，或者在推理过程中每个环节都不出错误，当然逻辑推理的结论就不一定正确，即H便是正确的结论，也要回到实践中去做进一步的验证，才能最终判断其是否正确。总之，逻辑证明是人们认识真理、论证真理不可缺少的手段，但不能代替实践标准，检验真理的标准只能是实践。

四、马克思主义认识论与党的思想路线

马克思主义认识论是关于人的认识本质、产生和发展规律的科学，它是能动的革命的反映论，是无产阶级的世界观和方法论。它以科学的社会实践为根本特征，认为人的认识是实践、认识、再实践、再认识，循环往复，以至无穷的辩证发展过程。党的思想路线的内容是：一切从实际出发，理论联系实际，实事求是，在实践中检验真理和发展真理。在党的思想路线的体系中，实事求是是核心，所以常把党的思想路线称之为“实事求是的思想路线”；又由于实事求是与解放思想是内在统一的，因而又把党的思想路线称为“解放思想、实事求是的思想路线”。

马克思主义认识论和党的思想路线是辩证统一的关系。马克思主义认识论是党的思想路线的理论基础，党的思想路线是辩证唯物主义认识论在实际工作中的贯彻和具体运用。党的思想路线是在辩证唯物主义认识论的指导下，根据中国革命和建设的具体实际，总结历史经验的基础上逐步形成和完善起来的。辩证唯物主义认识论是党的思想路线的理论基础。所以，在社会主义革命和社会主义建设中，必须自觉地以辩证唯物主义认识论为指导，端正思想路线，才能有效地认识世界和改造世界。如果离开科学的认识论做指导，思想路线就会偏离正确的轨道，就会失去对具体实践的指导作用。党的思想路线是辩证唯物主义在实际工作中的具体运用。所以，把理论运用于实践，既是辩证唯物主义认识论的内在要求，又是革命和建设实践的现实需要。马克思主义哲学是无产阶级和劳动人民认识世界和改造世界的强大思想武器。要使马克思主义哲学及其认识论转化为改造世界的物质力量，必须首先使它转化成为正确的思想路线，党的思想路线正是马克思主义哲学通向革命与建设实践的“中介”和“桥梁”，它体现了唯物论、辩证法和认识论三者的统一。

（一）“一切从实际出发”，体现了唯物主义一元论的基本原则

辩证唯物主义认为，人脑以外的一切客观实际是第一性的，人的意识是主体对客体的反映，是第二性的。反映是以被反映者为前提的，没有被反映者也就没有反映。人们对客观世界的改造只有在认识其客观规律的基础上才能获得成功。而规律是存在于客观实际情况之中的，并不是存在于人脑或想像之中。因此，人们在改造客观世界的实践活动中，必须遵循一切从实际出发的思想原则，而不能从主观想像和愿望出发。把客观存在的实际事物作为我们观察和处理问题的出发点，这是唯物主义一元论在认识过程中的具体体现。

（二）“理论联系实际”，坚持了认识与实践相统一的基本原则

认识与实践的统一是马克思主义最基本的原则，也是辩证唯物主义最基本的观点。脱离理论指导的实践是盲目的，脱离实践的理论又是抽象的、空洞的。所以，理论联系实际不仅包含着从实际出发，而且是从实际出发要求的进一步深化。教条主义对理论生搬硬套，以理

论为模板去“剪裁”客观实际，只能使正确的理论丧失其生命力。客观事物是发展变化的，随着客观事物的发展变化，理论也应该不断向前推移和发展。由此可见，只有理论和实践相统一，才能真正做到一切从实际出发，才能正确地观察和解决问题。主观与客观、理论与实践的具体的历史的统一，不仅是马克思主义认识论的基本原则，也是对中国革命和建设的实践经验的科学概括和总结。

（三）“实事求是”，体现了客观规律性与主观能动性的辩证统一

实事求是就是从实际情况出发，找出客观事物固有的规律性，按客观规律办事。事物及其规律不仅是客观的，而且其运动发展也是有规律的。因此，要认识和掌握客观事物的本质或内在的规律性，就必须从实际出发，充分发挥主观能动性，透过现象，抓住本质，实现从感性认识到理性认识的飞跃。所以，实事求是包含着丰富的哲学思想，它体现着唯物主义和辩证法的高度统一；体现着尊重客观规律和发挥主观能动性的统一；体现着自由和必然的统一。

（四）“在实践中检验真理和发展真理”，坚持了实践是认识基础这一辩证唯物主义认识论的基本原则

实践是认识的来源，是认识发展的动力，是检验真理的惟一标准，是认识的目的。人们是否做到了一切从实际出发，理论联系实际、实事求是，只有通过实践才能最终加以确定，离开了这个客观标准是无法判断的。同时，实践检验的过程，也就是补充和发展真理的过程。否则，人们的思想就会僵化，真理将被窒息。因此，在实践中检验真理和发展真理，同一切从实际出发，理论联系实际、解放思想、实事求是一起，完整鲜明地体现了“实践、认识、再实践、再认识”的马克思主义认识论。

党的思想路线是一个有机整体，它的各个组成部分虽然各有侧重，但它们又相互依赖、相互贯通。其中，“一切从实际出发”可以说是我们观察和处理问题的出发点；“理论联系实际”是马克思主义的一条最基本的原则；“实事求是”集中体现了各个部分的科学精神，是党的思想路线的核心；“在实践中检验真理和发展真理”则揭示和坚持了实践是检验真理的惟一标准，也是我们考察一切工作成功与否的惟一标准。

第四节 辩证思维的基本方法

为了正确和有效地进行理性思维，我们应当把握辩证思维方法。辩证思维方法主要有归纳与演绎、分析与综合、抽象与具体、逻辑与历史的统一等方法。同时，要深刻理解辩证思维的基本方法，我们还需要进一步了解主观辩证法与客观辩证法的关系，以及作为哲学方法的辩证思维方法与科学思维方法的关系。

一、主观辩证法与客观辩证法

在客观世界中，我们可以找到与知识相对应的实体，如原子、分子、商品等，却找不到与方法相对应的实体，如分析、综合、抽象等。但是，我们不能由此认为方法是纯主观的。思维方法本质上是主体化了的客观关系，是人们在把握客观规律基础上，依据自身的需要而形成的思维规则、思维程序。思维方法是有客观原型的，思维方法的原型就是事物之间的客观关

系和客观规律。例如，比较法是对客观事物统一性与多样性关系的反映，有统一性才有“同”，有多样性才有“异”，这才有“异中求同”和“同中求异”的比较法；整体与部分的关系是分析与综合方法的原型；一般与个别的关系则是归纳与演绎方法的原型，等等。

恩格斯指出：“所谓客观辩证法是支配着整个自然界的，而所谓主观辩证法，即辩证的思维，不过是自然界中到处盛行的对立中的运动的反映而已。”①这就是说，客观辩证法与主观辩证法，外部世界(自然和社会)运动的一般规律和人类思维运动的一般规律，是既联系又相区别的，从本质上说，主观辩证法是客观辩证法的反映，主观辩证法是以概念、判断、推理和理论体系诸形式表现出来的思维发展的辩证法。在这个意义上，可以概括地把主观辩证法称为概念辩证法。主观辩证法是在概念辩证法本性的基础上展开的。

概念之所以成为主观辩证法的基础，不仅因为概念凝聚着以往的认识成果，是人类思维史的结晶，而且因为概念是思维的“细胞”，在概念的内在矛盾中包含着判断、推理和理论体系演化的“萌芽”。思维反映和把握客观世界正是通过“概念之网”或“范畴之网”进行的。正如列宁所说：“在人面前是自然现象之网。本能的人，即野蛮人，没有把自己同自然界区分开来。自觉的人则区分开来了，范畴是区分过程中的梯级，即认识世界的过程中的梯级，是帮助我们认识和掌握自然现象之网的网上纽结。”②主观辩证法就是揭示“概念之网”或“范畴之网”如何形成、如何发展的辩证法。

概念运动有着自己的特点，而且在一定意义上是“自己构成自己”，但作为主观辩证法的概念运动本身有其客观内容，是实践所达到的广度和深度的反映。正如列宁所说，人的实践活动必然使人的意识不断重复实践的“格”。换言之，逻辑的“格”本质上不过是实践的“格”在人脑中的内化和升华。逻辑的“格”来自实践的“格”，这是逻辑推理的力量所在。这就是说，思维方法本质上是辩证法所揭示的客观关系和规律在人脑中的内化，辩证法的所有规律和范畴都具有方法论的功能。同时，辩证法若不能成为分析、理解和把握现实的认识方法，就没有存在的价值。辩证法只有同时作为方法论，才不仅具有理论意义，而且具有实践意义。邓小平要求我们“按辩证法办事”，实际上就是要求把辩证法转化为认识论和方法论，转化为辩证思维方法。

二、归纳与演绎和分析与综合

归纳是从个别上升到一般的方法，包括完全归纳法和不完全归纳法两种形式。演绎是由一般性的原则到个别性结论的方法，即依据某类事物共同的一般的属性、关系来推断该类事物中个别事物所具有的属性和关系的方法。归纳与演绎是方向相反的两种思维方法：归纳是由个别或特殊向一般的运动，演绎是由一般到特殊或个别的运动。归纳与演绎又相互依赖、相互补充。一方面，演绎以归纳为基础，作为演绎出发点的公理、定律、假设等，是运用归纳方法得出的结果；另一方面，归纳离不开演绎，归纳是从观察和实验中搜集材料开始的，而搜集材料必须有某种理论原则为指导。

现代科学表明，任何重大的科学发现，都必须同时使用归纳与演绎两种方法。许多重要的自然规律都是先由归纳法揭示出来，而后又通过演绎法加以证明，最后通过实践检验才成

① 《马克思恩格斯全集》，中文1版，第20卷，553页。

② 《列宁全集》，中文2版，第55卷，第78页。

为科学定律的。一般来说，归纳对经验材料的研究有着重要的作用，但一旦进入理论思维时，演绎就起着越来越重要的作用，尤其是在建立理论体系、寻找理论体系的内在逻辑时，演绎就成为主要的思维方法了。

分析是把整体分解为各个部分、方面、要素，然后逐个加以研究的方法，包括定性分析、定量分析、结构分析、功能分析、信息分析、模式分析、流程分析，等等。综合方法是在把整体分解为各个部分、方面、要素的基础上，再把它们组合成一个整体的方法。综合并不是把各个部分、方面、要素机械装配或凑合在一起，而是把对象的各个部分、方面、要素按其内在联系结合成统一的整体，达到“许多规定的综合”和“多样性的统一”，即达到“理性具体”或“思想具体”。这种方法要求“指出历史资料的各个层次的顺序”，①要求把材料的“生命”、意义展现出来，从而使事物的本质得以显现。

分析与综合的关系也是辩证的。分析是综合的基础，而综合是分析的完成，只有把两者结合在一起，才能构成一个完整的、科学的认识。列宁把“分析和综合的结合，——各个部分的分解和所有这些部分的总和、总计”②规定为辩证法的要素，强调的就是分析与综合的辩证关系。

三、抽象与具体

抽象与具体有着多重含义。抽象既是思维成果，又是思维方法。作为思维成果，抽象是指经过分析抽取出来的思维规定，它是客观对象某种因素、关系在思维中的反映；作为思维方法，抽象通常是指在思维中把对象的某种因素、关系抽取出来，而暂时舍弃其他因素、关系的逻辑方法。具体是指多种规定性的综合，具有两重含义：一是“感性具体”，它是感觉多样性的综合，是感官直接感觉到的具体；二是“理性具体”，即思维具体、思想具体，它是在抽象的基础上形成的各种规定性的综合，是具体在思维中深刻的再现。

思维运动走着两条道路：第一条道路是从具体到抽象，即从感性具体达到抽象规定，通过分析把整体分解成各个部分，从中抽取出本质的方面并通过概念固定下来；第二条道路是从抽象上升到具体，即从抽象规定达到思维具体，从抽象上升到具体的主要方法是综合，即把反映了事物本质的规定综合起来，形成关于事物的整体认识、具体认识。此时的具体已不是感性具体，不是“混沌的整体”，而是思维中的理性具体，是对事物内在联系和本质属性的反映。

从抽象到具体的方法是一个以抽象为逻辑起点，通过各种形式的逻辑中介，达到以思维具体为逻辑终点的运行过程。这里，要善于把握做什么样的抽象、抽象到什么程度。一般来说，这一抽象是在认识范围内不需要用事物的其他因素、关系来解释它，而它却能解释事物的其他因素、关系。例如，《资本论》就是以商品——资本主义经济关系的抽象规定作为逻辑起点，以从抽象到具体作为叙述方法的。“在《资本论》中首先分析资产阶级社会（商品社会）里最简单、最普通、最基本、最常见、最平凡、碰到过亿万次的关系：商品交换。这一分析从这个最简单的现象中（从资产阶级社会的这个‘细胞’中）揭示出现代社会的一切矛盾（或一切矛盾的萌芽）。往后的叙述向我们表明这些矛盾和这个社会——在这个社会的各个部分的总和

① 《马克思恩格斯选集》，2版，第1卷，第74页。

② 《列宁选集》，3版，第2卷，第411页。

中、从这个社会的开始到终结——的发展(既是生长又是运动)。”列宁认为，“一般辩证法的阐述(以及研究)方法也应当如此”。① 这就是从抽象开始，通过逻辑中介展开矛盾，从而走向思维具体的方法。

四、逻辑与历史

辩证思维中的历史范畴具有两层含义:一是指客观实在自身的历史，二是指对客观实在认识的历史，如科学史、哲学史，等等。所谓逻辑与历史的一致，是指理论体系的逻辑顺序是客观历史发展顺序和认识发展顺序的反映。

恩格斯指出:“逻辑的方式……无非是历史的方式，不过摆脱了历史的形式以及起扰乱作用的偶然性而已。历史从哪里开始，思想进程也应当从哪里开始，而思想进程的进一步发展不过是历史过程在抽象的、理论上前后一贯的形式上的反映。”②这就是说，逻辑与历史之所以相互一致，是因为历史是逻辑的基础，逻辑是历史在理论上的再现。

逻辑与历史的一致不是机械的一致。具体地说，逻辑是“修正过”的历史，这种“修正”表现为逻辑按历史的规律性来“修正”历史，是撇开偶然抓住必然，撇开细节抓住基本线索，从而在比较“纯粹的形态”中把握历史的内在规律。按历史本身固有的逻辑“修正过”的“历史”，比起未加“修正”的自然主义的历史描述，能更深刻地反映历史的本质。

在运用逻辑与历史相一致的方法时，要从实践出发，从“完全成熟而具有典型形式的发展点上”出发。这是因为，在这种“发展点”上，逻辑与历史都充分展现着，它既是历史发展的充分形式，又是逻辑关系展开的充分形式。所以，马克思研究资本主义生产方式时，选择了当时资本主义生产方式的“典型地点”——英国。

对自然科学来说，逻辑与历史相一致的方法同样是重要的方法。达尔文之所以能对品种繁多的生物物种作出科学的说明，就在于他运用了历史的方法并作出逻辑的说明。现代生物学表明，要真正揭示生命的奥秘，就必须追溯生命的历史，探索生命的起源。对生命的研究如此，对非生命的研究也是如此。实际上，要对任何事物作出科学的说明，都必须运用逻辑与历史相一致的方法。

五、辩证思维方法与科学思维方法的关系

辩证思维方法与科学思维方法有着密切的关系。哲学范畴与科学范畴、哲学思维与科学思维原本就是相互交叉的。科学的一些范畴，如系统、信息、结构、功能、手段、反馈、控制等，随着它们本身意义的确定，也就有了哲学上的意义;反过来，哲学的一些范畴，如物质、运动、时间、空间、矛盾等，也是科学思维中常用的范畴。辩证思维方法与科学思维方法是密切相关、相互促进的。

辩证思维方法是科学思维方法的方法论前提，哲学通过本体论、认识论、逻辑学等参与到科学思维中。只要稍加分析就不难发现，系统方法与普遍联系的观点、控制论方法与内因外因的观点、突变论与量变质变的观点、信息论与相互作用的观点都有着内在的联系。科学思维方法并不是完全自觉运用辩证思维方法结果，但这并不能说明科学思维方法与辩证思维方法

---

① 《列宁选集》，3 版，第 2 卷，第 558 页。

② 《马克思恩格斯选集》，2 版，第 2 卷，第 43 页。

之间没有关系。现代科学的发展表明，科学思维向辩证思维的复归有两条主要道路，即在辩证思维方法指导下自觉进行和由科学发现本身所具有的力量而自发实现。不管是自觉的还是自发的，是在辩证思维方法指导下自觉实现的，还是由科学本身的逻辑自发实现的，现代科学思维方法与辩证思维方法的一致性却是一个基本事实。

现代科学思维方法是一个巨大的方法群，包括控制方法、信息方法、系统方法、结构——功能方法、模型化方法和理想化方法等，这些方法丰富和深化了辩证思维方法。辩证思维方法从普遍联系、永恒发展的角度来揭示事物的关系，侧重于人与世界的整体关系；现代科学思维方法是在确认世界普遍联系和永恒发展的前提下，深入研究世界的某些关系以及人与世界的某一特定关系，如系统方法就是在承认普遍联系的前提下去研究系统的最优解。现代科学思维丰富了辩证法的宏观画面，辩证思维方法应该借鉴、吸收现代科学思维方法，并对之进行概括，使其上升为哲学方法，从而不断地开拓辩证法的“思维空间”。

思考题：

1. 如何理解认识的主体、客体及其相互关系？
2. 如何理解认识发展的辩证过程？
3. 为什么说实践是检验真理的惟一标准？
4. 如何理解马克思主义认识论与党的思想路线的关系？

◆第七章 社会的本质和结构

人类社会是物质世界中最高级、最复杂的一种存在形式。人是社会历史活动的主体，社会历史通过人的实践活动来展现它的生命力。在实践活动中，人不仅需要认识自然界运动变化的规律，而且要认识人类社会的内在本质和发展规律。历史唯物主义作为唯物辩证的历史观，是关于人类社会发展规律的科学理论，它正确地解决了社会意识与社会存在的关系问题。揭示了人类社会发展的客观规律，在总体上把握了人类历史的一般进程，为人们观察与分析历史现象、从事社会实践活动提供了一种科学的历史观。本章主要阐述社会历史观基本问题、社会物质生活条件、社会生活的本质以及社会历史发展基本特征。

第一节　社会历史观及其基本问题

一、社会历史观的基本问题

马克思主义哲学是以整个物质世界为对象的，它研究自然、社会、思维的共同本质、发展规律。在辩证唯物主义研究了自然、社会、思维的共同本质、发展的过程和发展规律以后，为什么还要单独研究社会生活的本质、社会发展的客观过程和一般规律呢？这是因为，虽然人类是自然界的一部分，是从自然界发展而来的，人类和人类社会与自然界有着共同的本质、共同的发展过程和发展规律，但是，人类源于自然而又高于自然，是自然界的特殊的、高度发展的一部分，因此有着区别于自然界的特殊本质、发展过程和发展规律。历史唯物主义以整个人类社会为对象，研究社会生活的本质、社会发展的客观过程和一般规律。

(一)社会历史观的内涵

社会生活是纷繁复杂的，也是不断前进的。但是，人类社会是怎样产生的？人类社会的基本矛盾是什么？人类社会存在的基本形态及其发展的规律是什么？历史发展的必然性和偶然性的关系是怎样的？社会存在与社会意识的关系是怎样的？社会的进步和人类解放的最高理想是什么？等等。这些都是社会历史观所要回答的问题。所谓社会历史观，是指人们对自己生活在其中的社会历史发展以及人与社会关系的总看法和根本观点。它所探讨的是人类社会产生和发展过程中带有普遍性的和必须遵循的规律问题。

马克思主义哲学产生以前，在社会历史观上一直是唯心主义历史观占统治地位，因此从哲学上讲对于社会历史问题一直没有得到过正确解决。马克思创立的历史唯物主义学说，宣告了唯心主义历史观的破产，摧毁了唯心主义与形而上学的最后避难所，揭示了人类社会的发展是一个自然历史过程。也揭示了人民群众创造历史的伟大作用，从而在社会实践的基础上，把社会发展的客观规律与人类的自觉能动性统一起来。使人们有了科学的社会历史观。

（二）社会历史观的基本问题

历史唯物主义是以探求历史观的基本问题为起点的。所谓历史观的基本问题是指社会存在与社会意识的关系问题，它是哲学基本问题在社会历史领域的延伸与体现。

社会存在是指社会生活的物质方面，包括物质资料的生产方式、地理环境、人口因素等，其中物质资料的生产方式是社会存在的主要内容。社会意识是指社会生活的精神方面，是社会精神生活现象的总称，包括社会心理和社会意识形式，意识形态是其主要内容，它是对社会存在的反映。

社会存在与社会意识的关系问题是社会历史观的基本问题。这是因为：第一，社会存在与社会意识何者为第一性的问题，是划分历史唯物主义与历史唯心主义的根本标准，它体现着历史观上两种根本对立的立场。历史唯物主义认为，社会存在是第一性的，社会意识是第二性的，社会存在决定社会意识，社会意识是社会存在的反映，并对社会存在起反作用。与之相反，历史唯心主义则认为社会意识是第一性的，社会存在是第二性的。社会意识决定社会存在。第二，社会存在与社会意识的关系问题是研究和解决其他社会历史问题的基础，是社会生活与社会历史研究中不可回避的基本问题。第三，社会存在与社会意识的关系问题也是社会实践的根本问题。人们认识和揭示社会生活的本质与规律，改造自然界与社会关系，都必须首先正确解决社会存在与社会意识的关系问题。

（三）唯物史观与唯心史观的对立

在历史观的基本问题上存在着两种根本对立的观点。即唯物史观和唯心史观。它们的对立表现在以下几个方面：第一，对社会历史发展规律的认识根本不同。唯物史观认为，人类社会具有不以人的意志为转移的客观规律；唯心史观则否认这种客观规律的存在，而认为社会历史的发展是由精神决定的。第二，对社会发展的动力的认识根本不同。唯物史观认为物质资料的生产方式是社会发展的决定力量；唯心史观则认为社会历史发展是由理性、意志、观念等所推动的。第三，对历史的创造者的认识根本对立。唯物史观认为人民群众是历史的创造者，杰出人物的历史作用，只有在群众的创造作用之中才能体现出来；唯心史观则认为历史是由少数英雄人物所创造的。第四，最根本的对立是对社会存在与社会意识关系问题的不同回答。

二、社会历史观的变革

（一）唯心史观的根本缺陷和根源

在历史唯物主义创立之前，唯心史观在社会历史理论中占据统治地位，造成这种状况的原因在于，马克思之前的哲学家、史学家不理解实践是人的本质活动和全部社会生活的本质。这一根本原因使唯心史观产生了两个主要缺陷：第一，它们没有把握历史发展的客观规律，至多考察了人们历史活动的思想动机，而没有考究产生这些动机的物质原因。第二，没有说明人民群众的活动，不能以精确性去考察群众生活的社会条件以及这些条件的变更。因此，唯心史观不可能揭示社会发展的客观规律。历史唯心主义的这两个缺陷是相互联系的，把人们的思想动机看作是社会历史发展的决定力量，就必然认为少数英雄豪杰、帝王将相是历史的创造者，而否认物质资料的生产活动是社会发展的根本动力，也就必然否认人民群众创造历史的决定作用。

历史唯心主义主要表现为唯意志论和宿命论两种形式。唯意志论认为人的主观意志是整个世界、从而也是社会历史的本质，把个别人物的作用极力夸大。认为他们可以左右历史的发展，个别所谓的“伟大人物”、“英雄人物”的理性、智慧、思想动机是社会历史发展的根本动力。宿命论认为人的命运和社会变化受某种神秘力量的支配，人的活动没有任何自由和主动性。如中国古代儒家所说的“死生有命，富贵在天”；欧洲古代斯多亚学派所主张的“服从命运”；黑格尔认为伟大人物是“宇宙精神”的体现等观点，都是宿命论的表现。近代机械唯物主义者用机械论解释历史，只承认历史必然性而否认历史偶然性，将一些微不足道的偶然因素也片面夸大为必然性，最终导致了宿命论。

唯心史观在马克思主义产生以前长期占据支配地位，甚至在今天仍然有一定的市场，是有其深刻的阶级根源、社会根源和认识论根源的。

第一，阶级根源。对于社会历史的解释，直接同各阶级的利益有关，所以在历史观上不能不更多地受到剥削阶级偏见的歪曲。在阶级社会中，剥削阶级为了维护其统治地位，片面夸大精神的作用和个别杰出人物的作用，贬低物质生产的意义和物质资料生产者的地位，鄙视劳动群众的实践活动，竭力歪曲历史真相，总是把剥削制度说成是由神的意志决定的，或者是由人的理性、意志决定的，因而他们的统治是永恒的。

第二，社会历史根源。在资本主义社会化大生产出现以前。各民族和国家的生产规模都比较狭小，各国、各民族之间缺乏紧密的联系，经济、科技、政治和社会生活等领域的进程比较缓慢。所有这些，都限制了人们的眼界，使人们难以通过对各国、各民族历史的比较研究去发现人类社会历史的共同性、普遍性和规律性的东西。只有在资本主义社会大生产的基础上，才能发现社会发展的客观规律性，从而创立历史唯物主义。

第三，认识论根源。社会历史不同于自然界，它是人们有目的、有意识活动的结果，无处不打上人类意志、思想的烙印。社会历史现象与过程的特殊性和复杂性，很容易使人们在考察社会历史时只看到人的意志、思想和动机，特别是活跃在历史舞台前面的杰出人物、领袖人物及其他英雄人物的意志和动机，而忽视去探究这些意志、思想和动机背后更深一层的原因。同时，历史上具体事件和历史人物的产生又有许多因素。这个特点，也容易造成某种错觉，似乎人们的意识决定了社会历史的变迁，正如列宁指出的：哲学唯心主义的认识论根源就是把人认识的某一特征、方面、部分片面地夸大为脱离了物质、脱离了自然、神化了的绝对。历史唯心主义的认识论根源就在于夸大了社会意识在社会发展中的作用。

（二）历史唯物主义创立的伟大意义

历史唯物主义与以往任何历史观都有本质的区别。从整体上看，它是惟一科学的历史观。历史唯物主义的创立是人类思想史上重要的里程碑，它在哲学史上引起了伟大的变革，具有重大的理论意义和实践意义。

第一，它使唯物主义彻底化。马克思以前的哲学，在历史观上是唯心主义一统天下，唯物主义只在自然观上被贯彻。历史唯物主义的创立，使唯物主义走进了历史领域。

第二，它使社会历史理论科学化。任何科学都以探求规律为己任，然而在历史唯物主义创立之前，全部社会历史理论一直没有发现历史运动的一般规律。历史唯物主义把社会关系归结为生产关系，并把生产关系归结为生产力，从而发现了历史运动的一般规律，使历史理论在总体上走上了科学化的道路。

第三，它使社会主义理论由空想变成科学。空想社会主义只是从道义上批判资本主义和憧憬社会主义。历史唯物主义的创立以及剩余价值理论的制定，发现了历史发展的一般规律和资本主义运动规律，认识到社会主义代替资本主义成为历史的必然性，使社会主义变成科学。

三、社会历史发展的特征

（一）社会历史发展的决定性与选择性

社会历史发展是历史规律的决定性和人的活动的选择性相统一的过程。就人类总体历史或世界历史而言，社会历史发展遵循了历史运动的一般规律，并表现为一个由低级到高级发展的过程；就具体的民族历史而言，社会历史发展并不是严格按照五种社会形态的序列演进的，历史的选择性也表现出重要的作用。

社会历史发展的决定性就是指人类历史运动具有规律性、必然性和因果制约性。通过观察历史，我们可以看到历史领域中具有普遍的因果关系，历史活动的每一个结果以及实际发生的历史事件都有其内在原因；历史中的主要因果关系属于历史必然性的序列，并构成预测历史发展的前提和基础；历史发展过程呈现出一定的轨迹、趋势。唯物史观认为，正是社会基本矛盾的交互作用所形成的历史运动的一般规律，使社会形态的更替表现为决定的过程。这是不以人的意志为转移的客观发展过程，是不可抗拒的历史发展的总趋势。

历史选择是历史主体创造活动的重要一环，是历史主体以一定的方式在可能性空间中有意识、有目的地指向确定对象的活动。在一个具体民族的现实生活中，其内部的基本矛盾与外部的各种因素、条件相互交织在一起，共同对历史发展起推动作用。正是这些内外因素的相互作用、相互影响为该民族的发展提供了多种可能性空间。当一个民族的历史处在一个转折点时，社会发展往往显示出多种可能的途径。在多种可能性中，哪一种可能性能够实现，则取决于这个民族的自觉选择，取决于这个民族内部不同阶级或集团的力量对比。历史选择可以使一个民族跨越一种或几种社会形态，通过不同的道路向着较高级的社会形态迈进。

一个民族之所以作出这种或那种选择，乃是有其特定的原因的。第一，取决于民族利益。民族的利益是一个民族进行历史选择的直接动机，规定着这个民族进行历史选择的方向。第二，取决于国际交往。任何一个民族总是直接或间接地处于国际交往中，当国际上有多种社会形态并存时，先进的社会形态对处在转折点上的民族具有较强的吸引力，并为它提供了“历史的启示”。第三，取决于历史必然性以及对本民族特点把握的程度。这个因素直接制约着其历史选择活动的内容和方向。

历史的选择性与历史发展的决定性是内在统一的。首先，人们尽管可以根据本国的利益选择历史的发展方向，但这种选择的前提是由生产力的发展水平决定的，不是主观臆断。其次，人们通过历史选择活动而实现的对某种社会形态的超越是有限度的。这种“超越”只是在所有制和政治制度上超越某一社会形态，而无法超越在这种社会形态内形成的生产力。

（二）社会历史发展的统一性与多样性

社会历史发展的决定性和选择性使社会历史发展呈现出统一性和多样性。人类社会的发展是由一种社会形态向另一种社会形态不断地由低级向高级发展的自然历史过程，即人类社会发展具有共同的、普遍的发展规律，这是社会形态发展的统一性。世界上不同的国家和民族在历史发展过程中具有不同的特点，在经济、政治、文化的发展上都有自己的民族特色，各国历史是千差万别的，这是社会形态发展的多样性。这种统一性和多样性可以从以下两个方面考察。

第一，社会历史发展有普遍性和统一性。具体到每个民族、国家又有差别性和多样性。人类社会发展的总体趋势是随着社会生产力的发展由简单到复杂，由低级到高级。一般顺序是:原始社会、奴隶社会、封建社会、资本主义社会、社会主义社会。而具体到每个民族和国家，却不一定严格遵循上述顺序，而有可能在一定的历史条件下，跨越一种或数种社会形态，由低级的社会形态直接进入较高级的社会形态。

第二，现实的社会形态是统一性与多样性的统一。在同一种性质与类型的社会形态下，各个国家、民族由于政治、经济、文化、思想等方面的差别，在经济基础与上层建筑上具有各自不同的表现形式，体现出多样性。社会发展的多样性具体表现为五个方面:①处于同一社会形态的不同国家和民族的历史，具有各自的特点。以封建社会为例，西欧是领主制，中国主要是地主制。②各个国家和民族由一个社会形态向另一个社会形态过渡采取的过渡形式是不同的。③历史上依次经历的每一个社会形态中都包含旧社会形态的残余和新社会形态的萌芽。④典型的社会形态在不同的国家和民族显示的程度是不一样的。⑤不同的国家和民族，其社会形态变更的顺序也不完全相同。例如，有的国家，可以超越资本主义阶段而走向社会主义阶段。在社会历史领域中，只有坚持社会形态发展的统一性和多样性的辩证统一，才能揭示和把握社会形态的发展规律，从而正确地认识社会形态发展的历史和正确解决社会形态发展过程中的现实问题。掌握社会形态的统一性和多样性的辩证统一原理，对于正确把握社会历史发展的必然趋势，认识和分析当前世界范围内多种社会形态、社会制度并存的现象有重要的指导意义。

(三)社会历史发展规律的客观性与人类自觉能动性

社会历史是人类活动的历史。社会历史的发展与自然界不同，在社会历史领域进行活动的，是有意识、有目的的人，在社会历史的一切方面都有人的意志的印记。如果离开了人的自觉活动的作用，就谈不上什么是社会历史及其发展。而且，正是人的自觉活动才会给历史发展以这样或那样的影响，或促进、或延缓历史的进程。人的自觉活动在社会历史发展中的作用具体表现在:

第一，人的创造性社会实践活动推动了历史的发展。人的自觉活动的内容十分广泛。但最根本的是物质实践活动，以物质生产和物质交往为主要内容的实践活动是人类社会生存与发展的前提和基础。在物质实践的基础上形成的政治生活、精神生活等其他创造性社会活动的总和，构成了社会历史发展的主要内容。

第二，人的自觉活动体现了社会意识对社会存在能动的反作用。人在尊重社会历史发展的客观规律的同时，能够认识和利用社会规律，加速或延缓历史发展的进程。

第三，社会历史发展在总的趋势上具有统一性，但在不同的历史阶段、在不同的国家和民族内部又表现出多样性。人的自觉活动能够把握社会规律的统一性与多样性，在历史发展提供的多种可能性中选择适合自身需要的可能性。

历史唯物主义认为社会的发展和自然界一样是有客观规律的，社会规律是不以人的意志为转移的，同时也承认人的自觉活动对社会发展的影响作用。人的自觉活动包括认识和利用社会规律，人的自觉活动可以加速或延缓社会发展的进程。

社会规律的客观性和人的自觉活动是统一的。通过人的自觉活动可以认识和运用客观规律，把人的自觉活动建立在坚实可靠的基础上；自由是对必然的认识和对客观世界的改造，只有认识必然规律并能在实践中运用它改造世界，人的思想和行动才有自由。对社会规律认识越深刻，自由就越大。达到人的目的的自觉活动是和认识与利用客观规律相统一的。在这一问题上我们必须批判“唯意志论”和“宿命论”两种错误的观点。“唯意志论”否认社会发展的客观规律性，认为个人的意志可以决定历史的发展，伟大人物可以“一言兴邦，一言丧邦”，这是主观唯心主义的历史观。“宿命论”则认为社会历史的发展是纯粹的必然性决定的，人们在社会规律面前是无能为力的，这就把社会规律神秘化，让人听天由命，否定人的自觉活动能力，实际上是客观唯心主义。

人类是社会历史的主体，人类历史是人的实践活动的结果，社会规律是人们自己行动的规律，社会历史发展过程是客观规律性与人的自觉活动的统一。在认识并遵循客观规律的基础上，人的自觉能动性才能得到有效的发挥，并在实践中取得成功。

在具体的历史过程中，客观规律在总体趋势上决定历史进程，规定人的选择。这种选择不是主观任意的，它只能在客观规律所提供的可能性范围内进行，并与主体历史形成的素质密切相关。当今时代正处于大转折时期，社会主义是历史发展的大趋势。建设有中国特色的社会主义是历史发展的客观要求，是中国人民的根本利益所在，也是中国青年的历史责任。坚定社会主义信念，自觉投身于建设有中国特色社会主义的伟大实践，就是走历史必由之路，这是当代中国青年的正确选择。

第二节　人类社会的产生及其本质

一、人类社会的产生

人类社会是如何产生的呢？在具体科学还不很发达，没有提供出人类起源的实证材料的时候，人们往往就用想像的联系来填补这个空白：在古代中国，有女娲造人的传说，有天地合而生人的传说；西方则长期流行着上帝创世、上帝造人的观念。随着具体科学的发展，特别是达尔文提出进化论，证明人是从古猿进化而来的，先前流行的关于人类从何而来的观念就被彻底打破了。

人类社会是自然界长期发展的产物。自然界的长期演化，不仅从中发展出了类人猿这个物种，而且造就了适合于类人猿的气候、水源、植物等生存环境，使得类人猿的身体构造、活动方式和群体结构继续向前演化，这些条件为人类的产生提供了必要条件。后来，由于气候条件的变化，类人猿赖以生存的大森林不断缩小，类人猿不得不从树栖生活方式转变为地面生活方式。这种新的生活方式，既增加了生活的艰难性和生产生存压力，也为类人猿的发展提供了新的机遇：一方面，前后肢的分工以及由此而带来的直立行走开阔了视野，使前肢得到了解放而日益变得灵巧，同时也带动了脑结构和喉头组织的变化，从身体素质上为人的出现准备了生物学条件；另一方面，为了防御猛兽的侵袭和有效地获得猎物，猿群也向着有组织地协同行动的方向发展，而在这种群体性猎取食物和分配食物的过程中，组织、指挥、交流变得越来越重要，一定的身体姿势、一定的叫声都变成了传递信息的手段，开始具有了指物功能和传意功能。这些都是人类产生的自然前提。从猿到人的演变也是一个从量的逐渐积累到质的飞跃的过程。而一旦出现了人，也就有了社会，人们世世代代活动的延续，就构成了历史。人的产生和人类社会的产生是同一个过程，同一个问题。

劳动在从猿到人的转变中起着决定性作用。人类社会是自然界长期发展的产物，但却不是自然界自发进化的结果。马克思主义哲学在人类社会产生问题上的伟大贡献，在于从劳动实践的观点，揭示了从猿到人转变的作用机制。类人猿身体结构和群体组织方面的发展，仅仅为人的产生提供了自然前提，而通过劳动实践这个环节，才使得从猿到人的转变从可能变成了现实。劳动在从猿到人转变中的作用表现在以下几个方面：

1. 促进了猿的机体向人的机体的改变。劳动使从猿开始的手足分工固定化，手不仅是劳动的工具，同时也是劳动的产物，劳动使得人的手变得越来越灵巧，越来越适合于进行复杂的制造工具的活动。在手的进化的同时，人最初与猿没有多大差别的脑也因劳动而大大进化了。劳动开阔了人的眼界，在改造物的过程中进一步了解了物的构造，活动的计划性和目的性也加强了。

2. 推动了语言、意识的产生和发展。在劳动中由于交流和协调行动的需要而产生了语言。语言一经产生，就作为一种强有力的力量巩固和推动了意识的发展，使人们的经验内容的范围大大扩大，使得群体的组织性和结构性更为加强。

3. 决定了人类社会的最终形成。劳动最初完全是群体性的活动。但是，随着劳动的发展，最初完全自发的群体性活动，就逐步演变成为自觉的社会生产劳动。在生产劳动中，需要分工、组织和指挥，这就是最初的社会结构；在生产劳动中，人与人之间结成了新的社会关系，包括生产关系、政治关系、思想关系等，人类社会最终形成了。

恩格斯指出：劳动是“一切人类生活的第一个基本条件，而且达到了这样的程度，以致我们在某种意义上不得不说：劳动创造了人本身”。① 人和人类社会是在劳动过程中形成的，是在劳动基础上不断发展的。当然，对于“劳动”也要做辩证的理解，原初的劳动与动物的本能性活动在形式和效率方面都相差无几，但重要的是它开辟了一个新的发展方向。由于劳动中新增添的社会化因素，使人沿着这个方向稳定地，同时也是加速度地发展了起来，终于掘开了人与猿之间的历史鸿沟。

二、人类社会的本质

人类社会的本质问题，是思想家们长期争论的一个问题。在许多思想家看来，社会是人活动的领域，人是有意识有目的的存在物，人的行为不受自然因果规律的决定，而是受着自己意志和意识的支配，所以社会本质上是由人的自由意志决定的，根本不存在如同自然界的那种必然性和规律性。另一些思想家则认为社会历史有自己的必然规律，这就是“神意”“天命”“绝对理性”，在天命面前，人是无能为力的，人不过是执行和体现这种必然性的工具。前一种观点看到了人的能动性，看到了社会的属人性这一方面，是具有一定合理性的，但没有看到人的受动性和被决定性的一而，是主观唯心主义在社会历史问题上的表现。后一种观点看到了人的受动性和历史中的必然性，但否定了人的能动性，是客观唯心主义的思路。

马克思主义哲学批判了它们的错误，又吸取了它们中合理的因素，揭示了社会生活在本质上是实践的。以往的历史观之所以没有达到科学的水平，主要原因就在于它们未能合理地看待劳动实践在人类社会中的基础地位和重要作用，只是用人们的思想来说明和解释历史的

---

① 《马克思恩格斯选集》第4卷，人民出版社1995年版，第373－374页。

形成和发展。与它们相反，唯物史观坚持用实践的观点看问题，认为劳动实践是全部社会生活的基础，人类社会的历史归根结底是物质生产发展的历史，劳动实践的发展史是理解全部社会发展史奥秘的钥匙。

1. 生产劳动是人类特有的活动，也是一切历史的第一个活动，它是人类社会赖以存在和发展的基础，是整个社会的物质生活、政治生活和精神生活的基础。没有生产劳动，就没有人的出现，也不会有社会的存在，更谈不上社会的发展。任何一个民族和社会，如果停止物质生产一个星期，就会遭到毁灭。无论从历史还是从现实看，生产发展水平低下的民族，必然是物质生活贫困的民族，也必然是精神生活贫乏和政治弊病丛生的民族。

2. 劳动生产中形成的关系，即生产关系是全部社会关系的基础，生产关系的变动必然引起其他关系的变动。生产劳动不是单个人的活动，而是一种社会性的活动，人们只有结成一定的关系才能进行生产。人们在劳动中结成的关系，如分工和协作关系、劳动资料的占有和使用关系、产品的分配关系等都直接规定了人们的经济地位，其他的社会关系则是建立在这种关系的基础上，并受它的规定和影响。随着这种关系的变化，就会引起其他关系的变化。

3. 在劳动中孕育着社会有机体未来发展的一切萌芽，预示着社会有机体未来发展的全部丰富性和复杂性。劳动中的分工，包含了以后的各种社会分工和等级制的萌芽，当生产力的发展达到一定水平之后，就由此产生了私有制、阶级和国家，产生了脑力劳动和体力劳动的分化，产生了精神生产的各种门类。同样，随着劳动生产力的进一步发展，又产生了消灭阶级和私有制的历史要求。

马克思主义哲学正是抓住了劳动实践这个关键点，认为人类社会的历史归根结底是物质生产发展的历史，由此才科学地理解了人的本质，揭示了人类社会的本质，揭示了历史发展的基本规律。

三、人类社会的发展是一个自然历史过程

在马克思看来，人类社会的历史归根结底是物质生产发展的历史，所以人类社会的发展是一个自然历史过程。①人类社会虽然有自己的特点，但它也是整个物质世界的一部分，与自然界一样，它的发展有其自己固有的内在矛盾和节奏，是一个不以人的意志为转移的过程。②人类社会的存在和发展依赖于与自然界的物质交换。物质生产劳动既是人类社会与自然界区分开来的关键环节，也是人类社会与自然界辩证统一的纽带和桥梁。物质生产的发展水平和规模，规定着整个社会的发展水平。③人类社会的运动有自己的客观规律。人们即使认识了这些规律，也不能废除或改变这些规律，最多只能改变这些规律起作用的条件，减轻或缩短社会变革中的痛苦。

如何看待社会历史规律及其实现形式的特点，这是理解“自然历史过程”原理的关键。

人类社会的发展到底有没有规律，这些规律有什么特点，这是思想家们长期争论现在也仍有争论的一个问题。在一些人看来，社会既然是由有意识有目的的人的活动构成的，每个人形成一定的目的和动机，都受着偶然因素的作用，因此社会活动和历史现象是没有什么规律可循的。他们认为，社会历史事件是人们的活动和选择造成的，不同时代不同地方的人们，其活动条件和动机都有所不同，这些社会事件和现象也就各有不同，不具有可重复性，而规律总是可重复的，所以社会历史发展没有规律。历史研究的任务只是描述和揭示一个个事件的真实面貌和成因，而不是发现什么历史规律。这种观点就是所谓“历史非决定论”。

唯物史观坚决反对这种"历史非决定论"的观点。唯物史观承认社会是人的活动的总和，承认人的选择和偶然因素在历史发展中的重要作用，但是，它同时也注意到历史活动中的不可选择的因素，注意到在无数偶然性中存在的那种必然性。唯物史观认为，尽管历史事件和社会现象不具有如同自然现象那样严格的可重复性，但在这些现象中却存在着可以重复出现的本质联系，历史发展中存在着一定的规律性。

唯物史观坚持物质生产是一切社会存在和发展的前提下，揭示了历史存在着影响全部人类历史的一般规律，诸如生产关系一定要适合生产力状况的规律；经济基础和上层建筑辩证发展的规律；人民群众是历史创造者的规律。揭示了影响一定历史阶段的规律，如在阶级社会里的阶级和阶级斗争的规律，等等。同时，还要看到，社会规律在表现形式上又有自己的特点。对于社会规律的特点，我们可以从以下几个方面来分析：

1. 与自然界各种运动都是盲目进行的不同，在社会领域进行活动的是有意识有目的的人，因此，说到底，社会规律就是人们活动的规律，是在人们的活动中体现出来的规律。社会中每个人的活动都有自己追求的目的，这些目的的形成确实带有偶然性，但社会绝不是某一个人活动的结果，而是由无数人的活动共同构成的，这无数人的目的和活动相互冲突、相互抵消，造成了一种合力运动。历史发展的必然性就是通过这些众多的动机和活动来体现出来的。

2. 人是历史活动的主体，历史是人创造的；人既是历史"剧中人"，又是历史的"剧作者"。人们基于一定目的而作出的选择，在历史发展中起着重要的作用，特别是那些作为一定阶级、一定民族利益代表的集团和领导人在历史转折关头所作出的选择，能够在一定程度和范围内影响历史发展的进程，使历史的发展道路表现出多样性和曲折性。历史的发展也正是通过这些选择为自己开辟着道路。历史的未来总是开放着的，在人们不断的创造活动中实现的，没有一个现成的固定的模式。这也正是许多社会预测不可能像科学家对一些自然现象的预测那么准确和确定的缘故。

3. 人能够认识和利用社会历史规律。社会历史规律是人的活动中体现的本质联系，这些联系是不依人的意志为转移的客观的限制或制约，但人在这些规律面前并不是只能俯首听命、无所作为，相反人可以通过总结经验认识这些规律，并利用这些规律为人的目的服务。这就使历史活动出现了更为复杂的特征，它既是合规律的，又是合目的的，是合规律性和合目的性的辩证统一。社会越是发展，人们的认识能力越是强大，这种合规律性和合目的性的特征就越是突出和明显。人的自由就在于利用规律为自己的目的服务，实现这种统一。

马克思说：社会是人们交互作用的产物，"历史不过是追求着自己目的的人的活动而已"①，但从总体上、总趋势上看，这又是一个"自然历史过程"。历史发展过程中的这种客观规律性与人的能动性及目的性的矛盾，两者在对立中统一，在统一中对立，就是历史辩证法的集中的突出表现。任何企图否认一方只承认另一方的做法，必然会陷入更大的矛盾。

四、人类社会的物质基础

（一）地理环境

地理环境也叫自然环境，是指一定社会所处的地理位置以及与此相联系的各种自然条件

① 《马克思恩格斯选集》第2卷，人民出版社1995年版。第118－119页。

的总和，包括气候、土地、河流、湖泊、山脉、矿藏、森林、草原及动植物资源等。地理环境是社会物质生活条件之一，是任何社会存在和发展的自然前提。地理环境在社会发展中的作用，表现在：

1. 地理环境是社会存在和发展的必要条件

任何社会的存在都需要一定的空间位置，并需要与周围的自然界通过劳动发生物质的、能量的、信息的交换。没有这个条件，社会就无法存在，甚至无法想像。地理环境就是这样的条件，它为社会的存在提供了必要的空间场所，提供了社会生产和生活资料的物质源泉，社会中的人们就是并且首先依赖于一定的地理环境规定的资源条件而生活的。

2. 地理环境是影响社会性质和社会发展的重要因素

(1)地理环境是影响社会生产的重要因素。一个社会的性质和所处的发展阶段，主要是取决于它的生产发展水平，但生产本身就是人与自然界的物质交换过程。一个社会的地理环境如何，气候是否适宜，土壤是肥沃还是贫瘠，森林的数量和质量如何，是否有丰富的矿藏，河流湖泊能否利用，等等，都直接影响着其生产的性质和效率。并且，人类越是处于早期阶段，对自然地理条件的依赖性越是突出，世界四大文明古国，都存在于大河流域，就是历史的见证。

(2)地理环境对于社会内部人们之间的交往和不同社会之间的交往活动也有重要影响。社会的发展离不开交往，包括社会内部不同地区之间的交往和不同社会国家之间的交往。交往最初是自然发生的，直到近代发明机器以前，交往在相当程度上依靠着自然地理条件和自然力量，例如依靠牛马和河流。从历史上看，越是有利于进行交往的地区，越是有利于相互借鉴，技术和文明的传播就越快，越易于保留下来，也就越利于发展。相反，那些交通不便的地区，往往都是一些封闭落后的地区。

(3)地理环境通过生活方式对人们的精神面貌和心态也有着重要的影响。不同民族世世代代在与所处的地理环境打交道的过程中，形成了与地理环境相适应的独特的生活方式，也形成了独特的文化、心理结构和精神面貌。地理的封闭往往造成生活的封闭和心理的封闭，生活在水边的人们与生活在山区的人们，其精神面貌也会有明显的区别。

3. 对地理环境作用的评价

从总体上看，地理环境可以加速或延缓社会的发展，但不能决定一个社会的性质和面貌。地理环境对于社会的发展，从一定意义上说，是一个外部原因，是要通过社会生产来起作用的。一定的地理环境是优还是劣，也要根据社会实践能力和经济发展来规定。一座大山，在生产力比较低下的农业时代，是阻碍交通的因素，而到了工业时代，大山中的矿藏、石头则可能成为重要的资源；一条河流，最初是阻碍人们交往的天然屏障，在人们发明了船之后，则成为重要的运输水路。再者，地理环境变化往往要以上万年为单位来考察，而社会的性质和面貌在几百年、几十年甚至几年就会发生重大变化，很显然，地理环境的变化不是社会制度变化的原因。在人类思想史上曾出现的地理环境决定论，虽然企图从物质原因方面来研究社会发展，但却夸大了地理环境的作用，是错误的。

全面认识地理环境在社会发展中的作用，在现代具有重要的意义。工业革命以来，地理环境的各种要素作为工业生产的重要资源条件，受到了人们广泛的重视，但同时也形成了一种片面的看法，即认为这些资源是无限的，无论怎样占用、开采都可以，把环境只是当作工业生产的对象，当作是征服的对象。结果，一方面是掠夺性不合理的开采，造成资源短缺；另一方面是将大量的工业垃圾和生活垃圾排放到自然环境中，造成环境污染、生态失衡，而被污染和破坏了的环境对人类又进行了无情的报复。这种现实促成了人类对环境问题和环境态度的深刻反思。现在人们普遍认识到，地球上的各种资源是有限的，自然环境的各种因素相互作用构成了一个生态系统，维护生态系统的平衡对于生态系统的正常运行，进一步对人类生活和经济发展都具有非常重要的意义。只有合理地开发和利用自然资源，减少污染，保护环境，维持自然生态平衡，才能使人与自然的物质、能量的交换得以正常持久地进行下去。否则，就会给人类带来灾难性的后果。地球是人类的惟一家园，维护这个家园的繁荣和美丽，是各个民族共同的义务。

中国作为一个发展中国家，一方面要积极推进工业化进程，这是现代化的核心和基础；另一方面又必须防止污染、保护环境。胡锦涛在党的十七大报告中讲到要“坚持生产发展、生活富裕、生态良好的文明发展道路，建设资源节约型、环境友好型社会，实现速度和结构质量效益相统一、经济发展与人口资源环境相协调，使人民在良好生态环境中生产生活，实现经济社会永续发展”，这就是说在我们党的历史上，第一次明确提出了“建设生态文明”的问题；在促进国民经济又好又快发展的部署中，第一次明确提出了必须紧紧把握住两个方面，即节约资源和生态环境保护的问题；在我国全面建没小康社会奋斗目标中，第一次明确提出了坚持生产发展、坚持生活富裕、坚持生态良好发展是文明发展之路，建设资源节约型、环境友好型社会才是理想的社会，实现人与自然之间的协调发展是全党、全国、全社会共同的责任和共同的奋斗目标。十七届五中全会关于十二五规划的“建议”中再一次重申：要“坚持把建没资源节约型、环境友好型社会作为加快转变经济发展方式的重要着力点。深入贯彻节约资源和保护环境基本国策，节约资源、降低温室气体排放强度，发展循环经济，推广低碳技术，积极应对气候变化，促进经济社会发展与人口资源环境相协调，走可持续发展之路”。在党的十八大报告中，又进一步把生态文明建设纳入中国特色社会主义的“五位一体”的总布局，并从优化国土空间开发格局、全面促进资源节约、加大自热生态系统和环境保护力度以及加强生态文明制度建设四个方面进行了详细论述。这都是针对当前我国经济发展和生态环境面临的严重形势所提出来的具体对策，为我们的国家、我们的党、我们的人民如何正确对待环境问题提出了更加明确的要求和指导方针，同时也是向世界人民和未来的庄严承诺。

（二）人口因素

人口因素是指构成一定社会的从事生产和自我生产的人们的总和，包括人口的数量、质量、结构和地理分布等。

人口因素在社会存在和发展中的作用表现在：

1. 人口因素是社会存在和发展的自然前提和必要条件

任何社会的存在，都需要一定数量的人口，没有人便不可能有社会。所以说，人口因素是社会的自然前提。社会要存在和发展，固然依赖物质资料的生产，同时也依赖人自身的生产，若没有人口资源的源源不断的供给，社会自然就会灭亡；人口大量减少，劳动力资源缺乏，社会也发展不起来。因此，人口因素是社会存在和发展的必要条件。

2. 人口因素对社会经济和各方面的发展有着重要的作用

（1）人口的数量。人既是生产者又是消费者，如果人口增长率超过了经济增长率，那就意味着社会没有积累或很难有较多的积累用于扩大再生产，就会影响社会的进步。相反，如果人口增长率太低甚至出现负增长，则也不利于社会发展。人口数量不足，会造成劳动力匮乏；人口数量过多，也是一个沉重的负担。所以人口生产一定要与物质生产相匹配才行。

(2)人口的质量和构成。一般说来，人口的质量越高，就越有利于促进社会的发展。但人口的质量不仅包括体力方面和精神方面，也分个体方面和整体方面，后者又涉及到人口构成问题。这就是说，提高人口质量，不但要从个体方面使得在体质和智力方面都具有较好的状态，而且要使整个民族群体在性别构成、年龄构成和知识技能构成方面也都较为合理，即做到人口的优化组合。这样才能满足社会发展在各方面的需要。否则，如果性别比例失调，或人口过度老化，这都不利于社会安定和发展。

(3)人口的地理分布和密度。人口的地理分布不合理，一部分地区人口密度过大，一些地区密度过小，都会延缓和阻碍经济繁荣和社会的发展。如何使社会人口的地理分布比较合理，至今仍是一个重要的、值得深入研究的问题。

3. 对人口因素的评价

人口因素对社会的存在和发展起重要作用，但不是决定性的作用。因为，一个社会人口数量的多少和构成如何，不能决定该社会的性质，也不是造成社会变革的根本原因。相反，一个社会的人口应该多一些还是少一些，增长率应高一些还是低一些，怎样分布才算合理，要依据社会经济发展的要求和水平才能予以合理确定。一些人过分夸大人口因素在社会发展中的作用，甚至认为人口过多是造成社会革命的根本原因，这是完全错误的。

正确认识人口因素对社会发展的作用，在现代社会显得尤为重要。正如经济发展的无计划状态会带来社会混乱一样，人口生产的无计划状态也会带来严重的后果。所以，马克思主义创始人早在一百多年前就提出，人类也要对自身的生产进行有计划的调节。在这个问题上，我国是有着极其沉痛教训的。20 世纪 50 年代中期，我国著名经济学家马寅初先生就提出，鉴于我国的历史经验，大规模的战乱平息转入和平时期以后，总会出现人口增长的高潮，因此中央政府应当采取节制生育的政策。可惜由于当时人们对人口问题的严重性认识不足，加上简单地学习苏联鼓励生育的办法，错误地对马寅初的合理主张进行了批判，造成了极其严重的后果。改革开放以来，我国政府总结了历史的教训，把计划生育确定为基本国策，这是符合我国国情的正确决策。在中国，由于我们面临的主要问题是人口过多，计划生育也就主要体现为“节制人口增长”的形式，提倡“晚生”“少生”，后来又加上了“优生”“优育”。我们应该充分认识到我国在人口问题上面临的严重局面，认识到人口过多在土地、粮食、就业、交通、教育诸方面带来的沉重压力，认识到人口数量过多与质量较低之间的尖锐矛盾，对于我国实现现代化是非常不利的因素。实行计划生育，降低人口数量，提高人口质量，是利国利民、利在当代、功在千秋的伟大事业，我们应该自觉地响应计划生育的号召，从自己做起，做计划生育的模范。

(三)物质资料的生产方式

在整个社会物质生活条件中，最核心、最主要的因素是物质资料的生产方式，简称物质生产或生产方式。物质生产方式是生产力和生产关系的统一，它是对社会的发展起决定性作用的因素。

1. 物质生产是人类社会赖以生存的物质基础

劳动是人类社会产生的关键，而社会运动作为一种高级物质运动形式，其承担者就是物质生产，社会历史归根结底就是物质生产方式发展的历史。无论是古代社会还是现代社会，无论人类社会发展到什么程度和水平，它都是建立在物质生产方式的基础之上的。

2. 物质生产决定了整个社会的性质和面貌

物质生产构成整个社会形态的基础，它的发展水平也规定了一定社会的性质和面貌。有什么样的物质生产方式，就有什么样的社会结构，每一个社会的经济结构、政治结构和观念结构，归根结底是由其特定的物质生产方式来决定的。在封建的生产方式下，其社会的性质必然是封建主义的；而在资本家占据生产资料的生产方式下，只能是资本主义社会。

3. 物质生产方式的变革是社会历史变革的根本原因

对于社会变革的原因，以往的思想家们或是用天意来解释，或是用某个英雄人物的动机来解释，他们的解释都说明不了社会制度的变革中和变革后所体现的社会进步和发展。马克思抓住了决定一个社会性质的物质生产，也就抓住了社会历史变革的根本原因，这就是物质生产方式的变革。由于生产方式中生产力和生产关系的矛盾运动，到了一定阶段，当生产关系由促进生产力发展的形式变成了阻碍生产力发展的桎梏时，社会革命的时代就到来了。随着经济基础的变更，整个社会庞大的上层建筑也或快或慢地发生变革。新的生产方式代替旧的生产方式，原来旧的社会制度也就为另一种更高、更先进的社会制度所代替。社会发展的历史，说到底就是生产方式变革更替的历史。

物质生产决定作用的思想是马克思在一百多年前提出来的，至今对于我们认识历史和现代社会仍然具有重要的指导性意义。许多社会主义国家在过去所犯的一个带有共同性和普遍性的错误，就是更多地注意人们思想的纯洁性，注重在思想观念上与传统社会决裂，而忽视物质生产和人民物质生活条件对社会思想意识的决定性作用，没有把工作中心和重点、没有把主要精力放在发展生产力和提高人民的生活水平上。以邓小平为核心的中央第二代领导人，总结了我们过去的失误和教训，勇敢地纠正了这种错误倾向，恢复了党的实事求是的思想路线，坚持唯物史观的基本原理，坚定不移地实现工作重点的转移。以江泽民、胡锦涛、习近平为代表的中央领导集体，高举邓小平理论旗帜，代表中国最广大人民群众的根本利益，集中精力搞经济，一心一意谋发展，坚持科学发展、可持续发展战略，使中国进入了又好又快的发展时期。实践证明，这条路线是完全正确的。

第三节　人类社会的基本结构与形态

人类社会是由一系列要素，按照一定的结构所组成的复杂系统。人类社会结构，就是组成人类社会的各种要素，按照一定的方式互相联系在一起。具体来说，可以区分为社会经济结构、社会政治结构和社会文化结构三大部分。各种结构之间又相互联系、相互作用。其中，社会经济结构是整个社会、也是整个社会结构的基础。社会政治结构是整个社会、也是整个社会结构的指挥系统。社会文化结构是社会经济、政治的反映，又反作用于社会经济、政治。同时作为统一整体的社会结构总是具体的、历史的，在不同的历史时代、不同的国家和地区，具有不同的性质和表现。具体来说就表现为社会形态、生产技术形态和经济运行形态的更替和演变。

一、社会经济结构

（一）生产力及其构成

1. 生产力的含义

生产力是人们改造自然、利用自然以获取物质生活资料的能力。它所体现的是人们在物质生产过程中能够在怎样的程度上解决人与自然、社会与自然之间的矛盾。这是一种不依人们主观意志为转移的客观的物质力量。一方面,构成生产力的要素,即劳动者、劳动资料和劳动对象,它们是客观的物质要素。生产过程就是劳动者通过劳动资料作用于劳动对象的物质活动,生产成果是实实在在的物质成果。另一方面,每一个历史时代的人们所面对的生产力是一种既得的物质力量。它是前人实践活动的结果,又是这一代人把社会历史继续推向前进的根本出发点。整个人类社会历史就是在生产力这种继承性和连续性的基础上建立和发展起来的。

2. 生产力的构成

生产力是由许多要素构成的复杂系统,一般分为两大类:一类是独立的实体性要素;一类是非独立的附着性、渗透性要素。

(1)独立的实体性要素,即以物质实体的形式相对独立存在的要素,包括劳动者、劳动资料和劳动对象。

劳动者是指具有一定生产经验和劳动技能,并直接参加生产实践的人,包括体力劳动者和脑力劳动者。在生产发展的不同阶段,对劳动者和劳动者素质的要求是不一样的。随着现代科学技术的发展,生产自动化、智能化的程度越来越高,对劳动者智力支出的要求越来越高,脑力劳动者在全体劳动者中所占的比重和在生产中的作用越来越大,脑力劳动与体力劳动的结合越来越紧密。因此,提高劳动者的文化素质、科学技术水平和全民族的文化水平,对任何一个国家生产的发展都有着越来越重要的意义。劳动者是生产力的主体,在生产力诸要素中起着主导作用。因为只有通过劳动者的劳动,以生产工具为主的劳动资料才能发挥作用,各种劳动对象才能转变为人们所需要的物质生活资料。而且,劳动资料、劳动对象发挥作用的程度也取决于劳动者的劳动。过去被认为是难以开发和利用的资料,现在则可能扮演着越来越重要的角色。

劳动资料是指在生产过程中用以改变或影响劳动对象的物质资料或物质条件,是劳动者和劳动对象之间的中介或媒体。人们正是利用劳动资料的各种性能来改变和影响劳动对象以获取物质生活资料。劳动资料是一个结构复杂、范围广泛的物质系统,包括生产工具系统,动力、能源系统,贮藏、运输系统,等等。其中,生产工具是最重要的劳动资料。生产工具在人们改造劳动对象的过程中发挥着最直接的作用,是衡量生产力发展水平的客观尺度,也是区别各种经济时代的标志。正如马克思所说:“各种经济时代的区别,不在于生产什么,而在于怎样生产,用什么劳动资料生产。劳动资料不仅是人类劳动力发展的测量器,而且是劳动借以进行的社会关系的指示器。”①

劳动对象是指在生产过程中被劳动者改造和加工的一切对象。劳动对象一般分为两大类:一类是未经劳动加工的自然物,如原始森林中的树木、地下矿藏、江河湖泊里非人工养殖的鱼类等;另一类是经劳动加工的物体,通称原材料,如钢材、棉纱、合成纤维等。劳动对象是人们进行物质生产的前提,没有它,生产过程就无法实现。同时,劳动对象是人类征服自然程度和生产力发展状况的标志之一,不同的劳动对象直接影响着生产力的发展水平,在劳动者、劳动工具和劳动时间等条件相同的情况下,劳动对象不同,会直接影响物质产品的数量和质量。

---

① 《马克思恩格斯全集》第23卷,人民出版社1972年版,第204页。

生产力的发展就是在劳动者和劳动资料、劳动对象的相互作用中实现的。劳动者是生产力中“人”的要素，是生产力中最活跃的因素。劳动资料和劳动对象被称作“生产资料”，它们是生产力中“物”的要素。在“人”的要素与“物”的要素的关系中，没有劳动者的积极性、创造性，“物”的要素不过是一堆“死物”。但劳动者也不可能凭空创造出现实的生产力，只有两者的有机结合才能构成现实的生产力。因而“只见物不见人”和“只见人不见物”的观点都是片面的。

(2)非独立的附着性、渗透性要素，即不是生产力中独立的实体，它必须与生产力中独立的实体性要素相结合才能发挥作用，包括科学技术、劳动组织和生产管理等。

科学技术，包括科学、技术两个方面。科学是人们关于自然、社会和思维的知识体系，是对客观世界各种运动形式本质和规律的反映。技术是人们在认识世界、改造世界的过程中积累起来的经验、方法、工艺和能力的总称。在人类社会发展过程中，科学上的每一次重大突破都引起技术上的重大发展。反过来，当生产过程中某种技术遇到难题时，就会促进科学理论的进一步研究和探索。因此，科学和技术虽然表现的形式不同，但它们是紧密联系在一起的。

科学技术作为非独立的附着性、渗透性要素。主要表现在，当它作为知识形态存在时，是一种潜在的生产力，只有它被应用于生产时才转化为现实的生产力。这种转化是通过以下几个途径实现的：①通过学习、教育，提高劳动者的劳动技能和素质；②改进生产工具，提供新的工艺和生产方法；③扩大劳动对象的范围；④改进生产组织的管理方法等。科学技术正是通过这一系列中间环节，极大地推动了生产力的发展。

生产过程中的分工协作、劳动组织和生产管理，在生产中也占据着重要地位，起着重要作用。因为，生产过程中的独立性实体要素，只有按照一定的方式组合起来，发生相互作用才能构成现实的生产力，并且通过合理和科学的调动、处置、匹配、选择，使其处于最佳结合状态，才能有效地提高生产的总体功能。在现代生产中，随着科学技术因素的渗入，使组织管理工作也迈上一个新台阶，从过去经验型管理过渡到科学管理、现代化管理，可以更合理地调配劳动力，使人力、物力、财力得到最佳结合，极大地提高劳动生产率，促进生产力的迅速发展。加强科学管理，探索和创造一套适合我国现有生产力状况的组织、管理生产的办法，以促进生产力的迅速发展，也是我国社会主义现代化建设所面临的一个重要课题。

3. 正确认识“科学技术是第一生产力”

人类的历史，特别是近代欧洲发展的历史，有力地证明了科学技术在生产力及其发展中起着越来越巨大的作用。18世纪出现了第一次伟大的科学技术革命。这次科学技术革命是牛顿力学的科学成果，带来瓦特蒸汽机的发明，从而使人类进入了“蒸汽时代”。蒸汽机的广泛使用，实现了从手工工具到机器工具的转变，把人类社会从农业社会推向工业社会，生产力获得极大的发展。19世纪末出现了第二次科学技术革命。这次科学技术革命是由于麦克斯韦尔电磁感应定律的发现，出现了发电机和电动机，电力被广泛地应用于生产，从而使人类进入了“电气时代”。从那时起，科学技术与生产的发展以及整个社会进步的关系越来越密切。20世纪40年代以来方兴未艾的第三次科学技术革命，成为世界图景中最为壮观的景象。这次科学技术革命是以爱因斯坦的相对论、普朗克的量子力学为基础的原子能技术以及贝塔朗菲的系统论、申农的信息论、维纳的控制论为基础的电子计算机技术和空间技术，使人类进入了“信息时代”。这是一次意义更为重大的革命，科学技术和社会发展都将进入一个新的历史时期。

“科学技术是第一生产力”，这是在新的历史条件下对科学技术在生产力诸要素中所产生深刻影响的概括，它集中、简明地揭示了现代生产力的特点，突出了科学技术的作用。

（1）科学技术已经成为现代生产力发展中最重要的因素。在古代，生产的发展、劳动生产率的提高、经济的增长主要依靠人们体力劳动的付出。到了近代，这种状况多少有了一些改变。但据统计，20 世纪初在劳动生产率和经济增长中，科学技术因素所占的比重仅为 5% ~ 10%，主要因素仍然是资金、劳动力和资源。今天，这种状况已经发生了巨大的变化，科学技术因素在发达国家经济增长的比重已超过一半，有些地区和部门甚至高达 60% ~90%。

（2）科学技术已全面渗透到生产力的诸要素之中。无论是劳动者技能的提高、劳动工具的变革、劳动对象的开拓，还是生产力诸要素的合理配置、生产活动最优化的组织管理，都是通过科学技术的作用来实现的，科学技术与生产力已经一体化。科学技术好比一个乘数，生产力中所有要素都要和它相乘。这个新的特点，反映了科学技术与生产力之间的关系已经发生质的飞跃，科学技术已经成为生产力发展中具有蓬勃生机的“活性素”。

（3）科学技术在经济、社会发展中的地位和作用越来越大，越来越重要，从一定意义上说已经成为制约经济、社会发展的“决定性因素”。不同制度国家的竞争，实际上是科学技术的较量，是人才的竞争。历史发展到今天，这个问题已经越来越明显，越来越突出。如果对这个问题估计不足、重视不够，就会在国际竞争中被动、挨打。

科学技术是先进生产力的集中体现和主要标志，这个问题的提出具有十分重要的意义：

（1）深化了对生产力状况的认识。过去我们判断生产力的发展状况，主要是两个概念：一个是关于生产力的发展水平，即生产力量的方面的规定性；一个是关于生产力的性质，即关于生产力质的方面的规定性。实际上，生产力还有一个总体状况的问题，即是“先进”、还是落后的问题，其标志就是看是否掌握了最先进的科学技术，具体来说就表现在劳动者是否掌握了最先进的科学技术；生产过程，包括使用的工具、劳动对象、组织管理等是否体现了时代最先进的水平；生产成果是否代表了时代发展的方向。当然，生产力的发展状况是否先进是一个相对的概念，但它却制约着生产力的发展水平和生产力的性质，同时还起着先导的作用。

（2）深化了对整个人类发展历史的认识。过去，人们一直认为，整个人类历史就是生产发展的历史。现在看来，整个人类的历史不仅是生产发展的历史，而且是先进生产力不断取代落后生产力的历史。这就把生产力的发展状况是否先进的问题，更加尖锐地摆在世人面前，告诫人们一定要把握住这个历史发展的链条和中心环节，而把握住这个历史发展的链条和中心环节的关键是科学技术。

（3）深化了对中国共产党历史任务的认识。中国共产党提出了要始终代表中国先进生产力发展要求的设想，并且敏锐地把握住这样一个历史发展的客观趋势，始终注意把发挥我国社会主义制度的优越性，同掌握、运用和发展先进的科学技术紧密地结合起来，大力推动科学技术的进步和创新，不断用先进的科学技术改造和提高国民经济，努力实现我国生产力发展的跨越。同时，党还注意充分发挥人民群众的创造作用，正确处理发展先进生产力与现存落后生产力的关系，不断改革和完善我国社会主义的生产关系和上层建筑，为先进生产力的发展打开通途。

（二）生产关系及其构成

1. 生产关系的含义

在生产过程中，人们不仅同自然界发生联系，而且人们之间也必然发生一定的社会关系。这里所说的社会关系，就是生产关系。生产关系是人们在物质资料生产过程中所结成的社会关系。这是与一定的生产力状况相适应的、必然的、不以人们主观意志为转移的物质关系。生产关系同样是一种既得的物质关系，它不能凭人们的主观愿望任意选择和创造，而是受历史条件的制约和客观规律的支配。正是这种既得的物质关系决定了一定社会的历史结构，决定了一切其余的社会关系和思想关系。

2. 生产关系的构成

生产关系是由诸多经济关系构成的复杂系统，基本构成主要有以下几个方面：

(1)生产资料所有制。生产资料所有制是指生产资料归谁所有，为谁支配。表面上看是人和物的关系，实际上是人与人的关系，即劳动者与生产资料如何结合的问题，具体来说表现在生产资料的所有权、占有权、支配权和使用权的不同。其中，所有权居于主导地位，起着决定性的作用，占有权、支配权、使用权则以生产资料的所有权为转移。所有权不仅表现在数量的多少上，更重要的是表现在质上，即实际控制能力的大小上。这“四种权利”可以是结合在一起的，由同一个主体来行使；也可以是分离的，由不同的主体来行使。

(2)人们在生产中的地位及其相互关系。这里是指人们在生产和再生产过程中各自处于什么样的地位，彼此发生怎样的关系，是统治、被统治，支配、被支配的关系，还是分工合作、平等互助的关系。

(3)产品的分配关系以及由此而决定的消费关系。由于生产资料所有制的关系不同，产品分配的方式和多寡也不同，不同的分配方式反映着人们之间有无剥削和被剥削的关系。由于分配的关系不同，消费关系(主要是指生活资料的消费)也是不同的。

在生产关系的复杂体系中，生产资料所有制是最基本的、决定性的方面，是全部社会关系的基础。因为谁占有了生产资料，谁就在生产中居于统治和支配的地位，同时也就决定了产品的分配形式和消费方式。当然生产关系的其他两个方面对生产资料所有制也有一定的反作用，直接影响生产资料所有制的性质和实现。

从整个人类历史的发展来看，生产关系并不是凝固不变的，而是随着生产力的发展而发展。根据生产资料所有制性质的不同，可以区分为两种基本类型：一种是以生产资料公有制为基础的生产关系，包括原始社会，今天的社会主义社会和未来的共产主义社会的生产关系；一种是以生产资料私有制为基础的生产关系，包括奴隶制社会、封建制社会和资本主义社会的生产关系。每一种社会的生产关系，在其各自发展过程中又有不同的具体形式或体制，如资本主义的生产关系，在生产资料的占有形式中，就有资本家个人占有制、国家垄断等形式；社会主义生产关系，在生产资料的占有形式上，情况更为复杂。当前我国实行的是以公有制为主体、多种所有制经济共同发展的基本经济制度。公有制的实现形式存在着混合经济、合作制经济和股份合作制经济等多种不同的情况。这些事实说明，生产关系的具体形式是复杂多样的。

3. 生产关系与经济基础

经济基础是指同生产力的一定发展阶段相适应的生产关系的总和。正如马克思所说：“人们在自己生活的社会生产中发生一定的、必然的、不以他们的意志为转移的关系，即同他们的物质生产力的一定发展阶段相适合的生产关系。这些生产关系的总和构成社会的经济结构，即有法律的和政治的上层建筑竖立其上并有一定的社会意识形式与之相适应的现实基础。”①这里所说的经济结构、现实基础，就是经济基础。这就是说：

(1)经济基础就是生产关系，二者是同一个东西。但在使用上，二者还是有区别的。相对于生产力称为生产关系，相对于上层建筑则称之为经济基础。

(2)社会现实存在的一切生产关系中必有一种居于主导地位，起着决定性的作用。正是这种占主导地位的生产关系决定了整个社会经济结构的性质，并进而规定了整个社会上层建筑的性质和整个社会的性质。当前我国社会经济基础，既包括公有制经济，也包括非公有制经济，一切有利于社会主义发展的经济成分，我们都要支持、都要鼓励。同时，我们应当确认公有制经济居于主导地位，这个主导地位就是指主要的地位、导向的地位、控制国民经济的地位。同时，对这个主导地位要做具体分析，居于主导地位不仅要有量上的优势，更重要的是看质上的提高，公有制经济的主导地位，主要体现在控制力上。对关系国民经济命脉的重要行业和关键领域，公有制经济必须占支配地位；在其他领域，可以通过资金重组和结构调整，提高国有资产的整体质量。在这个前提下，公有制经济比重少一些，不会影响我国社会主义的性质。

(3)经济基础是指一定社会中生产关系的总和。这个“总和”是指生产关系的各个方面，包括生产资料所有制关系、生产过程中人和人的关系、分配关系等的总和。正是这些关系和环节的总和构成一个社会的经济基础。

(三)阶级以及阶层

1. 阶级和阶层

阶级是人类社会发展到一定阶段上的现象，是特定社会经济关系所组成的社会群体，正如恩格斯所说：“社会阶级在任何时候都是生产关系和交换关系的产物，一句话，都是自己时代的经济关系的产物。”②阶级不是从来就有的，也不会永远存在，是社会发展到一定历史阶段的现象。在原始社会末期，随着金属工具的使用，生产力的发展水平有了较大的提高，出现了剩余产品，这就为一部分人占有另一部分人的劳动提供了条件，使阶级的产生有了可能。由于生产的进一步发展，社会分工和产品交换进一步扩大，逐渐出现了生产资料私有制。正是生产资料私有制的出现，使一部分人能够利用自己占有的生产资料剥削另一部分人，从而把阶级产生的可能变成了现实。生产资料私有制的出现是阶级产生的决定性环节。可见，阶级的产生是由经济原因引起的，是生产力发展的结果，是原始社会生产力和生产关系矛盾运动的必然结果。

什么是阶级？列宁指出：“所谓阶级，就是这样一些大的集团，这些集团在历史上一定社会生产体系中所处的地位不同，同生产资料的关系(这种关系大部分是在法律上明文规定了的)不同，在社会劳动组织中所起的作用不同，因而取得归自己支配的那份社会财富的方式和多寡也不同。所谓阶级，就是这样一些集团，由于它们在一定社会经济结构中所处的地位不同，其中，一个集团能够占有另一个集团的劳动。”③这就是说：①阶级实际上是一个经济范畴，阶级只存在于“一定的社会生产体系中”，就是在与一定生产力发展阶段相适应的生产关系的体系中，是

---

① 《马克思恩格斯选集》第2卷，人民出版社1995年版，第32页。

② 《马克思恩格斯选集》第3卷，人民出版社1955年版，第739页。

③ 《列宁选集》第4卷，人民出版社1995年版，第11页。。

生产关系中特定的不同地位的社会集团。②阶级的基本特征，对生产资料的关系不同，这是划分阶级的基础；在社会劳动组织中所起的作用不同，这就决定了他们有着不同的社会地位；领得自己所支配的那份社会财富的方式和多寡也不同，分配方式不同，消费方式也不会相同。③阶级的实质，就是一个集团能够占有另一个集团的劳动，就是剥削。

阶级出现以后，社会结构发生了重大的、历史性的变化。人类社会从原来以血缘关系为纽带的无阶级的社会结构转变为以阶级关系为纽带，以阶级划分为主线的阶级社会结构。每一个阶级社会都有与该社会的生产方式相适应的基本阶级，如奴隶制社会的奴隶主和奴隶、封建制社会的地主和农民、资本主义社会的资产阶级和无产阶级，两大基本阶级的对立是各个阶级社会结构的"骨架"。除基本阶级外，还存在一些非基本阶级，如奴隶制社会的"自由民"、封建制社会的手工业者和商人、资本主义社会的农民和自由职业者等。在同一个阶级中，由于经济地位的差异而分成若干阶层。所谓阶层，就是人们基于相同的社会地位、职业和收入等而形成的社会群体，如奴隶主阶级区分为贵族奴隶主和工商奴隶主，地主阶级区分为大、中、小地主，资产阶级区分为大、中、小资产阶级，无产阶级区分为产业工人、手工业工人、店员工人。在阶级社会里，知识分子不是独立的阶级，而是分属于各个阶级的社会阶层。

2. 正确认识我国现阶段社会阶层的变化

社会主义社会是无产阶级战胜资产阶级以后所建立起来的新社会，它不是继资本主义社会之后的一个新的阶级社会，而是由阶级社会向无阶级社会过渡的社会。社会主义社会的阶级也不是新出现的阶级，而是资本主义社会的原有阶级，即无产阶级和资产阶级的继续，并且阶级和阶级斗争的状况发生了很大的变化，特别值得注意的是目前我国出现了许多新的社会阶层。江泽民《在庆祝中国共产党成立八十周年大会上的讲话》中指出："改革开放以来，我国的社会阶层构成发生了新的变化，出现了民营科技企业的创业人员和技术人员、受聘于外资企业的管理技术人员、个体户、私营企业主、中介组织的从业人员、自由职业人员等社会阶层。而且，许多人在不同所有制、不同行业、不同地域之间流动频繁，人们的职业、身份经常变动。这种变化还会继续下去。"这段讲话，非常深刻地说明了目前我国现阶段社会阶层的新变化，其中包含着许多对马克思主义关于阶级、阶层理论的新贡献：

(1)目前我国出现了许多新的社会阶层，其中包括民营科技企业的创业人员和技术人员、受聘于外资企业的管理技术人员、个体户、私营企业主、中介组织的从业人员、自由职业人员等6个阶层7种人。

(2)新的社会阶层的出现完全是一种历史的必然：①基本经济制度的变革。我国已经从过去单一的公有制经济转变到以公有制为主体、多种所有制经济共同发展的道路上来，多种所有制经济的发展必然出现一大批新的从业人员。②内外经济政策的实施。我国社会主义经济体制改革一开始就反复强调要坚持改革开放、要进行经济结构调整，这就为新的经济成分的出现、新的经济工作的出现准备了条件，从而也为新的从业人员的出现准备了条件。③社会生活的巨大变化。随着我国基本经济制度的变革、经济结构的调整、市场经济的扩大，人们社会生活的领域越来越大、越来越丰富，出现了许多过去所没有见到过的工作，诸如房地产业、家政服务、广告公关、中介咨询等，这样一来，不仅扩大了人们的就业范围，而且必然出现一大批新的从业人员。新的社会阶层的出现，不仅是历史的一种必然，而且随着社会的发展，这种状况还将会继续下去。

(3)应当如何看待这些新出现的社会阶层，既然他们的出现是一种历史的必然，那么，他们的存在也有其充分的理由：①扩大了就业门路，缓解了就业压力。过去人们找工作，完全靠国家安排，实际上国家很难完全安排，现在这些新的社会阶层广开门路、自主择业，同时吸纳了很大一部分待业人员和公有制部门的富余人员，为国家排忧解难、缓解就业压力，确实为国家、为社会作出了贡献。②推动了经济发展，增加了社会财富。新的社会阶层利用他们手中的知识、技能、生产资料，直接参与或服务于生产过程，现在已经成为我国经济发展的一支十分重要的力量。③聚集了人才，成为一支不可忽视的力量。这些新的社会阶层，虽然在财产状况、社会职业上有些特殊性，但他们毕竟是社会主义大家庭中的一部分，而且他们中的许多人本来就是国有企业的经营管理者和职工、党政机关干部、高等院校、科研院所的专业技术人员。这些新的社会阶层，可以说是人才聚集的地方，我们没有理由把他们排斥在外。

正确认识目前我国新出现的社会阶层具有重要意义。社会主义的事业从来就是广大人民群众的事业，从来就是最大多数人的事业，我们要尽可能团结一切可以团结的力量，维护国家统一、民族团结和社会稳定，促进经济发展和社会全面进步。新出现的社会阶层也属于人民群众的范畴，只要他们拥护党、拥护社会主义、遵纪守法、为我国的经济发展和社会进步作出贡献，我们就应该把他们团结在我们党的周围，对他们的创业精神要鼓励，对他们的合法权益要保护，对他们中的优秀分子要表彰，以利于形成全体人民各尽其能、各得其所而又和谐相处的局面。

二、社会政治结构

（一）社会政治结构的一般特征

社会政治结构是指社会的政治上层建筑。上层建筑是建立在经济基础之上的社会意识形态以及与之相适应的制度和设施的总和。上层建筑由两部分组成：一是政治、法律制度与设施；二是与经济基础相适应的社会意识形态。前一部分称为政治上层建筑，即社会的政治结构；后一部分称为思想上层建筑，即社会的意识结构。二者密不可分，构成庞大的上层建筑体系，是社会有机体的“血肉”系统。社会政治结构有以下一些主要特征：

第一，社会政治结构具有强制性。

社会政治结构是一种超经济的力量。“政治是经济的集中表现”。① 政治作为经济的集中反映，具有比经济交往和其他交往更高的自觉性，因而对经济交往和其他交往的方向和方式能起到一种引导和规范的作用。政治法律制度作为人们行为的规范，限制着人们的政治行为，把人们的政治活动限定在一个不得任意超越的范围内，这种限制本质上就是一种强制，这种限制性就是强制性。这种强制性的重要特点在于，它既不像经济制度那样依靠物质利益关系的引导，也不像意识形态那样依靠说服或教化，而是直接依赖于暴力。各种政治法律制度都有与其相应的机构与设施，如国家政权、军队、警察、法庭、监狱等等，这些都是有组织的暴力。凭借着这些暴力，就能以强迫的方式使人们服从特定的社会政治法律规范。毛泽东在《论十大关系》中指出：“无产阶级专政不能没有很大的强制性。”②

社会政治结构的这种凭借着暴力的强制作用，对于保持社会秩序的稳定是十分重要的。社会政治结构的强制性，能够使人们的经济生活和整个社会生活在有序的状态下进行，因而

---

① 《列宁选集》第 4 卷，人民出版社 1995 年版，第 407 页。

② 《毛泽东文集》第 7 卷，人民出版社 1999 年版，第 36 页。

能够促进社会的发展。当然，对这种强制性的作用也要作具体的分析。反动没落的社会政治结构运用暴力镇压劳动人民的革命斗争，把社会限制在旧的秩序范围内，这种强制性就是反动的和倒退的，因而是必须打破的。但是，不论这种强制的性质如何，以暴力为后盾的政治结构对人类社会生活的巨大影响作用是不能否定的。越是在人类历史的早期，以暴力为后盾的社会政治结构在社会生活中的地位就越显得重要，因为分散的、无组织的个人在惟一的、以有组织的暴力为后盾的国家权力面前是完全无能为力的。随着社会的进步，人们越来越在全社会范围内组织起来，社会政治结构直接凭借暴力来发挥的作用也相应减弱，逐渐让位于间接地凭借暴力的作用方式。

第二，社会政治结构在阶级社会里具有鲜明的阶级性。

在阶级存在的社会里，社会政治结构以暴力为后盾的强制性，是同它的阶级性密切相联系的。在这种情况下，人们之间的政治斗争实质上是阶级斗争。恩格斯指出："在现代历史中至少已经证明，一切政治斗争都是阶级斗争，而一切争取解放的阶级斗争，尽管它必然地具有政治的形式（因为一切阶级斗争都是政治斗争），归根到底都是围绕着经济解放进行的。"①这就是说，基于物质利益之上的阶级斗争和政治斗争，是一个问题的两个方面。政治斗争就是各阶级间的斗争，阶级间的社会对抗是一切政治斗争的基础。以国家政权为核心的政治上层建筑，则是阶级斗争和阶级统治的工具。

第三，社会政治结构具有相对独立性。

社会政治结构是适应一定的经济结构的要求建立的，它根源于经济基础。但是，它作为一种超经济的力量，又超越于一定的经济基础。一种新的社会政治结构建立之后，就与经济结构有一种离异的趋势，具有自己独特的发展规律，就是说，具有相对独立性的特点。

首先，我们说上层建筑根源于经济基础，是从归根到底的意义上说的，不能简单、机械地理解为特定的经济基础一旦产生之后，上层建筑领域中的一切都要从头开始。事实上，任何一种社会政治结构的建立，都具有一定的历史继承性，总要从先前的政治结构中吸收一些对自己有用的东西。一种新的剥削制度取代旧的剥削制度之后，国家机器并没有被打碎，而是在本质上被继承下来了。无产阶级专政的建立固然要打碎剥削阶级的国家机器，但是并不排斥吸收其中对无产阶级有用的东西。当然，摈弃什么和保留什么，归根到底又都是根据经济基础的需要来确定的。

其次，我们说经济基础决定上层建筑的性质，也是从根本意义上说的。事实上，在不同的国家和民族中，由基本相同的经济基础所决定的上层建筑又各有差异，具有各自民族的特点，并非只有一种死板的模式。当然，上层建筑不论采取什么模式，归根到底总是由一定的经济基础决定的。

再次，我们说经济基础的发展变化决定上层建筑的发展变化，对这个问题也要作辩证的理解。经济基础的改变决定上层建筑的改变，并不是亦步亦趋，如影随形，而往往是有早有迟，参差不齐。改变本身是一个复杂的过程，受着其他因素的影响。正如马克思所说："随着经济基础的变更，全部庞大的上层建筑也或慢或快地发生变革。"②这也是社会政治结构相对独立性的重要表现。

---

① 《马克思恩格斯选集》第4卷，人民出版社1995年版，第251页。

② 《马克思恩格斯选集》第2卷，人民出版社1995年版，第33页。

（二）社会政治结构的内容和核心

社会政治结构包括政治法律制度与设施。具体来说，它的构成因素有两个方面：一是根据一定的意识形态所制定的各种制度和规章条例，其中主要是政治制度、法律制度，以及相应的各种具体制度；二是与一定的意识形态和制度相适应的各种设施，其中包括各种组织机构及其物质附属物，在有阶级的社会里，主要是国家政权的组织机构（如政党、政府、军队、警察、法院、监狱等）及其物质附属物。社会政治结构的主要内容是政治性质的，因而通常被称为政治上层建筑。

政治上层建筑与思想上层建筑之间存在着密切的关系。政治上层建筑的各种制度和设施是以一定意识形态即在经济基础上形成的一定的理论、思想观点为指导和依据而建立起来的。这些理论、思想观点也总是要求有建立相应的规章制度、组织机构和其他各种具体的设施，如果没有相应的制度、机构和设施，那么这些理论、思想观点便无法付诸实践，也就无法满足经济基础的需要。政治上层建筑与思想上层建筑是相互作用、相互制约的。正是由于上层建筑整个体系是以一定的理论、思想观点为起点的，列宁曾把全部社会上层建筑称之为建立在物质关系（即经济基础）之上的思想关系，相对于作为经济基础的物质关系而言，作为上层建筑的思想关系是第二性的、派生的关系。在上层建筑的整个体系中，政治和经济的联系是最直接的，对上层建筑的其他部分起着不同程度的制约和影响作用，起着某种主导的即规定方向的作用，并且集中地表现了一定的上层建筑的性质和实质内容。所以，政治观点和政治制度是上层建筑中最重要的部分，而国家政权是整个上层建筑体系中的核心力量。在有阶级存在的社会中，规定和调整阶级关系的主导力量就是国家政权。当然，政治和整个上层建筑体系中其他各构成部分一样，在不同的历史条件下有着不同的内容。在剥削阶级消灭之前和消灭之后，政治的内容就有很大的不同。

（三）国家的实质、类型和职能

国家不是从来就有的。在原始社会里，没有私有制，没有阶级，没有剥削和压迫，也就不存在作为阶级压迫工具的国家。随着原始社会的解体、阶级分化的加深、奴隶和奴隶主之间阶级矛盾的尖锐化，奴隶主阶级为了有效地压制奴隶的反抗，加强对奴隶的残酷剥削，就凭借自己拥有的强大经济实力，建立起一种特殊的暴力组织，使自己在政治上也占有统治地位，而这种暴力组织就是国家。可见，国家不是从来就有的，它既不是“君权神授论”所宣扬的那样是按照神的意志产生的，也不是“社会契约论”所宣扬的那样是根据人们订立的契约形成的。正如列宁所指出的，国家“只是在社会划分为阶级，即划分为这样一些集团，其中一些集团能够经常占有另一些集团的劳动的地方和时候，只是在人剥削人的地方，才产生出来的”。[①] “国家是阶级矛盾不可调和的产物和表现”。[②]

国家的实质在于它是一个阶级统治另一个阶级的工具。国家并不是对各阶级一视同仁地来管理社会公共事务的机构，它只是为统治阶级服务、保证统治阶级能对社会进行政治统治的机构。国家是依靠暴力来进行统治的。军队、警察、监狱等是国家的暴力组织，其中，军队又是最重要的力量。历史上的任何国家，都是一定阶级专政的国家。

---

① 《列宁选集》第4卷，人民出版社1995年版，第28页。

② 《列宁选集》第3卷，人民出版社1995年版，第114页。

国家的具体性质，要视其中各个阶级居于什么地位、特别是什么阶级占据支配地位这一点来确定，这也就是国体问题。统治阶级采取什么方式组成自己的政权和行使自己的权力则是国家形式的问题或政体问题。国体和政体的关系是内容和形式的关系，国体是国家的阶级内容，政体是国家的组织形式，内容决定形式，形式反过来为内容服务。

历史上曾经出现过的国体，有奴隶主阶级专政的国家、地主阶级专政的国家、资产阶级专政的国家和无产阶级专政(人民民主专政)的国家。在特定的历史条件下，也会出现某些阶级联合专政的国家。例如，旧中国曾经是官僚买办资产阶级和地主阶级专政。同一种类型的国体，可以有不同的政权组织形式即不同的政体。古代奴隶主阶级专政的国家，有君主制和共和制、贵族制和民主制等不同的政体。近代以来的资产阶级专政的国家，主要有君主立宪制和共和制两种不同的政体。共和制是资产阶级国家的典型形式，其中又可区分为议会制和总统制两种类型。在同一阶级本质的国家里，统治阶级也会根据自己的需要和阶级斗争形势的变化而在不同的历史阶段上采取不同的国家政权的组织形式。

国家是阶级统治的工具，还具体表现在国家的职能上。奴隶社会、封建社会和资本主义社会的国家的对内职能是:镇压被剥削、被压迫阶级的反抗，调节统治阶级内部各个集团的利益，保证居于统治地位的剥削阶级在经济、政治、思想各方面对劳动人民的统治和剥削。其对外职能是:保护本国剥削阶级的利益不受外来侵犯，控制、侵略、掠夺和奴役其他国家的劳动人民。剥削阶级国家的职能，除了上述的基本方面以外，它的某些非基本方面也会随着经济基础的变化而变化。就现代资产阶级国家来说，随着资本主义私有制的具体形式的变化，国家在一定程度上干预和调节经济的职能越来越明显。当然，它不可能真正解决宏观经济中的诸种矛盾和生产的无政府状态，这是资本主义私有制的本性所决定的。社会主义国家和资本主义国家根本不同,它是无产阶级专政(人民民主专政)的国家，是新型国家,是以工人阶级为领导的、以工农联盟为基础的国家政权，是工人阶级领导广大人民进行社会主义革命和社会主义建设的工具。它的对内职能是:依照宪法和法律，镇压被推翻的反动阶级的反抗，正确处理人民内部的各种矛盾，维护国家的统一，大力组织经济建设和文化建设，不断满足人民物质和文化生活的需要。其对外职能是:保卫本国的领土完整，防御外敌的侵犯和颠覆;坚持无产阶级国际主义，反对帝国主义、霸权主义，维护世界和平，发展同其他国家的友好合作关系。任何国家都是通过它的基本职能而发挥它对社会的作用的。国家对内、对外两种职能是相互联系的，其中对内职能是主要的、起决定作用的方面。

阶级和国家都是一种历史现象。阶级消灭和国家消亡在社会历史发展中是同一过程的两个方面，阶级消灭是国家消亡的前提，国家消亡是阶级消灭的必然结果。随着阶级的消灭，国家也不可避免地消亡。这里所谓的国家的消亡，是指无产阶级国家的消亡。资产阶级国家是不会自行消亡的，只有通过无产阶级革命才能消灭它。而无产阶级国家则不同，它是人类历史上最后一种国家形式，必然随着阶级的消灭而逐渐失去作用和自行消亡。当然，在一定时期内和一定条件下，必须维护和巩固而不是削弱无产阶级专政的国家。只有这样，才能为将来的国家消亡创造条件。

三、社会文化结构

“文化”一词通常有广义和狭义两种含义。广义的文化是指人的活动的结果，即人们在物质活动和精神活动中所创造的一切，包括物质文化、精神文化以及风俗习惯等“人化”的事物。

狭义的文化是指社会意识形态，仅仅指与精神生产有关的观念形态。正如毛泽东所说："一定的文化是一定社会的政治和经济在观念形态上的反映。"①我们在这里所说的文化，是指与经济、政治相对应的观念形态的文化，即狭义的文化。

(一)文化结构与意识形态、文明形态

文化结构是指政治法律思想、伦理道德、文学艺术、宗教、哲学等多种意识形态的联结方式。由于文化结构也是建立在经济结构的基础之上，并同政治上层建筑相对应，所以，文化结构又被称作思想的上层建筑或观念的上层建筑。

意识形态属于社会意识范畴，可它又不等于社会意识。从历史上看，社会意识是与人类社会一同产生的，有人类社会就有社会意识，意识形态则是在人类社会发展到一定阶段时才出现的，而且与私有制、阶级关系以及脑力劳动与体力劳动的分工密切相关；从与经济结构的关系看，社会意识包括两方面的内容，即意识形态和科学，而意识形态仅仅指观念形态的文化，不包括科学。

在阶级社会中，文化往往具有意识形态性，而意识形态又具有阶级性。在同一阶级社会中往往存在着三种不同的意识形态：首先是反映现实社会中占统治地位的生产关系并为其服务的意识形态；其次是反映在现实社会中已被消灭或正在被消灭的生产关系的意识形态；再次是反映现实社会中正在成长着的生产关系的意识形态。其中，反映和维护现存经济结构和政治结构的意识形态占据统治地位。

一般说来，在经济结构中占统治地位的阶级总是调节着自己时代的思想的生产和分配，并在文化结构中占主导地位。"占统治地位的思想不过是占统治地位的物质关系在观念上的表现，不过是以思想的形式表现出来的占统治地位的物质关系；因而，这就是那些使某一个阶级成为统治阶级的关系在观念上的表现，因而这也就是这个阶级的统治的思想。""统治阶级的思想在每一时代都是占统治地位的思想。"②这种占统治地位的意识形态直接决定着文化结构的性质，并成为该社会的精神标志。

文化与文明密切相关。文明是文化的积极成果，文化是文明的精神支撑，但二者又有不同之处。作为观念形态的文化是相对于社会的经济形态、政治形态来说的，而文明则是相对于人类的野蛮状态而言的，是标志社会进步程度的概念。

文明具有多种形态。马克思、恩格斯曾指出，生产力是文明的果实，科学和艺术是文明中的精品，哲学是文明的活的灵魂。这实际上是指出了文明的两种形态，即物质文明和精神文明。不仅如此，马克思还明确提出了政治文明这一概念。物质文明是社会维持自身存在的物质基础，表现为社会物质生产的发展和物质生活的进步，标志着生产力水平和物质财富的丰富程度；精神文明是社会发展的智力因素和精神支柱，表现为社会的科学进步、教育水平以及思想道德面貌；政治文明表现为社会的政治制度的进步，人民参与政治生活的积极性和享有各种民主权利的程度。

生态文明是继农业文明、工业文明之后的一种新的文明形态，是针对工业文明的片面发展、科技的不当应用给人类社会的存在和发展带来负面效应而提出的新要求。我们应当明白，没有物质文明建设的成就，生态文明建设就会受到限制；没有精神文明建设的成就，不确立

① 《毛泽东选集》，2版，第2卷，第694页。

② 《马克思恩格斯选集》，2版，第1卷，第98页。

既改造自然又保护自然的新观念，就不会有正确的生态观，更不可能有效地进行生态文明建设；没有政治文明的建设，不把保护生态问题制度化、法制化，就会使生态文明建设流于形式。反过来，生态文明建设的成就也有利于物质文明建设，有利于精神文明的提高，有利于政治文明的发展，从而真正代表人民群众的根本利益。因此，我们要在正确认识和处理物质文明、精神文明和政治文明的关系的同时，关注生态文明建设。

（二）文化结构的要素及其关系

在文化结构中，各种意识形态都有其不同的内容和作用，但由于它们都根源于经济结构，都是从不同的侧面以不同的方式反映社会生活，所以在内容上必然相互关联、相互补充。文学艺术、伦理道德、政治法律思想、宗教神学和哲学相互渗透、相互影响、相互制约，形成了一个完整的文化结构。

文学艺术是通过塑造具体生动的形象来反映社会生活的意识形态，它的最大特点就是依靠形象的美来表现人们对社会生活的理解、情感、愿望和意志，按照审美的规则来把握和再现生动的社会生活，并用美的感染力具体地影响社会生活。

伦理道德是调整人们之间以及个人与社会之间关系的行为规范的总和，是一种依靠社会舆论、信念、习惯、传统起作用的精神力量。道德比较直接地反映人们在社会生活中的相互关系，并使这些关系更全面、更细致地体现在人们的行为之中。在阶级社会中，伦理道德则依阶级的不同而不同，每一个阶级都有着自己的道德观念和道德准则。

政治思想是人们关于社会政治制度、政治生活、阶级或社会集团相互关系的观点的总和；法律思想是关于法的关系、规范和设施的观点的总和。政治思想和法律思想的联系极其密切，广义的政治思想就包括了法律思想。政治思想和法律思想是最直接、最集中地反映经济结构的意识形态，往往处于意识形态的核心地位。

宗教是统治人们的自然力量和社会力量在人们头脑中虚幻的、颠倒的反映，是由对超自然实体，即神灵的信仰和崇拜来支配人们命运的一种意识形态。宗教信仰、宗教仪式和生活规定，如吟诵经咒、祈祷、斋戒、膜拜偶像等，同宗教组织、宗教设施以及专门的神职人员等结合在一起，形成了一种强大的精神力量和社会势力。

哲学是系统化、理论化的世界观，既是一种知识体系，又是一种意识形态，以一种抽象的概念运动反映现实的社会运动，从最一般原则的高度指导人们的社会实践，支配人们的思想观念。

各种意识形态有着不同的内容、方式和作用：

第一，对社会生活反映的内容不同。各种意识形态都是对社会生活的反映，但是它们又有各自不同的反映侧面或水平。文艺从审美的角度反映人们的物质生活以及政治生活、精神生活；道德从伦理的角度反映个人、家庭、阶层、阶级的关系；政治法律思想是直接为维护某种生产关系或改变某种生产关系而服务的；宗教和哲学都是从总体上反映人与世界的关系。

第二，对社会生活反映的方式不同。各种意识形态反映社会生活的方式，大体上依文学艺术、宗教、伦理道德、政治法律思想和哲学的次序，一个比一个更抽象、更概括、更富于概念和逻辑的特色。艺术的语言是形象，宗教的语言是直观感性，伦理道德和政治法律思想所使用的语言是同人们的具体行为密切相关的特殊概念，哲学的语言则是抽象的一般概念。政治法律思想、伦理道德、文学艺术、宗教、哲学同经济结构的联系，依次一个比一个远些、间接程度大些。政治法律思想直接随着经济结构的变化而变化，伦理道德则在一定程度上保持着自身的传统和惯性，文学艺术、宗教、哲学往往要通过许多中间环节才同社会的经济结构联系起来。

第三，对社会生活的作用不同。各种意识形态对社会生活反作用的方式、大小和性质，在不同历史条件下是不同的。依哲学、文学艺术、伦理道德、政治法律思想的次序，它们在贯彻于社会生活时，分别通过对人们作思想上的原则指导、心理感召和情感熏陶、舆论和习俗的维护，直至半强制和强制的约束，一个比一个更富有指令性和强制性，而其作用的具体收效，也一个比一个更及时、更迅速。随着人们成为自然和社会的主人、能够完全掌握自己的命运，宗教将逐步消亡。

在文化结构中，各种意识形态相互补充、相互渗透、相互影响，构成一个意识形态体系。这是因为，各种意识形态都是对统一的社会生活的反映。同一性质的意识形态都为同一经济形态、政治形态服务，只不过反映和服务的侧面、重点、方式不同罢了。随着社会的发展，每一时代的意识形态之间，在许多相互区别的具体特点背后，总有一些共同的内容，有统一的历史面貌。同时，各种意识形态之间在内容上相互补充、相互渗透，形式上相互交叉、相互为用，在发展过程中相互影响、相互制约。例如，文学艺术把道德、政治、宗教等作为内容，哲学与宗教曾经互为形式，政治法律思想和伦理道德在内容上互相包含。在历史上，哲学、宗教、文学艺术、政治法律思想等，都对民族道德的形成和巩固起了重要的作用，而传统道德一旦形成，对具体的政治法律思想和文学艺术的形式也有很大的约束力。意识形态对社会生活的作用，是通过相互补充来实现的。

（三）文化结构的相对独立性和功能

文化结构源于经济结构，但它一经形成，便具有相对的独立性。这种相对独立性首先表现为文化结构的变化发展，与经济结构的变化发展不一定完全同步。文化结构有时会落后于经济结构，对社会的发展起阻碍作用；有时又会预见到经济结构未来的发展趋势，对社会的发展起推动作用。但是，这种独立性是相对的。旧的意识形态不可能在它的经济基础被消灭之后长久地存在下去，新的意识形态也只有在社会已经具备了提出新任务的条件时才能产生。

其次，文化结构的相对独立性表现为发展的历史继承性。一定历史发展阶段上的文化结构，在内容上主要是反映现实的经济结构，但它同时会吸收、保留以往意识形态的某些内容，“古为今用”；在形式上会继承以往创造的形式，同时根据新的内容和条件加以改造、补充和发展，并创造新的具体形式，“推陈出新”。正是由于这种继承性，才有文化结构发展的独特的历史及其可以追溯的历史线索，才能形成各具特色的民族文化传统。

文化结构的相对独立性，使它具有独特的社会功能。

首先，文化具有承载和传递文明的功能。在文化的各种形式中，积累着人们认识世界和改造世界的知识和经验。人们正是通过不同的文化形式把这种积累一代一代传下去。这种传递方式可以是符号（语言、文字），可以是物质载体（文物、艺术作品）；可以是历时性的（从古到今），可以是共时性的（民族或国家间的）文化交流。文化的这种功能，可以使人们在几年、十几年、几十年中掌握人类几千年积累的经验，避免了一切“重新开始”。如果每一代人一切都“重新开始”、从头再来，现在我们还是原始人。

其次，文化具有教化功能。尽管观念文化属于精神生产，但它可以通过语言文字以及其他物质载体，使其由个人意识转变为社会意识，由主观精神转变为客观精神，从而形成一种文化环境。我们每一个人一出生就无可选择地生活在一个特定的文化环境中，所谓人的社会化过程，实际上就是接受文化环境的培育和熏陶的过程。晏子所说的“橘生淮南则为橘，生于淮北则为枳。叶徒相似,其实味不同。所以然者何？水土异也”，蕴涵着这样一个道理，即不同的植物有不同的特定的自然环境。人则有自己的文化环境。人的不同往往是由于生长其中的文化环境不同。荀子说的“越人安越，楚人安楚”，实际上是由于文化环境不同造成的。

再次，文化具有塑造民族精神的功能。一个民族的民族精神是包含着民族心理、民族性格、民族传统在内的有机整体。民族精神是一个民族赖以生存和发展的精神支柱，一个民族没有振奋的精神和高尚的品格，就不可能自立于世界民族之林。中华民族是饱受风霜、久经磨炼的民族。无论是面对自然灾害，还是面对社会灾难，中华民族从未气馁，总是奋力拼搏，而支撑中华民族历史绵延不断的就是自强不息、团结奋斗的伟大民族精神。这种民族精神深深扎根于中华民族的历史和文化土壤之中。

文化的力量，深深熔铸在民族的生命力、创造力和凝聚力之中，而先进文化预示着社会发展的方向。在当代中国，发展先进文化就是发展面向现代化、面向世界、面向未来的，民族的、科学的、大众的社会主义文化，从而不断丰富人们的精神世界，弘扬和培育民族精神。

四、社会形态

(一)社会形态、生产技术形态和经济运行形态

1. 社会形态

社会形态是揭示社会质的规定性的范畴，是指同生产力发展一定阶段相适应的经济基础和上层建筑的统一体，是指建立在一定生产力发展水平之上，以生产关系为标志，由经济基础和上层建筑构成的社会发展阶段和类型。

(1)社会形态是关于社会性质、社会发展阶段和类型的范畴。这样就把“社会”这个概念具体化、深化了，不是指“一般社会”的笼统概念，也不再是指由个人所组成的社会或由社会全部要素所组成的“统一体”的肤浅概念，而是在人类社会发展过程中考察人类社会性质和结构的一个概念。

(2)明确指出组成人类社会各种要素在社会形态中的地位和作用:①生产力不是构成社会形态的要素，也不是区分社会形态的直接标志，但它是社会形态存在和发展的物质基础，是处于同一社会形态不同国家具体特点的基本依据。这就是说任何一种社会形态的国家都必须建筑在一定的生产力发展水平之上。②生产关系是构成社会形态的“骨骼”，是判断一定社会形态性质的标志。正如列宁所指出的:“一分析物质的社会关系，……立刻就有可能看出重复性和常规性，把各国制度概括为社会形态这个基本概念。只有这种概括才使人有可能从记载(和从理想的观点上来评价)社会现象进而以严格的科学态度去分析社会现象，譬如说，划分出一个资本主义国家和另一个资本主义国家的不同之处，研究出一切资本主义国家的共同之处。”③上层建筑是构成社会形态不可缺少的要素。列宁讲过:“《资本论》……虽然他完全用生产关系来说明该社会形态的构成和发展，但又随时随地探究这种生产关系相适合的上层建筑，使骨骼有血有肉。”① 上层建筑作为“血肉”与生产关系(经济基础)的“骨骼”一起共同构成社会形态的有机整体。

(3)从整个人类社会历史的发展来看，已经依次经历了五种社会形态，即原始社会、奴隶

① 《列宁选集》第1卷，人民出版社1995年版，第9页。

制社会、封建制社会、资本主义社会和社会主义社会。

2. 生产技术形态

生产技术形态是揭示社会量的规定性的范畴。生产技术形态是指一定社会发展阶段的生产力水平和技术水平以及与此相联系的产业结构，或者说，生产技术形态是从社会的生产技术方面来划分社会发展阶段的。根据这个标准，可以把人类历史划分为石器时代、铜器时代、铁器时代、蒸汽时代、电气时代、电子时代等几个阶段。西方资产阶级的一些学者把人类历史划分为渔猎社会、农业社会、工业社会和未来的信息社会，也是从生产技术方面来划分社会类型和社会发展阶段的，这同历史唯物主义的基本观点是相符合的，是正确的。问题在于有些人以此来否认历史唯物主义关于社会形态的正确性，否认社会主义和资本主义两种社会形态的本质区别，进而诋毁社会主义、美化资本主义，则是错误的、片面的。

社会形态的发展与生产技术形态的发展是交织在一起的。社会形态从低到高发展的顺序与生产技术形态的历史顺序既有对应的一面，又有不完全对应的一面。因为社会形态必须建立在一定生产力的发展水平之上，正是从这个意义上，社会形态与生产技术形态发展的顺序有其相对应的一面，即马克思所说“手推磨产生的是封建主的社会，蒸汽磨产生的是工业资本家的社会。”以中国历史的发展为例，石器时代是原始社会，青铜器时代是奴隶制社会，铁器时代是封建制社会。然而问题还有另外一面，因为任何一个社会的发展还要受到多种社会因素的影响，诸如生产力与生产关系、经济基础与上层建筑之间矛盾激化的程度，在阶级社会里阶级和阶级斗争的状况以及外部条件，如国际环境等的制约和影响。因而社会形态与生产技术形态发展的顺序又有不完全对应的一面。在相同的生产技术水平基础上，不同的国家可能建立起不同性质的社会形态在;不同的生产技术水平基础上，不同的国家又有可能建立起相同性质的社会形态。生产技术水平较高的国家，其社会形态可能处于较低阶段;生产技术水平较低的国家，其社会形态又有可能处于较高阶段，这种情况在历史和现实中都存在。

3. 经济运行形态

经济运行形态也是揭示社会量的规定性的范畴。经济运行形态是指同一定社会发展阶段生产力水平相适应的并由其直接决定的经济运行机制与经济交往形式。经济运行形态，一方面要从属于一定的生产关系;另一方面也要与生产力的发展水平相适应。在古代，当人们刚刚摆脱动物状态的时候，生产工具十分落后，生产能力十分低下，而自然环境又十分恶劣，这就制约着人们只能采取群体的方式进行生产，并决定了经济运行形态处于规模狭小的原始的自然经济状态。之后，随着生产的发展，出现了青铜器和铁器，生产力水平有了很大提高，生产力的性质也从原始生产力转变到个体生产力的发展时期，一家一户的生产发展时期，经济运行形态也进入到自给自足的自然经济。之后，生产进一步扩大、提高，相继出现了蒸汽机、电动机，解放了人们的手和脚;电子计算机、人工智能机的出现，又进一步解放了人们的智力，并逐步代替人们的部分脑力劳动，这不仅给生产带来巨大的发展，而且生产力的性质再一次发生深刻的变革，从个体性生产力进入到社会化生产力的时期。与此相适应，经济运行形态进入到商品经济、市场经济。未来的共产主义社会，生产力将极大发展，物质财富将极大丰富，劳动不再是谋生的手段，经济运行形态也将进入最高形态，即产品经济。所以，从整个人类历史的发展进程来看，可以把社会经济运行形态依次划分为:自然经济——商品经济(市场经济)——产品经济三种形态。

经济运行形态的发展与社会形态的发展也是交织在一起的。社会形态历史发展的顺序同经济运行形态的历史发展顺序有对应和不完全对应两个方面。两者相对应，是指社会形态总要建立在一定的经济运行形态的基础之上；不完全对应，是指经济运行形态和社会形态不是一一对应的关系，往往是和历史上高低不同的几种社会形态相对应。一般说来，自然经济是奴隶制社会、封建制社会的经济运行与交往的形式，商品经济是资本主义社会的经济运行与交往形式，产品经济是未来共产主义社会的经济运行与交往形式。这是就整个世界的基本阶段划分的。至于过渡的社会形态或历史发展阶段，经济运行与交往形式就比较复杂了。从封建制社会向资本主义社会过渡的历史阶段，无论是旧中国，还是在其他国家，往往是同时存在着自给自足的自然经济与商品经济两种形态。社会主义社会既是一个独立的社会形态，同时又是共产主义社会的初级阶段，经济运行与交往形式也不能不有自己的特殊性。在一个时期里，特别是刚刚建立起社会主义制度的国家在相当长的一段时期里需要发展商品经济、市场经济，这正是当今社会主义国家经济体制改革所面临的重要课题。

分析经济运行形态与社会形态的关系，既不能将二者割裂，也不能混为一谈。商品经济、市场经济只是经济运行的方式，是生产关系与生产力的“中介”，它本身不存在“姓社”“姓资”的问题。但是，它又和一定的社会形态相联系，或为资本主义所利用，或为社会主义所服务，这又有资本主义市场经济与社会主义市场经济的区别了。

（二）社会形态发展的一般规律和特点

社会形态，包括生产技术形态和经济运行形态，在整个人类社会历史发展过程中是一个动态的发展过程，既有人类共同遵守的共同规律，又有每个国家、每个民族的具体情况、具体特点和特殊性。

1. 社会形态发展的普遍性

社会形态发展规律的普遍性，有两个方面：

（1）关于社会形态的性质。任何一个国家、地区和民族只要具有相同发展水平的生产力、相同性质的生产关系和上层建筑，就必然属于同一种社会形态，同一种生产技术形态或经济运行形态。反之，如果社会形态不同，这些国家、地区和民族的生产力发展水平、生产关系的性质、上层建筑的性质不同，相应的生产技术形态、经济运行形态也不同。

（2）关于社会形态的发展规律。世界上不同国家、地区和民族历史发展的基本趋势和基本过程，在社会基本矛盾的共同作用下是相同的。在没有外部因素影响或外来干涉的条件下按其自然的历史过程，一般都从低到高依次经历原始社会、奴隶制社会、封建制社会、资本主义社会和社会主义社会五种形态；生产技术形态依次经历石器时代、铜器时代、铁器时代、蒸汽时代、电气时代、电子时代或农业社会、工业社会、未来信息社会等几个阶段；经济运行形态则依次经历自然经济、商品经济（市场经济）和未来产品经济三种形态。

2. 社会形态发展的特殊性

社会形态发展规律的特殊性也有两个方面：

（1）不同国家、地区和民族的社会形态的具体形式各有其特殊性，生产技术形态和经济运行形态也是有差别的。中国和希腊是世界上最早的两个文明古国。早在公元前21世纪，中国就进入了奴隶制社会。中国的奴隶制社会是在铁器尚未使用的情况下发展起来的，保留了公社共同体的组织形式，土地属于奴隶主所有，奴隶被迫进行大规模的集体耕作或家庭耕作，这是一种宗族式的奴隶制。希腊则是在公元前7～6世纪，在希腊半岛、小亚细亚沿岸、意大利南部和西西里岛一带建立起奴隶制的城邦国家。在手工业和商业比较发达的地区形成强大的工商奴隶主阶级，在经济不发达地区形成强大的贵族奴隶主阶级，无论工商奴隶主阶级还是贵族奴隶主阶级实行的都是奴隶主私人土地所有制，直接驱使奴隶进行庄园或作坊劳动，这和中国的奴隶制显然是有区别的。

（2）各个国家、地区和民族发展演进的具体道路又有其特殊性：①社会发展阶段的超越性问题。就整个世界历史的进程而言，人类社会发展的进程是一个阶段一个阶段顺序发展的，具有不可超越性。但是对每个国家、地区和民族而言，因具体情况不同，往往会出现超越社会发展阶段的现象。例如，欧洲的封建制度是在罗马帝国奴隶制的废墟上建立起来的，当时日耳曼人的社会还处在原始社会的末期，经济文化都比较落后，在日耳曼人征服了罗马帝国后并没有使被征服民族的先进社会制度服从并倒退为落后的社会制度，而是征服者落后的社会制度服从了被征服民族的先进社会制度，一跃而进入先进的封建社会。16 世纪，当英国、法国、荷兰、西班牙等殖民主义者侵入北美大陆时，当地的土著民族尚处于原始氏族公社阶段，以后经 1775 年的独立战争和 1885 年的南北战争，美国完成了资产阶级革命，跨越了奴隶制和封建制两个社会发展阶段，直接进入资本主义社会。新中国在建国初期，藏、彝等少数民族地区还处在奴隶制社会阶段，东北的鄂伦春族甚至还处在原始社会阶段，这些民族在中国共产党和人民政府的领导下，在其他先进民族的帮助下，也跨越了几个社会发展阶段直接进入到社会主义社会。可见，整个人类社会历史发展的有规律的现象是通过各个国家、各个地区和民族丰富多彩的具体进程来实现的，只有两者的有机结合，才能正确理解和把握特定的社会形态及其发展规律。②新旧社会形态交替不同步性的问题。按照整个人类社会从低到高发展的历史来看，只有旧的社会形态充分发展以后才会有新的社会形态代替它。但就不同国家、地区和民族社会形态更替的具体情况来看，并不一定如此。新的社会形态并不一定发生在旧社会形态发展最充分、最完善的国家，而往往发生在旧社会形态发展不充分、不完善的国家、地区和民族，例如，西欧奴隶制度发展得比较充分、完善，无论是奴隶制的国家制度，还是奴隶们所受到的沉重剥削，都十分典型。恰恰是因为奴隶制度十分充分、十分典型，所以封建制度取代奴隶制度就比较艰难，从公元 476 年西罗马帝国灭亡标志欧洲进入封建制历史发展阶段，经过几百年的缓慢发展，直到 11 世纪中央集权的封建君主专制制度才开始出现，而且很不成熟、很不典型。正因为封建制度不成熟、不典型，因而很快就被资本主义制度所取代，并使资本主义制度走在世界的前列。中国的奴隶制度虽然出现的时间早，但其发展不成熟、不典型，所以从公元前 5 世纪就开始出现封建制度的萌芽，并很快建立起大一统的封建专制主义的统治，而且这个统治延续了两千多年。正因为封建统治比较充分、比较完善，所以资本主义的因素起步较晚，并在外国资本的入侵下很快败下阵来，沦为半殖民地半封建社会。正是这样一个社会，又促使中国人民在中国共产党的领导下很快觉醒，掀起新民主主义革命高潮，并取得胜利，走上社会主义的发展道路。

（三）中国共产党人对社会形态理论的贡献

中国人民在中国共产党的领导下，推翻了帝国主义、封建主义和官僚资本主义在中国的统治，取得了新民主主义革命的胜利。全国解放后又不失时机地开展了农业、手工业和资本主义工商业的社会主义改造，在占世界人口四分之一的国家确立了社会主义制度。这是对整个人类历史发展的重大贡献，然而我们是在一个经济文化比较落后的国家建设社会主义的，其社会性质、社会发展阶段以及所面临的任务等，都具有自己的特点。如何正确认识这些特点，这是当代马克思主义理论的重大课题，也是我国社会主义建设的基本出发点，无论在理论上，还是在实践上都具有极其重大的意义。

中国共产党在十一届三中全会以后，认真总结了社会主义建设正反两方面的经验教训，在第十三次全国代表大会上提出我国正处在社会主义初级阶段的论点，对我国现阶段的社会形态终于有了一个十分明确的认识。这个论断包含两个方面的含义：一是我国已经是社会主义社会，我们必须坚持而不能离开社会主义；二是我国社会主义社会还处在初级阶段，这不是泛指任何国家进入社会主义都会经历的起始阶段，而是特指我国在生产力落后、商品经济不发达条件下建设社会主义必然要经历的特定阶段，它是一个至少需要上百年的历史阶段。制定一切方针、政策都必须以这个基本国情为依据，不能脱离实际、超越阶段。社会主义初级阶段理论是对历史唯物主义社会形态理论的创造性运用和发展。同时，在十一届三中全会以后，中国共产党反复思考如何具体实施社会主义的发展战略，并最终形成了一系列具体政策和观点，这都是对社会形态理论的重大贡献。

1. 科学地区分了两种不同起点的社会主义

两种不同起点的社会主义，即在发达资本主义国家基础上建成的社会主义和在经济比较落后的国家建成的社会主义。后一种社会主义是社会主义运动中的崭新课题。马克思晚年在研究东方落后国家的历史发展问题时曾经说过，像俄国这样的落后国家“有可能不通过资本主义制度的卡夫丁峡谷，而享用资本主义制度的一切肯定成果。”①这里直接论及的是无产阶级革命的问题，虽然内在地包含着落后国家如何建设社会主义的问题，但马克思本人并没有明确地指出，也未做具体论述。列宁在领导俄国革命和建设的过程中，首先在一个经济文化比较落后的国家取得无产阶级革命的成功，随后又进行了社会主义建设的实践，并取得非常宝贵的经验。遗憾的是列宁生前社会主义建设实践的时间十分短暂，一些好的经验没有来得及经受更长时间的检验，特别是在理论上未来得及进行系统总结。随后斯大林在领导前苏联人民进行几十年的社会主义建设过程中，虽然也取得了很大的成绩，但是在思想理论上并没有沿着马克思、列宁所开辟的道路走下去，因而使前苏联，也使整个社会主义运动遇到了许多的困难和挫折，特别是 20 世纪 80 年代末 90 年代初发生的历史巨变，使这个问题更加突出。正是在这样一个历史背景下，中国共产党人总结了社会主义建设的经验教训，回答了像中国这样经济文化比较落后的国家应当如何建设社会主义，应当如何巩固和发展社会主义等一系列问题，为落后国家建设社会主义开创了一个新的起点、新的思路。

2. 明确地提出应当从社会的质和量相统一的角度认识社会主义

社会主义初级阶段的第一层含义，肯定了中国人民在特定历史条件下从一个半殖民地半封建社会进入到社会主义社会，这就从质的规定性上确认我们国家已经建立起社会主义的根本制度。社会主义初级阶段的第二层含义，肯定了我国的社会主义制度尚处于它的“初级阶段”，这就是从社会量的规定性角度，这个“量”，我们说的不是“纯粹数量的多少”，而是指“发展的程度和水平”——确认我们国家的社会主义目前尚处于它的“初级阶段”。这就从定性分析深入到定量分析，对我国社会主义制度作了全面、精确的科学规定。马克思在《资本论》中，把资本主义划分为简单协作、工场手工业和机器大生产三个阶段；在《哥达纲领批判》中，把共产主义社会划分为低级、高级两个阶段。但是，对社会主义社会的发展及其阶段的划分没有论及。列宁非常重视划分社会发展的不同阶段，把资本主义的发展划分为自由竞争

① 《马克思恩格斯全集》第 19 卷，人民出版社 1963 年版，第 438 页。

阶段和垄断阶段，对社会主义的发展先后使用了“初级形式的社会主义”“发达的社会主义”“完全的社会主义”等概念，但是没有作出系统的理论分析。斯大林则没有注意研究社会发展阶段的问题，他把资本主义向社会主义的过渡和社会主义社会本身都看作是非常短暂的过程，从而过早地宣布苏联已经建成社会主义，并开始向共产主义过渡。理论上的失误，必然在实践中造成严重的恶果。中国共产党经过长期的探索，终于认识到不仅要从社会质的角度认识社会主义，而且要从质和量相统一的角度认识社会主义。这就为正确认识自己的国情，正确制定社会主义社会发展战略、策略、路线、方针和政策提供了科学依据，并在此基础上逐步形成中国特色社会主义理论，为中国社会主义建设开辟了光辉的前景。

3. 积极探索和实践了建设社会主义的具体步骤

从社会主义不同起点和质和量相统一的角度来认识社会主义的理论，必然成为我们党建设社会主义的实际步骤。在党的十一届三中全会以后，邓小平就一再提出关于建设社会主义战略部署的问题，并最终形成了关于“三步走”的战略设想。具体就是：第一步，从 1981 年到 1990 年实现国民生产总值比 1980 年翻一番，解决人民的温饱问题；第二步，从 1991 年到 2000 年使国民生产总值再增长一倍，人民生活水平达到小康水平；第三步，到 21 世纪中叶，人均国民生产总值达到中等发达国家水平，人民生活比较富裕，基本实现现代化。现在，我们前两步目标已经实现。1997 年，我们党在召开的第十五次全国代表大会上对实现第三步目标做了进一步规划，提出了新的“三步走”战略，即：到 2010 年国民生产总值比 2000 年翻一番，使人民的小康生活更加富裕，形成比较完善的社会主义市场经济体制；再经过十年的努力，到 2020 年，使国民经济更加发展，各项制度更加完善；到 21 世纪中叶，新中国成立一百年时，基本实现现代化，建成富强、民主、文明的社会主义国家。2002 年，我们党在召开的第十六次全国代表大会上根据 21 世纪前二十年的重要战略机遇期，提出全面建设小康社会的奋斗目标。2007 年在党的十七大报告中又非常具体地讲到：“到 2020 年全面建设小康社会目标实现之时，我们这个历史悠久的文明古国和发展中社会主义大国，将成为工业化基本实现、综合国力显著增强、国内市场总体规模位居世界前列的国家，成为人民富裕程度普遍提高、生活质量明显改善、生态环境良好的国家，成为人民享有更加充分民主权利、具有更加文明素质和精神追求的国家，成为各方面制度更加完善、社会更加充满活力而又安定团结的国家，成为对外更加开放、更加有亲和力、为人类文明作出更大贡献的国家。”2012 年党的十八大报告进一步提出，要确保到 2020 年产现全面建成小康社会宏伟目标实现国内生产总值和城乡居民人均收入比 2010 年翻一番。在如何建设社会主义的问题上，我们党胸怀大略、高瞻远瞩，同时又脚踏实地地、一步一个脚印地在带领着中国人民朝着光辉的未来迈进。

思考题：

1. 社会历史观的基本问题是什么？
2. 为什么说社会生活在本质上是实践的？
3. 人口因素在社会发展中有哪些作用？
4. 如何理解文化的本质和功能？
5. 什么是社会主义先进文化？
6. 社会形态发展的一般规律有哪些？

◆第八章 社会发展规律和历史创造者

生产力和生产关系的矛盾、经济基础和上层建筑的矛盾，是人类社会的基本矛盾。在社会基本矛盾推动下，人类社会的发展表现为一个合乎规律的辩证发展过程。随着科学技术革命的深入发展，科学技术对人类社会发展起着越来越大的推动作用。人民群众作为社会实践活动的主体，是历史的真正创造者和社会发展的真正实现者。无产阶级政党的群众观点和群众路线，体现了唯物史观的根本要求。

第一节 社会发展的基本规律

一、社会发展规律的特点

社会规律同自然规律相比，具有不同的特点，它是人们自己的社会行动的规律。恩格斯说："社会发展史却有一点是和自然发展史根本不相同的。在自然界中（如果我们把人对自然界的反作用撇开不谈）全是没有意识的、盲目的动力，这些动力彼此发生作用，而一般规律就表现在这些动力的相互作用中。在所发生的任何事情中，无论在外表上看得出的无数表面的偶然性中，或者在可以证实这些偶然性内部的规律性的最终结果中，都没有任何事情是作为预期的自觉的目的发生的。相反，在社会历史领域内进行活动的，是有意识的、经过思虑或凭激情行动的、追求某种目的的人；任何事情的发生都不是没有自觉的意图、没有预期的目的的。但是，不管这个差别对历史研究，尤其是对各个时代和各个事变的历史研究如何重要，它丝毫不能改变这样一个事实：历史进程是受内在的一般规律支配的。"①这就是说，社会的发展不仅是一个客观的过程，而且是人的能动的创造过程，是决定性与选择性相统一的过程，是合目的性与合规律性相统一的过程。这一过程，鲜明地体现了社会发展规律的特点。

第一，社会发展规律总是与人的活动紧密相联系的。可以说，人类社会的历史就是人类活动的历史，人类社会发展的规律就是人类活动的规律。人们的具体活动千差万别，但并非是纯粹个别的和偶然的，而是在偶然之中隐藏着必然，在表面是个别的现象背后有着一定的规律在起作用。现代西方某些思想家极力否定社会发展的规律，在他们看来，只有反复出现的东西才有规律可言，在自然界中，相同的事件反复出现，因而存在着规律性；在人类社会中，一切都是"一次性"的东西，作为人类活动的历史事件都是个别的、不重复的，因而不存在规律性。例如，波普尔就认为，每一个历史事件都"不能在精确相似的条件下重复"，社会运动不存在"与原型相同的重复"，所以"社会历史没有规律"。这种观点，实际上是用历史事

① 《马克思恩格斯选集》第4卷，人民出版社1995年版，第247页。

件的不可重复性来否定社会发展的规律性。

的确，具体的历史事件是不会重复的。社会发展规律的重复性并不等于历史事件的重复性。任何一个历史事件的产生都是必然性和偶然性共同作用的结果，正是其中的偶然性使历史事件各具特色、不可重复。规律重复的只是同类历史事件中的共同的本质的东西，不可能重复其中的偶然因素。波普尔看到了历史事件与自然事件的差别，但他夸大了这种差别，以至于否定社会发展的规律性。这只能说明，他并不理解必然性与偶然性的辩证关系，不理解社会规律与丰富多彩的历史事件之间的内在联系。

第二，社会发展规律又是和人的意识的作用密切相联系的。社会发展规律的这一特点是和上述特点密切相关的。因为人的活动总是受一定的意识支配的，人的活动是有意识、有目的的活动。问题在于，在一定社会生活中，人们的意图、目的和动机并不都是一样的，而是多种多样的，它们常常又是相互矛盾、彼此冲突的。这些不同的意图、目的和动机，有的是能够实现的，有的是根本实现不了的；有的似乎实现了，但实际的结果却又和预期的完全不同。这些情况表明，人们的意图、目的和动机，并不能决定社会历史的发展，其背后还有起支配作用的力量，这就是社会发展的客观规律。恩格斯指出："历史是这样创造的：最终的结果总是从许多单个的意志的相互冲突中产生出来的，而其中每一个意志，又是由于许多特殊的生活条件，才成为它所成为的那样。这样就有无数互相交错的力量，有无数个力的平行四边形，由此就产生出一个合力，即历史结果，而这个结果又可以看做一个作为整体的、不自觉地和不自主地起着作用的力量的产物。因为任何一个人的愿望都会受到任何另一个人的妨碍，而最后出现的结果就是谁都没有希望过的事物。所以到目前为止的历史总是像一种自然过程一样地进行，而且实质上也是服从于同一运动规律的。"①所以，人们要在社会活动中实现自己的目的，就必须正确反映社会发展规律，按照规律办事。在这个问题上，必须反对两种错误倾向：一是片面强调或夸大人的主观能动性、否定或无视社会发展规律的唯意志论；二是只强调社会规律的作用、根本否认人的主观能动性的机械决定论和宿命论。

第三，社会发展规律也是与人们的利益密切相联系的。利益是从人的生存发展需要与客观世界的联系中产生的，它是人们满足自己各种需要的保障条件。在各种利益中，最重要、最基本的是物质利益，物质利益是其他各种利益的基础。"每一既定社会的经济关系首先表现为利益。"②在社会活动中，"各个人的意志——其中的每一个都希望得到他的体质和外部的、归根到底是经济的情况（或是他个人的，或是一般社会性的）使他向往的东西"。③ 利益在本质上是一个以经济关系为核心的社会关系范畴，体现一定社会关系的社会发展规律总是要涉及和体现人们的利益，在阶级社会中总要涉及和体现阶级的利益。社会发展规律的作用，在客观上有利于先进的革命的阶级，而不利于落后的反动的阶级。同时，在社会发展规律发生作用的整个过程中，必然存在着不同人之间、不同阶级之间利益上的矛盾。例如，在资本主义社会里，生产关系适合生产力发展状况规律起作用的结果，必然导致资产阶级灭亡和无产阶级解放，这一结果显然不利于资产阶级而有利于无产阶级，因而必然引起资产阶级和无产阶级的斗争。因此，社会发展规律不是任何人、任何阶级都能如实地加以反映和在实践中

① 《马克思恩格斯选集》第4卷，人民出版社1995年版，第697页。
② 《马克思恩格斯选集》第3卷，人民出版社1995年版，第209页。
③ 《马克思恩格斯选集》第4卷，人民出版社1995年版，第697页。

加以运用的，只有自身利益与社会发展规律要求一致的人们和阶级才能做到这一点。无产阶级是人类历史上最先进、最无私的革命阶级，其根本利益是与社会发展规律完全一致的。马克思主义深刻地揭示和反映了人类社会发展的规律，无产阶级在马克思主义指导下所进行的反对资产阶级的革命斗争就是对社会发展规律的自觉运用。

第四，社会发展规律具有明显的历史性。人类社会的发展过程是由各具特点又相互联系的不同历史阶段构成的，其中每个社会形态都是具体的、历史的，因而贯穿于它们之中的社会发展规律也就具有历史性特点。有些规律虽然是一切社会形态的普遍规律，或者是某几个社会形态的共同规律，但它们总是具体地依存于特定历史阶段的经济关系和客观条件，因而在不同的历史阶段具有不同的特点、特定的具体内容和表现形式。还有不少规律只在特定的社会形态和历史时期中发生作用，随着它们赖以存在的社会形态和历史条件的变化，它们就让位于新的社会历史条件下的新的规律。因此，我们在考察社会发展时，不仅需要研究和把握社会发展的一般规律，而且还要研究和把握社会发展规律在不同的历史阶段上和不同的历史条件下的具体特点，研究和把握各个阶段的特殊规律。

历史唯物主义是以整个人类社会及其历史发展为研究对象的，它所揭示的是社会发展的一般规律。历史唯物主义就是关于人类社会发展一般规律的科学。历史唯物主义既是科学的历史观，又是分析和研究社会历史的科学的方法论。各门社会科学的研究，应在历史唯物主义的指导下进行。一方面，我们不能把历史唯物主义的普遍原则误解为可以脱离具体历史过程的抽象公式乃至先验原则，不顾具体情况，到处生搬硬套；另一方面，也不能片面强调具体的社会历史过程的特殊性，而否认历史唯物主义的指导作用。

二、生产关系适合生产力状况的规律

在生产方式这个统一体中，生产力和生产关系是相互作用的。从根本上说，生产力是主要的决定性的方面，它决定着一定生产关系的存在和发展，因而也就决定着一定生产方式的存在和发展。生产力的决定作用主要表现在：

首先，生产力发展的状况决定生产关系的性质。每一种生产关系都是适应于一定的生产力状况而形成的。生产力状态是一定生产关系形成的基本前提和客观基础。有什么样的生产力，迟早就会产生什么样的生产关系。马克思说过，手推磨产生的是封建主为首的社会，蒸汽磨产生的是工业资本家为首的社会，讲的就是这个道理。任何一种生产关系都决不是凭空产生的，而是生产力发展的必然结果。如果没有一定的生产力作为基础，没有生产力发展的客观要求，任意地改变和建立一种生产关系，都是终究要失败的。

其次，生产力的发展和变革决定生产关系的发展和变更。马克思指出：“各个人借以进行生产的社会关系，即社会生产关系，是随着物质生产资料、生产力的变化和发展而变化和改变的。”①在生产方式中，生产力是最活跃、最革命的因素，它处于经常不断的发展变化之中，这是由物质资料的生产和再生产过程的本质所决定的。同生产力比较起来，生产关系则是相对稳定的。一种生产关系形成后，由于它适应当时社会生产力的状况，总要在一个历史时期保持相对稳定。生产方式的变革和发展总是从生产力的发展和变革开始的，首先是从生产工具的发展和变革开始的。在社会生产过程中，随着劳动者的生产经验和劳动技能不断积累和

---

① 《马克思恩格斯选集》第1卷，人民出版社1995年版，第345页。

增长、科学的发展及其在生产中的应用，人们就会不断改进生产工具、革新生产技术和设备，使劳动者的生产技术提到一个新的高度，使整个社会生产力提高到新的水平。生产力的这种发展，必然会要求生产关系相应地发生部分变革。而当生产力继续发展而达到一定阶段时，便同现存的生产关系发生总体性的矛盾，于是现存生产关系便由生产力的发展形式变成生产力发展的桎梏。在这种情况下，为了发展生产力，就必须彻底改变现存的生产关系，建立适合于生产力发展的新的生产关系。在这一过程中，尽管生产力的发展会受到旧的生产关系的这样那样的阻碍，但它迟早必然要冲破旧的生产关系的束缚，实现生产关系的根本变革。新的生产关系的巩固和发展并彻底战胜旧的生产关系，也决定于生产力的进一步发展。

再次，一种生产关系是先进的还是落后的，是否有利于生产力的发展，取决于它是否适合生产力发展的状况。所谓生产关系适合生产力的状况，就是指它能够容许生产力以较高的速度和较大的规模持续地向前发展，使生产力的发展达到现有的技术水平所能达到的高度。这样的生产关系就是先进的生产关系，否则就是落后的生产关系。当然，对这个问题还要作具体分析。有的生产关系从总体上看是先进的，但它可能并不适合于某个地区的生产力状况，如果过早过急地在那里建立这种生产关系，势必要对那里的生产力发展产生不好的影响，甚至造成严重的破坏。同时，如果那些本来适合生产力状况的先进的生产关系遭到破坏、受到某些社会因素的干扰，使其优越性得不到发挥，也会出现破坏生产力发展的情况。

生产力决定生产关系，但生产关系对生产力也具有能动的反作用。在肯定生产力对生产关系的决定作用的基础上，又必须充分肯定生产关系对于生产力的巨大的能动的反作用。生产关系的各个方面，特别是生产关系的最根本内容，即生产资料的所有制形式，以及生产关系所体现的人们的物质利益关系，都直接影响着劳动者的劳动积极性、主动性和创造性，影响着劳动者对于提高劳动生产率的关心程度，影响着劳动者的技能的发挥，影响着他们对生产资料的利用和改造。

生产关系对生产力的反作用有两种情形：一是当生产关系适合生产力的状况时，它就能促进生产力的迅速发展。生产力的迅速发展往往出现在新的生产关系建立以后，其原因就在于此。二是当生产关系不适合生产力的发展状况时，它就会阻碍生产力的发展，成为生产力发展的桎梏。需要说明的是，我们说旧的生产关系阻碍生产力的发展，是指它的性质已根本不适合生产力的状况，因而必然束缚生产力的发展，使生产力的发展不能达到应有的规模和速度。但是，不能把这种阻碍作用简单地理解为生产力只会受到破坏、理解为生产力不会有任何发展。在旧的生产关系对生产力发展起阻碍作用的情况下，生产力仍然可能会在短时期或局部范围内得到发展，但这种发展不可能达到应有的程度。并且，如果任由这种过时的生产关系长期存在下去，生产力势必遭到严重的破坏。

从总体上看，生产力对于生产关系起着最终的决定作用。否认这一点，就从根本上否认了历史唯物主义。同时，生产关系在一定条件下对于生产力的发展又有着突出的反作用。否认这一点，就从根本上违背了历史辩证法。当不变更不适合生产力发展状况的生产关系、生产力就不能发展时，或者当适合生产力发展状况的新的生产关系遭到破坏、从而使生产力停滞不前时，生产关系的这种反作用表现得尤为突出。不过，生产关系的反作用归根到底仍然是由生产力的发展要求决定的，仍然是生产关系适合生产力发展状况规律起作用的结果。在任何情况下，我们既不应否认或低估生产关系的反作用，也不能把生产关系的反作用夸大为最终的根本性的决定作用。否则，都会背离历史唯物主义，就会在实际工作中犯各种“左”的或右的错误。

生产力决定生产关系，生产关系又反作用于生产力。生产力和生产关系的相互作用，构成了生产方式内部的矛盾运动。这种矛盾运动普遍地存在于一切社会形态之中，并贯穿于每个社会形态发展过程的始终，是社会生产方式发展变化的根本原因，是人类社会向前发展的根本动力。

在生产力和生产关系的矛盾运动中，贯穿着生产关系适合生产力状况的规律。生产力决定着生产关系，生产关系对生产力具有反作用，这种反作用归根到底服从于和决定于生产力；生产关系必须与生产力的发展状况相适应，不能长久地落后于生产力，旧的生产关系迟早要被新的适合于生产力发展要求的生产关系所取代。这就是生产关系一定要适合生产力发展状况的规律。它是人类社会发展的普遍规律，贯穿于人类社会发展过程的始终，是我们理解人类社会历史的钥匙。

生产关系适合生产力发展状况的规律，是马克思主义政党制定正确的路线、方针和政策的客观依据。我们党要始终代表中国先进生产力的发展要求，就必须使党的路线、方针和政策符合这一规律，体现不断推动社会生产力的解放和发展的要求，尤其要体现推动先进生产力发展的要求，并通过发展生产力不断提高人民群众的生活水平。

三、上层建筑适合经济基础状况的规律

在社会形态这个统一体中，经济基础和上层建筑也是相互作用的。从根本上说，经济基础对上层建筑起着决定的作用。这主要表现在：

首先，经济基础是上层建筑的根源。上层建筑是经济基础的派生物，是适应经济基础的需要而产生的。恩格斯说："每一时代的社会经济结构形成现实基础，每一历史时期的由法的设施和政治设施以及宗教的、哲学的和其他的观念形式所构成的全部上层建筑，归根到底都应由这个基础来说明。"①这个科学论断，已经为大量的客观事实所反复证明。每个社会形态中，人们在确立自己政治的和思想的上层建筑时，归根到底都是从巩固和发展经济基础的需要出发的，在阶级社会里又都是为了反映和维护统治阶级的经济利益的。古今中外，概莫能外。

其次，经济基础的性质和特征决定上层建筑的性质和特征。有什么样的经济基础，就会相应地有什么样的上层建筑。任何经济基础都有与之相适应的上层建筑。在阶级社会里，经济基础中哪个阶级占统治地位，适应这个基础而建立起来的上层建筑就具有什么样的阶级性质。一切阶级社会形态的经济基础都具有某种共同性质，决定了它们的上层建筑也相应地具有某种共同性质。例如，资本主义社会的经济基础具有阶级对抗的性质，决定了它的上层建筑也相应地具有阶级对抗的性质。

再次，经济基础的变化决定着上层建筑的变化。马克思说："随着经济基础的变更，全部庞大的上层建筑也或慢或快地发生变革。"②上层建筑变化的根本原因，在于社会经济基础的变化。经济基础的根本变革是由生产力和生产关系的矛盾推动的。

经济基础对上层建筑的决定作用，是从归根到底的意义上、从发展的必然趋势上来说的，而决不能作机械的理解。上层建筑具有相对独立性，它的变化的迟早快慢不仅受经济基础决

---

① 《马克思恩格斯选集》第3卷，人民出版社1995年版，第365页。

② 《马克思恩格斯选集》第2卷，人民出版社1995年版，第33页。

定，而且还要受到自身各个部分的特点以及它们的相互关系的影响。事实上，上层建筑的变化常常落后于经济基础的变化。与经济基础直接联系的那部分上层建筑，如政治、法律制度等的变化要快一些，而像哲学、宗教等离经济基础较远的那部分上层建筑的变化就要慢一些。经济基础决定上层建筑是社会历史发展的客观必然性，但这种决定作用要通过人们的自觉活动才能实现。就是说，必须通过人们的一系列自觉的努力，通过不同的社会力量之间（在阶级社会里主要是不同阶级之间）的思想斗争和政治斗争，才能克服上层建筑对经济基础的不适应情况。

经济基础决定上层建筑，并不意味着上层建筑是消极、被动的东西。恰恰相反，上层建筑是社会生活中不可缺少的方面，对经济基础的存在和发展具有能动的反作用。经济基础之所以需要上层建筑与它相适应，正是由于上层建筑对于它的形成、巩固和发展具有不可缺少的重要作用。任何上层建筑总是同自己的经济基础基本相适应的，因而对它始终起着维护和巩固的作用。但是，上层建筑对于经济基础和生产力的发展的反作用具有非常复杂的情况：当上层建筑与社会生产力发展的客观要求即对经济基础变革的要求相适应，因而沿着与社会经济发展同一方向起作用时，就能够为经济基础和生产力的发展提供政治和思想的支持，对它们起着促进的作用；当上层建筑与社会生产力发展的客观要求即对经济基础变革的要求不相适应，因而沿着同社会经济发展相反的方向起作用时，它就对经济基础的变革、对经济基础和生产力的发展起阻碍和破坏作用。

对于上层建筑的反作用的性质，有一个根本的鉴别标准，这就是看其是否有利于生产力的发展。毛泽东曾经指出："中国一切政党的政策及其实践在中国人民中所表现的作用的好坏、大小，归根到底，看它对于中国人民的生产力的发展是否有帮助及其帮助之大小，看它是束缚生产力的，还是解放生产力的。"①毛泽东这一思想，就其蕴含的一般原则而言，适用于评价一切上层建筑的作用。可以说，凡是有利于解放生产力、能够促进生产力发展的，就是好的；相反，凡是束缚和阻碍生产力发展的，就是不好的。这也就是我们通常所说的生产力标准。

总之，经济基础决定上层建筑，上层建筑一旦形成又反作用于经济基础。经济基础和上层建筑的这种相互作用，构成了社会形态的矛盾运动。

经济基础和上层建筑的矛盾不断地产生而又不断地得到解决。在这个矛盾运动过程中，贯穿着一种本质联系和必然趋势，即上层建筑适合经济基础的状况的规律。这里所说的经济基础的状况，既包括经济基础存在和发展的需要，也包括经济基础的变革要求。与生产关系适合生产力状况的规律一样，上层建筑适合经济基础状况的规律也是人类社会发展的普遍规律，是在人类社会发展的整个过程中起作用的。其中，生产关系适合生产力状况的规律是人类社会发展的最根本的规律，它决定上层建筑适合经济基础状况的规律，规定着后者作用的内容、性质和方向。同时，生产关系适合生产力状况的规律的实现，又有赖于上层建筑适合经济基础状况规律的实现。

上层建筑适合经济基础状况的规律，也是马克思主义政党正确的路线、方针和政策的客观依据。它对我们改革开放和进行社会主义现代化建设具有重要的指导作用。在建设中国特色社会主义过程中，我们必须准确地把握和自觉地运用这一客观规律。

---

①《毛泽东选集》第3卷，人民出版社1991年版，第1079页。

第二节　阶级斗争是阶级社会发展的直接动力

一、阶级斗争及其作用

阶级和国家是人类社会发展到一定阶段的产物，在阶级社会中，社会基本矛盾就表现为阶级和阶级斗争，表现为不同社会制度的革命和同一种社会制度的改革。正是阶级斗争和社会改革推动了人类社会的直接发展。

（一）阶级斗争的含义及其作用

阶级斗争是阶级社会的必然现象。阶级斗争是指经济利益根本冲突的对抗阶级之间的斗争，是根本利益对立阶级之间相互冲突的表现，是解决对立阶级之间矛盾的基本手段。阶级斗争的根源就在于不同阶级的经济地位和物质利益的根本对立。一切阶级斗争，归根到底是由经济利益引起的，都是围绕阶级的物质利益而展开的。历史上一切剥削阶级总是利用他们占有的生产资料和在生产体系中的统治地位，对被剥削阶级实行残酷的压榨和掠夺。为维护他们在经济上的统治地位，在对被剥削阶级实行政治统治和思想控制的同时又进行物质引诱和思想腐蚀。被剥削阶级为了自己的生存，为了摆脱受剥削、受压迫的地位，就不得不起来进行斗争，以反抗剥削阶级在经济上、政治上、思想上的剥削和压迫。因此，在阶级社会中，阶级斗争是不可避免的。人类社会从原始社会解体以来几千年的文明史，就是生产发展的历史，也是阶级斗争的历史。

被压迫阶级反对压迫阶级的斗争，在不同条件下，在不同的历史时期，采取了不同的斗争形式。阶级斗争形式是多种多样的。无产阶级反对资产阶级的阶级斗争，主要有三种形式：①经济斗争。它是阶级斗争的初级形式，是为直接的经济利益而进行的斗争。②政治斗争。它是阶级斗争的最高形式，也是最主要的形式，是为一定的政治目的而进行的斗争。政治斗争的具体形式包括政治罢工、示威游行、议会斗争、武装起义、夺取政权等，其中武装夺取政权是最高形式。③思想斗争。它是指意识形态领域的斗争。三种形式的斗争相互交织，其中政治斗争起主导作用，经济斗争、思想斗争服从于政治斗争，而政治斗争归根到底也是为了阶级的根本经济利益。

（二）阶级斗争是阶级社会发展的直接动力

因为社会基本矛盾在阶级社会里通过阶级斗争表现出来，而且在阶级社会中，阶级是具有深厚经济基础的最大社会集团，它比任何个人或其他社会集团有更大的力量和更深刻的社会代表性。所以，阶级斗争对社会的发展有着非常重要的作用和影响，是阶级社会发展的直接动力。

1. 阶级斗争在阶级社会发展中的巨大作用，突出表现在社会形态更替的质变过程中，是实现社会制度根本变革的决定性环节。在阶级社会里，当旧的生产关系变成生产力发展的桎梏时，代表旧的生产关系和上层建筑的反动统治阶级，总要利用他们手中的各种权力，竭力维护旧的生产关系、上层建筑，以保持自己的统治。而代表生产力发展要求的先进阶级，只有团结起来，形成强大的革命力量，彻底推翻反动阶级的统治，才能根本变革旧的生产关系和上层建筑。社会革命一旦成功，就实现了社会形态的更替。没有这种革命斗争，就不可能完成社会发展的飞跃，实现社会从低到高的发展。

2. 阶级斗争推动社会历史前进的作用，还表现在同一种社会形态发展的过程中。由于剥削阶级的残酷剥削和压迫，迫使被剥削阶级一次又一次地起来革命，进行着各种形式的阶级斗争。每一次群众性的阶级斗争，都不同程度地打击了剥削阶级的反动统治，或多或少地推动了社会生产力的发展。在中国封建社会里，农民就多次举行武装起义，迫使封建地主阶级作出某种"让步"，促进了社会的发展，所谓"文景之治"，就是这种产物。

总之，阶级斗争的存在及其在阶级社会中的历史作用，是一个客观的历史事实。揭示这一事实，正是为了自觉地依据社会历史的客观必然性改造社会，推动历史的发展。坚持这种科学的、实事求是的立场和观点，反对任何抹杀、掩盖阶级斗争，否认阶级斗争历史作用的"阶级调和论"和"阶级斗争熄灭论"。马克思主义重视阶级斗争并不是为了维护阶级斗争的现状，把阶级斗争永恒化，而恰恰是为了顺应历史发展的趋势，通过阶级斗争，达到"消灭一切阶级和进入无产阶级社会"的历史目标。

在阶级社会里，阶级斗争始终存在并体现在社会生活的各个方面，这就需要运用阶级分析的方法才能认识纷繁复杂的社会现象，把握社会运动和社会生活的脉搏。阶级分析方法就是运用马克思主义关于阶级和阶级斗争的观点，分析社会历史和社会现象的基本方法。马克思主义政党在指导革命斗争过程中，必须自觉地运用阶级和阶级斗争的理论分析社会各阶级的经济地位和政治态度，了解各阶级的相互关系及其变化，正确把握阶级社会的发展规律，制定正确的战略和策略，把革命事业引向胜利。

二、社会革命和改革及其作用

（一）社会革命

阶级斗争的最高表现形式就是社会革命。"革命"一词是一个十分广泛的范畴，在我们的社会生活中被大量使用，比如产业革命、技术革命、经济革命、思想革命、文化革命等。社会革命则是一个专用名词，是指革命阶级为改变旧的社会经济基础和政治上层建筑而进行的斗争，是指实现社会形态从低到高根本转变的社会活动。社会革命的实质是革命阶级用革命手段推翻反动阶级的统治，用先进的社会制度代替腐朽的社会制度。正是从这个意义上，我们说社会革命的根本问题是政权问题，是国家政权从反动阶级手里转到革命阶级手里。列宁指出："一切革命的根本问题是国家政权问题。"①社会革命的任务，就是通过夺取国家政权的斗争，变革旧的经济制度，最终达到解放生产力的目的。

社会革命的根源，在于社会基本矛盾的尖锐化。随着生产力的发展，旧的生产关系同生产力之间的矛盾越来越尖锐，这就要求打破阻碍生产力发展的生产关系，建立适合自己发展要求的新的生产关系。这种要求必然遭到竭力维护旧经济基础的上层建筑，特别是旧的国家政权的阻挠和对抗。一旦矛盾发展到非冲破旧的生产关系、旧的上层建筑不可的地步时，就会导致社会革命的爆发。这是一个不以人的意志为转移的客观过程。离开社会革命的客观根源，任何人为地"制造"革命是不会成功的。同样，一旦社会革命的条件已经具备时，任何力量企图阻止革命、取消革命也是不可能的。

---

① 《列宁选集》第3卷，人民出版社1995年版，第19页。

社会革命的到来和取得胜利，必须具备一定的条件，即客观条件和主观条件。①客观条件是指革命形势的形成，是指社会矛盾尖锐化、阶级矛盾和阶级斗争激化造成的全国性的政治、经济危机，即统治阶级无法照旧统治下去，而被统治阶级无法照旧生活下去。②主观条件是指革命阶级的觉悟程度、组织程度和革命领导集团的成熟程度。对于无产阶级来说，主要表现为无产阶级政党的成熟，这是革命主观条件是否具备的基本标志。③革命的客观条件和主观条件是辩证统一的关系，客观条件是社会革命的前提和基础，当客观条件具备时，主观条件的成熟就具有决定性的意义。坚持革命的客观条件和主观条件的统一，要反对"左"的和右的两种错误倾向，"左"的错误倾向是革命的客观条件尚不具备，革命形势尚未到来时贸然发动革命；右的错误倾向是在革命的客观条件已经具备时，不敢发动革命，不去率领群众夺取革命的胜利。

社会革命的历史作用，马克思有一句名言，"革命是历史的火车头"，这就说明社会革命在社会发展和历史进步中起着十分重大的推动作用：①社会革命是新旧社会形态更替的决定性环节。只有通过社会革命，才能推翻旧的生产关系，建立和发展新的生产关系，促进生产力的发展，促进社会的全面进步。②社会革命使人民群众创造历史的积极性、主动性得到充分发挥，从而给社会的发展带来深刻的变化。革命的变革激发着人民群众的革命热情，革命越深入，人民群众的革命热情越高涨；人民群众发动得越广泛，革命热情越普遍，社会革命越深刻，二者相辅相成，相互促进。

（二）社会改革

在人类社会历史的进程中，除了社会革命这一变革方式以外，社会改革也是推进社会发展的重要变革方式。社会改革就是指在同一种社会形态中，统治阶级自觉地、有组织地进行社会变革，通过不断调整上层建筑与经济基础之间的矛盾，不断调整生产关系与生产力之间的矛盾，以利于社会的发展。

社会改革与社会革命都是为了解决上层建筑与经济基础、生产关系与生产力之间的矛盾，从而推动社会历史发展的变革方式。但是，二者又有明显的区别：①社会革命是通过社会制度的根本变革来解决上层建筑与经济基础、生产关系与生产力之间的矛盾，而社会改革是在不触动社会根本制度的前提条件下，对上层建筑与经济基础、生产关系与生产力之间的矛盾进行一些调整；②社会革命往往是由被统治阶级发动的，社会革命的胜利往往是以旧政权的垮台、新政权的建立为标志，而社会改革往往是由统治阶级自身发动的，社会改革的成果不但不会影响政权的巩固，而且整个社会还在发展；③社会革命往往要通过武装斗争、暴力革命的形式完成社会的变革，而社会改革虽然是一场深刻的变革，但并不需要采取武装斗争、暴力革命这种极端的方式，社会在自觉地调整中实现不断发展的目标。

社会改革是人类社会发展的一种普遍现象。在中国长达几千年的历史发展过程中，出现过商鞅变法、王安石变法，在西欧出现过马丁·路德的宗教改革。在当今世界，随着科学技术的迅猛发展，经济全球一体化以及国际政治格局的改变，一极向多极社会的发展，各国都在进行政治、经济以及对内、对外政策的调整，改革已经是当今社会发展的一个重要趋势。

社会主义，特别是我国这样一个社会主义制度的国家也迫切需要改革。但是，这种改革与资本主义制度国家的调整，具有着完全不同的性质和特点：①根源。社会主义国家本来就是一个不断发展、变化和改革的社会，正如恩格斯所指出的："我认为，所谓社会主义社会不是一种一成不变的东西，而应当和任何其他社会制度一样，把它看成是经常变化和改革的社会。"①,同时，社会主义国家的上层建筑与经济基础、生产关系与生产力之间虽然基本上是适合的，但也有不适合的方面，这就决定了社会主义国家也要不断地进行改革。②性质和特点。社会主义国家的改革，无论是政治、经济还是人民社会生活中每一点改革都是利益的重新调整，都会在人们社会生活中引起激烈的反响，都是一场革命。但是，从其根本性质上讲，它是非对抗性的，是社会主义制度的自我发展、自我完善。因为社会主义社会基本矛盾的性质是非对抗性的，我们是在保持社会主义基本制度稳定前提条件下的改革，不需要也没有必要采取过激的方法。③内容和实质。社会主义国家的改革是全方位的改革，是全面而又系统的改革，既包括经济基础又包括上层建筑，既包括经济体制又包括政治文化社会等方面的体制，既包括体制层面又包括思想观念层面。其中最重要的改革，首先集中在经济体制的改革上，我国要建立以社会主义市场经济体制为核心的经济体制改革。其次，我们还要完成以社会主义民主政治为核心的政治体制改革以及行政体制、财税体制、金融体制、社会体制等各个领域的改革，十七届五中全会"公报"指出，今后"必须以更大的决心和勇气全面推进各领域改革"。改革的实质是体制创新，不进行体制创新，很多问题的解决就没有出路。必须拿出一往无前的勇气，在体制创新方面取得重大进展，从根本上消除束缚经济社会发展的体制性障碍，解决体制转变中的深层次矛盾和问题，努力在经济体制、政治体制和文化体制等方面迈出改革的新步伐。④目标和检验的标准。改革的根本目的，就是要在各方面都形成与社会主义初级阶段基本国情相适应的比较成熟、比较定型的制度，使生产关系适应生产力的发展，使上层建筑适应经济基础的发展，使中国特色社会主义充满生机和活力。所以，我们判断改革成败的关键，正如邓小平所指出的："总的目的是要有利于巩固社会主义制度，有利于巩固党的领导，有利于在党的领导和社会主义制度下发展生产力。"

第三节　科学技术革命是社会发展的重要动力

科学技术革命包括科学革命和技术革命。科学革命表现为科学观念的变革，如科学基本概念、基本原理的根本改变。从哥白尼日心说的提出到牛顿力学的创立，从相对论和量子力学的建立到系统论、控制论、信息论的确立，都是产生重大影响的科学革命。技术革命包括技术规范、技术结构、技术体系的变革，以及材料、工艺、能源、控制等方面的重大突破。在现代，科学与技术的关系越来越密切，形成了科学与技术"一体化"的科学技术革命。新科学技术革命出现在20世纪40年代，是以微电子学和电子计算机为主要标志，包括生物工程、激光通信、空间技术、海洋开发以及新材料、新能源在内的科学技术革命。科学技术革命正以前所未有的规模和速度迅猛发展着，不断影响和改变着世界以及人与世界的关系。

一、科技革命与生产方式、生活方式、思维方式

科学技术革命是社会动力体系中的一种重要动力，是"在历史上起推动作用的革命力量"。早在19世纪50年代，马克思就对科学技术的伟大历史作用作过精辟而形象的概括，即

---

① 《马克思恩格斯选集》第4卷，人民出版社1972年版，第213页。

科学技术是比当时法国一些著名革命家“更危险万分的革命家”，并认为科学是“历史的有力的杠杆”，是“最高意义上的革命力量”。从总体上看，科技革命主要通过促进人们的生产方式、生活方式和思维方式的变革来推动社会发展。

科技革命对生产方式产生了深刻的影响。恩格斯指出，“英国工人阶级的历史是从 18 世纪后半期，从蒸汽机和棉花加工机的发明开始的。大家知道，这些发明推动了产业革命，产业革命同时又引起了市民社会中的全面变革。”①18 世纪下半叶，爆发了震撼世界的近代第一次技术革命，即以蒸汽机的应用为标志的技术革命；19 世纪后半期，发生了以电机生产和电力应用为标志的第二次技术革命，历次技术革命的浪潮席卷了社会的各个领域，特别是引起了整个物质生产体系的革命。近代科技革命使手工业过渡到机器大工业，建成了近代工业体系，从而开辟了工业文明的新时代。

现代科技革命对生产方式的影响更为突出，使劳动者、劳动工具、劳动对象、生产管理等方面都发生了深刻变化：智能型或科技型人员日益成为劳动者中的主体部分；以电脑控制的智能型机器体系逐渐成为最重要的劳动工具；渗透着高科技的再生型和扩展型资源正在成为主要劳动对象；以电子计算机、信息技术、控制论、系统工程为手段或工具的科学管理对生产力发展发挥着越来越重要的作用；微电子技术的出现和广泛应用，智能机器代替了人的部分脑力劳动，使人们的生产方式正在经历着由机械自动化走向智能自动化、由局部自动化走向大系统管理和控制自动化的根本性变革。

技术革命对生活方式产生了巨大影响。科技革命推动了生产力的发展，进而极大地改善了人们的生活条件，提高了人们的生活质量。科学技术的发展加快了社会生活的节奏，全方位地改变了人们的交往方式、学习方式、消费方式、娱乐方式。伴随科技迅速发展而来的“知识爆炸”，要求人们不断更新和充实自己的科学知识，形成全民学习、终身学习的学习型社会，以适应时代发展的需要。

现代科技革命把人们带入信息时代。现代信息技术为人们提供了处理、储存和传递信息的新手段，不断地改变着人们的交往形式。在今天，人们利用一台小小的电脑，在几平方米的房间内可以展开全世界的交往。网络的广泛应用，使人类可以用更多的时间去从事精神生产活动，从事科学、文化等的创造性活动。劳动生产率的提高，使人们自由支配的闲暇时间增多，为人的全面发展创造了更多的机会。

科技革命引起思维方式的变革。科技革命首先通过改变社会环境促进思维方式变革。古代的自然经济条件形成了狭隘落后的思维方式。马克思曾对古代东方的农业文明及其思维方式作过这样的描述：“这些田园风味的农村公社不管看起来怎样祥和无害，却始终是东方专制制度的牢固基础，它们使人的头脑局限在极小的范围内，成为迷信的驯服工具，成为传统规则的奴隶，表现不出任何伟大的作为和历史首创精神。”②近代科技革命摧毁了旧的生产方式，消除了这种地域的狭隘性，扩大了人们的交往，开阔了人们的视野，在把人们从宗教神学的藩篱中解放出来的同时，也使人们的思维摆脱了传统的狭隘性、落后性。

现代科技革命对人的思维方式产生了更重要的影响。这种影响主要表现在新的科学理论和技术手段通过影响思维主体、思维客体和思维工具，引起了思维方式的变革。在现代科技

① 《马克思恩格斯全集》，中文 1 版，第 2 卷，第 281 页。

② 《马克思恩格斯选集》，2 版，第 1 卷，第 765 页。

革命条件下，人们具有了新的知识结构，能够运用新的理论工具（如控制论、信息论、系统论、数理逻辑、突变理论、模糊数学等）和新的技术手段去研究新现象、新领域、新课题。电子显微镜和射电望远镜强化了人的感官能力，电子计算机则强化了人的思维能力；新的视觉化技术使形象思维和抽象思维有机地结合起来，使人的认识能力产生新的飞跃；自然科学与社会科学的相互渗透，使人们视野中自然现象与社会现象的鸿沟正在逐渐消失。现代科技革命使思维方式具有系统性、整体性、开放性、精确性、创造性等特征，并使认识活动出现了数学化、模型化、形式化的趋势。

二、"全球问题"的哲学内涵

科学技术的突飞猛进，生产力的蓬勃发展，充分显示了人类改造自然的巨大威力。然而，人类在陶醉于自己辉煌成就的同时，也逐渐发现自己正陷入某种困境：人口增长过快、粮食短缺、能源和资源枯竭、环境污染和生态失衡等问题日益突出。这些问题因程度不同地触及世界上所有国家和所有民族的利益而具有世界性的影响，具有全球性质，因而被称为"全球问题"。科学技术的迅速发展为造福人类开辟了广阔的前景，但它的不当应用和负面效应的确带来了危及地球生命和人类社会的"全球问题"。

"全球问题"深刻地反映了社会与自然的矛盾。"全球问题"的出现，从一定意义上说，是由于科学技术广泛应用于自然而又失去控制所引发的。科学技术的进步和生产力的发展赋予人类改造自然的新手段、新形式，使社会对自然的影响在广度和深度上都急剧地扩大了。例如，人类对地球表面的改造作用在不断增长，并形成一种新的地质作用过程，急剧地改变着地球表面。同时，人类正在影响化学元素，造成新的化合物，并把新的物质引入地壳，从内部改变着地球的化学过程。当人们在自然身上滥用科学技术的威力而又失去社会控制时，全球环境恶化就不足为怪了。全球气候变暖、土地沙漠化扩展、淡水供应不足、森林资源日益减少、生物物种加速灭绝，资源急剧减少，空气严重污染等，都是人类不合理地利用科学技术的结果。形象地说，生态失衡、环境污染等是以"天灾"的形式表现出来的"人祸"，是人们生产方式、思维方式和价值观念的失误造成的。

"全球问题"深刻地反映了科学与价值的矛盾。"全球问题"提出了科学技术的价值定向问题。科学技术发展既有同人的需要和发展相和谐的一面，但不合理的应用也会产生同人的需要和发展相冲突的一面。例如，在现代人类自身生产或繁衍的问题上，充分暴露了科学与价值的矛盾。在现代科学技术发展基础上形成的各种医疗、卫生、保健以及日常生活的优良条件，大大提高了人的生活质量，但人口的过度增长，迅速消耗着地球上有限的资源，使人自身生产与物质生产之间的比例失衡。

在"全球问题"上存在着不同的态度和解决方案。以罗马俱乐部部分成员为代表的西方未来学者对科学技术与未来社会的发展持悲观态度，认为克服"全球问题"的基本途径就是把社会生产维持在简单再生产的基础上，即实行经济上的零增长，减缓甚至停止科学技术的应用。与这种"技术悲观论"相反，"技术乐观论"则认为，科学技术本身就能解决"全球问题"，随着科学技术的进一步发展，就能创造出解决诸如人口、能源、环境等问题的手段。

这两种观点都从不同的方面夸大了科学技术的作用，忽视了社会制度对科学技术的制约作用。马克思在《在〈人民报〉创刊纪念会上的演说》中，从科学技术与资本主义工业的结合中深刻地揭示了科学技术应用中产生的两面性问题："技术的胜利，似乎是以道德的败坏为代价换来的。随着人类愈益控制自然，个人却似乎愈益成为别人的奴隶或自身的卑劣行为的奴隶。甚至科学的纯洁光辉仿佛也只能在愚昧无知的黑暗背景上闪耀。……现代工业和科学为一方与现代贫困和衰颓为另一方的这种对抗，我们时代的生产力与社会关系之间的这种对抗，是显而易见的、不可避免的和毋庸争辩的事实。”①在马克思看来，这种矛盾的根源就是资本主义私有制。“全球问题”不仅是一个自然问题，而且是一个社会问题，是一个涉及社会制度、社会管理、社会认识和整体社会实践的复杂问题。为此，应改变实践理念，变革和完善社会制度，创造合理利用科学技术的社会制度。

三、可持续发展问题的哲学意义

伴随着“全球问题”尤其是人类生存环境的恶化，可持续发展的问题日益成为全世界关注的焦点。可持续发展的思想最早源于环境保护。1980 年，国际自然与自然资源保护联盟第一次提出了“可持续发展”的概念。1987 年，世界环境与发展委员会在《我们共同的未来》一文中提出了“可持续发展”的战略思想，认为社会发展的基本目标是为了满足人类的需要；发展不仅要满足当代人的需要，还应考虑后代人的需要；今天的人类不应以牺牲今后几代人的幸福来满足自己的需要。

可持续发展的核心思想就是：在发展经济的同时，注意保护资源和改善环境，使经济发展能持续进行下去。作为发展中国家，中国面临着发展经济和改善环境的双重任务。建设生态文明，促进人与自然的和谐，推动整个社会走上生产发展、生活富裕、生态良好的文明发展道路，是一条合规律与合目的、科学尺度与价值尺度相统一的可持续发展的道路。

可持续发展思想具有重要的哲学方法论意义。

可持续发展思想表明并进一步证实，社会发展是一个人类与自然协调发展的过程，自然史与人类史相互制约，一旦人与自然的和谐关系遭到破坏，社会的发展就会出现灾难性的后果。人类在推动社会发展的过程中，无疑应该把人类利益作为发展的最终目标，但应同时尊重自然发展和社会发展的规律，把人们的局部利益和整体利益、眼前利益和长远利益结合起来，把人的内在尺度和物的外在尺度统一起来。社会发展规律不仅同人与人的关系密切相关，而且同人与自然的关系密切相关。这就要求人们从更广的视角和更深的层面去不断探索社会发展规律。

可持续发展思想表明并进一步证实，必须正确处理科学精神与人文精神的关系。人类面临的生态问题，人与自然矛盾尖锐化问题，不是任何一个单独学科能够回答和解决的问题，而是需要自然科学、社会科学和人文科学的综合研究，提供对策。没有科学技术的发展，没有关于社会与自然关系的哲学观点，是很难找到正确认识和解决生态问题的途径的。例如，核聚变能量是用来发电还是制造原子弹，这是技术的应用问题，而技术如何应用又取决于应用主体及其社会制度。

当代的“全球问题”，对科学家和技术专家的人文素质提出了更高的要求。正如爱因斯坦所说：“人们只懂得应用科学本身是不够的。关心人本身，应当始终成为一切技术上的奋斗目标；关心人的劳动和产品分配以及一些尚未解决的重大问题，用以保证我们科学思想的成果会造福于人类，而不致成为祸害。在你们埋头于图表和方程式时，千万不要忘记这一点。”因

① 《马克思恩格斯选集》，2 版，第 1 卷，第 775 页。

此，建立和完善高尚的科学伦理，实现科学精神与人文精神的结合，是21世纪必须注重解决的重大问题。

第四节 人民群众是历史的创造者

人是社会历史的惟一主体，社会历史归根到底是人的历史。各种社会历史观都不能不回答人在历史上的作用问题。在这方面，历史唯物主义科学地揭示了人民群众是历史的创造者，同时指出个人特别是杰出人物的历史作用也不可忽视，在此基础上，正确地阐明了群众、阶级、政党和领袖之间的相互关系。群众观点是历史唯物主义的一个基本观点，群众路线是中国共产党的根本工作路线。认真学习群众观点和群众路线，对于我们牢固树立无产阶级的科学世界观、价值观、人生观，加强党同人民群众的密切联系，促进社会主义现代化建设事业的健康发展，具有重要的意义。

一、人民群众在历史上的作用

(一)两种历史观在人民群众历史作用问题上的根本对立

是否承认人民群众是社会发展的决定力量即历史的创造者，是历史唯物主义同历史唯心主义的根本分歧之一。

在回答谁是历史创造者这个问题上，历史唯心主义者的基本观点是“英雄史观”，即断言少数英雄豪杰是历史的主宰者。他们或者认为，决定人类历史的是某种神秘的精神力量，如“天命”、“上帝”、“绝对精神”等等，而个别英雄人物则是“天命”的体现者和化身，或上天之子(天子)、上帝在尘世的代表，或“有本事从上帝那里窃取隐秘思想的人”、“骑在马背上的绝对精神”，这是客观唯心主义者的英雄史观；或者认为，社会发展是由人们的主观意志决定的，只有那些能够进行“创造性思维”的天才、具有特殊意志的“超人”，才是历史的缔造者和决定力量，这是主观唯心主义者的英雄史观。至于广大人民群众，在他们看来，不过是受少数英雄豪杰任意摆布的工具、“惰性的物质”、“群氓”、“一大堆零”。在马克思主义哲学诞生以前，英雄史观在历史观领域一直占据统治地位。

英雄史观的实质，是用社会意识解释社会存在、用思想解释社会历史。马克思针对青年黑格尔派代表人物鲍威尔的哲学指出，英雄史观不过是一般唯心主义哲学在历史观领域的表现，它“不过是黑格尔历史观的批判的、漫画式的完成，而黑格尔的历史观又不过是关于精神和物质、上帝和世界相对立的基督教德意志教条的思辨表现。在历史的范围内，在人类本身的范围内，这种对立表现为：代表积极精神的少数杰出人物与代表精神空虚的群众，代表物质的人类其余部分相对立。”①

英雄史观的认识论根源，是看待复杂历史现象的片面性和表面性。在社会发展过程中，社会存在、经济因素起着决定作用；同时，社会意识、上层建筑又有能动的反作用。正如一个人的行动总要经过他的思想一样，社会历史的重大变化也要通过国家意志，受国家机构及其

① 《马克思恩格斯全集》第2卷，第108页。

所规定的政治法律制度的制约。而这些机构又是由少数英雄、领袖人物等等领导的。如果只看历史的片段而忽略其整体，就容易把起反作用的中间环节当作决定力量，从而导致历史唯心主义、英雄史观。与此相连，群众是由众多个人构成的，但这些个人的作用又存在很大差别，其中，少数杰出人物的作用特殊巨大。如果仅仅局限于某些个人作用的比较，而忽视群众整体的作用，就容易导致只见树木、不见森林的英雄史观。

英雄史观的阶级根源，是剥削阶级的特权地位及其所造成的偏见。在数千年的阶级社会中，只占人口极少数的剥削阶级一直处于统治地位，从这种阶级地位出发，他们必然颠倒地观察社会历史，夸大少数统治者的作用，贬低和否定广大劳动群众的作用。剥削阶级总是有意识地宣扬英雄史观，既把它作为维持自己统治的精神支柱，又把它当作欺骗和愚弄广大劳动群众的工具，藉以维护本阶级的特殊地位和利益。

列宁总结道：以往的历史理论有两个主要缺点，“第一，以往的历史理论至多只是考察了人们历史活动的思想动机，而没有研究产生这些动机的原因，没有探索社会关系体系发展的客观规律性，没有把物质生产的发展程度看作这些关系的根源；第二，以往的理论从来忽视居民群众的活动，只有历史唯物主义才第一次使我们能以自然科学的精确性去研究群众生活的社会条件以及这些条件的变更。”①

马克思依据唯物史观的实践观点特别是生产观点，把这个被颠倒了几千年的历史再颠倒过来，破天荒地指出：“历史上的活动和思想都是‘群众’的思想和活动。”“历史活动是群众的事业，随着历史活动的深入，必将是群众队伍的扩大。”②列宁把“历史活动是群众事业”的论点，称之为“历史哲学理论的最深刻最重要的原理之一”，继而强调：“生气勃勃的创造性的社会主义是由人民群众自己创立的。”③毛泽东也强调：“人民，只有人民，才是创造世界历史的动力。”④

群众观点的主要理论根据，是历史唯物主义的社会存在决定社会意识的观点特别是生产观点。社会存在决定社会意识，这是社会历史的基本事实和一般规律，也是历史唯物主义最重要的基本观点，是它之所以被称为历史唯物主义的主要原因所在。在社会宏观层面上，社会存在主要表现为物质生产，它是社会发展的决定力量，而生产力则是社会发展的最终决定力量。这是历史唯物主义的生产观点所强调的。生产力并不是单纯的物，而是人的力量，但不是哪一个人或少数人的力量，而是广大人民群众的力量。人民群众的基本部分就是劳动者。就此而言，人民群众是生产力的主体、担当者和体现者，而生产力则是人民群众素质、发展水平、本质力量的最重要表现。所以，生产力和人民群众在一定意义上是一个问题的两个方面，生产力的主体和人格体现，就是人民群众；而人民群众的客体化、对象化，则集中表现为生产力，他们在历史唯物主义理论中是统一的。由生产力是社会发展最终决定力量的命题，必然导出人民群众是历史创造者的结论。

群众观点的另一个理论根据，是整体与部分关系的观点。作为整体的人民群众的作用，显然高于作为其中组成部分的少数个人甚至杰出人物的作用。恩格斯曾经指出：如果要去探

---

① 《列宁选集》第3版，第2卷，第425页。

② 《马克思恩格斯全集》第2卷，第103、104页。

③ 《列宁全集》第2版，第33卷，第269页。

④ 《毛泽东选集》第2版，第3卷，第1031页。

究“构成历史的真正的最后动力的动力，那么问题涉及的，与其说是个别人物，即使是非常杰出的人物的动机，不如说是使广大群众、使整个整个的民族，并且在每一民族中间又是使整个整个阶级行动起来的动机；而且也不是短暂的爆发和转瞬即逝的火光，而是持久的、引起重大历史变迁的行动。探讨那些作为自觉的动机明显地或不明显地，直接地或以意识形态的形式、甚至以被神圣化的形式反映在行动着的群众及其领袖即所谓伟大人物的头脑中的动因，——这是能够引导我们去探索那些在整个历史中以及个别时期和个别国家的历史中起支配作用的规律的惟一途径。”①这里包含的一个基本思想，就是作为整体的人民群众的作用，高于作为部分的少数个人的作用。

（二）人民群众是历史的创造者

人民群众是历史唯物主义的一个基本范畴。人民群众是指对社会发展起推动作用的最广大的社会群体（包括一定的阶级、阶层、社会集团等等）。它包括双重含义：一是指社会的进步力量，这是相对于反动势力而言的，反动势力不属于人民群众；二是指进步力量的群体，尽管群体总是由大量个体构成，但是，作为整体的群体同作为个体的个人终归具有质的区别。人民群众经常被简称为人民或者群众。

一般说来，人民群众主要是由广大劳动者构成的，其中，既包括体力劳动者，也包括脑力劳动者。近代社会以来，随着科学技术的发展以及生产力和人民群众素质的提高，后者的比重呈上升趋势。此外，人民群众也包括起进步作用的剥削阶级或阶层，如作为新的生产方式代表的地主阶级和资产阶级。但无论什么时候，劳动群众都是人民群众的基本部分。

人民群众是一个历史的范畴。在社会发展的不同阶段上，其作用的具体历史内容和表现是不同的，因此，人民群众所包含的范围是历史地变化的。例如，在我国抗日战争时期，进步作用的主要内容和表现是抗日，所以，一切抗日的阶级、阶层和社会集团，都属于人民群众的范围。在我国现阶段，进步作用的主要内容和表现是促进社会主义建设以及维护祖国统一，所以，人民群众的基本部分是赞成、拥护和参加社会主义建设事业的阶级、阶层和社会集团，即工人、农民、知识分子和其他劳动者，拥护社会主义的爱国者和拥护祖国统一的爱国者，也属于人民群众的范围。

为什么说人民群众是历史的创造者呢？

第一，人民群众是社会物质财富的创造者。

马克思和恩格斯指出：“人们为了能够‘创造历史’，必须能够生活。但是为了生活，首先就需要吃喝住穿以及其他一些东西。因此第一个历史活动就是生产满足这些需要的资料，即生产物质生活本身，而且这是这样的历史活动，一切历史的一种基本条件，人们单是为了能够生活就必须每日每时去完成它，现在和几千年前都是这样。”②而人类社会赖以生存的物质生活资料，正是劳动者用自己的头脑和双手创造出来的。劳动群众的辛勤劳动，创造着日益增多的社会物质财富，养育着全体社会成员，成为人类得以生存的基础。任何一个民族，如果停止劳动，不用说一年，就是几个星期，也要灭亡。

人类的知识和能力也是首先在物质生产中得到发展的。在物质生产过程中，人们不断地同自然界相互作用，并进行彼此间的相互交往，由此逐渐加深了对自然现象和社会现象及其

---

① 《马克思恩格斯选集》第2版，第4卷，第249页。

② 《马克思恩格斯选集》第2版，第1卷，第79页。

规律的认识，提高了改造自然和社会的本领，使人本身发展起来。

在历史的发展过程中，人们除了物质生产活动之外，还要从事政治、科学、文学艺术和其他社会活动。但是，所有这些社会活动，都不可缺少一定的物质条件，也不可缺少从事这些活动的自由时间，而这些物质条件和自由时间，都是由物质生产的发展来提供和创造的。

总之，劳动者的物质生产劳动构成了一切社会活动的基础，支撑着整个社会生活的大厦，从而成为"一切历史的一种基本条件"。

第二，人民群众是社会精神财富的创造者。

人民群众的物质生产以及其他实践活动，是科学、文化发展的源泉。人民群众为科学和文化的创作提供了取之不尽、用之不竭的原始素材。人民群众将他们在无数世纪中所创造的生动丰富的语言供给了科学和文化工作者。人民群众的需要是科学和文化事业发展的强大动力和广阔市场。一切优秀的科学和文化作品，都是对人民群众实际生活的反映和对他们实践经验的总结，而脱离人民群众的科学、文化作品则只能是苍白的、病态的、没有生命力的。

人民群众直接创造了社会的精神财富。大量的民歌、民间故事以至文学名著，都凝结着无数普通群众和民间艺人的辛劳和智慧。在劳动群众中，还涌现了不少伟大的科学家、发明家、思想家和艺术家，他们对人类科学和文化的发展作出了重大的贡献。不仅如此。处在不同历史阶段和历史时期的脑力劳动者、知识分子绝大部分也属于人民群众的范围。他们的作品促进了人们对世界认识的深入和扩大，在一定程度上反映了劳动群众的实践、生活和喜怒哀乐，或多或少表达了劳动群众的利益和要求，对社会发展起到了推动作用。在当代社会中，脑力劳动者在人民群众中所占的比例愈益提高，从而也愈益显示出人民群众在直接创造社会精神财富方面的历史作用。

第三，人民群众是社会制度变革的决定力量。

人民群众的需要和利益是社会制度变革的根源。社会制度归根到底是由生产力决定的。社会制度变革的深刻根源是生产力的发展要求。而人民群众正是生产力发展要求的体现者和代表者。所以，也可以说，人民群众的需要和利益是社会制度变革的根源。任何一种社会制度，当它不适应人民群众的需要时，人民群众就会采取消极怠工、积极斗争直至暴力反抗来加以抵制，从而造成旧制度的危机，使其不可能长久存在下去，而必然被新制度所取代。

人民群众是实现社会制度变革的基本力量。在社会制度变革过程中，领袖人物具有重要的导向和组织作用，其作用不可低估，但是，正如列宁所说："在评价个人的社会活动时会发生的真正问题是：在什么条件下可以保证这种活动得到成功？有什么保证能使这种活动不致成为孤立的行动而沉没在相反行动的汪洋大海里？"①显然，要达到某种重大的社会目标，变革社会制度，一个基本条件，就是必须拥有实现它的社会力量。而人民群众正是基本的社会力量。人民群众跟谁走，他们选择哪一条道路，决定哪一种社会制度变成现实。一切社会制度变革的广度和深度，都取决于人民群众参与的广度和深度，人民群众决定着社会制度变革的成功与失败。历史上一切促成社会巨大进步的真正革命，都是有广大人民群众参加的群众性运动，如 18 世纪法国大革命、20 世纪的俄国十月革命和中国新民主主义革命。

人民群众决定着社会制度变革的基本方向。人民群众是历史的主体。人民群众的利益和要求，决定着历史发展的大趋势。尽管在社会制度变革的过程中，难免会出现一些曲折，走

---

① 《列宁选集》第 3 版，第 1 卷，第 26 – 27 页。

一些弯路，甚至发生暂时的历史倒退，但是，最终一定要建立起同生产力发展要求相适应的、得到广大人民群众拥护的新制度，这却是确定不移的必然趋势。

可见，无论是破坏旧制度，还是创立新制度，或者是从社会制度的长远演变看，都是生产力和人民群众起着决定性作用。

由于社会的发展和进步，主要表现为社会物质财富、精神财富的日益增多和社会制度的新旧更替，而人民群众正是社会物质财富的创造者，社会精神财富的创造者，社会制度变革的基本主体，所以，人民群众是历史的创造者，即社会发展的决定力量。

（三）人民群众发挥历史作用的主客观条件

人民群众是历史的创造者，然而，不同时期的人民群众，例如，奴隶阶级、农民阶级和无产阶级，其创造作用是很不相同的。即使是在同一历史时期，人民群众之中的不同部分对历史的作用也有很大差别。

造成这种差别的客观原因，是社会历史条件的不同，如生产力发展水平、社会经济关系、国家政治法律制度以及文化发展状况，等等。在生产力发展水平很低的条件下，劳动群众终年从事着繁重艰辛的物质生产劳动，缺乏条件和时间来全面发展自己，他们的很多潜能和才华被无情地埋没了，很难表现出来。加之在阶级社会里，劳动群众的创造力，往往受到反动统治阶级的压抑和摧残，更加难以得到发挥。随着生产力的不断发展和社会的日益进步，人民群众所受到的限制和压抑逐步减轻，开始从历史的“后台”走上历史的“前台”，更多地表现出自己的创造作用。尤其是在社会主义社会中，一般地说，劳动人民和广大群众已经成为国家主人，不再遭受社会压迫，他们的创造力可以更加充分地发挥出来。不过，社会主义社会人民群众创造历史的活动，也摆脱不了客观条件的限制。在经济文化比较落后、各种具体体制不够完善的我国社会主义初级阶段，这种制约就更加明显。即使到了生产力高度发达、彻底消灭一切阶级的共产主义社会，人民群众创造历史的活动也仍然不可能随心所欲，而要受到那时历史条件的制约。

同时，人民群众创造作用的发挥，又同他们的自身状况即主体因素密切相关。他们的阶级属性、科学文化和思想道德素养、自身组织水平、主观努力程度等等，都对他们创造历史的活动起着重要作用。这也是造成同一时期人民群众不同部分历史作用差别的重要原因。

当然，人民群众的主体因素归根结底是由社会历史条件造成的，而主体因素又是改变社会历史条件的能动力量，它们相互作用，统一于人民群众改造世界的实践活动之中，其总趋势是，人民群众创造历史的作用不断增大，社会也在不断进步。

二、个人在历史上的作用

（一）普通个人在历史上的作用

历史唯物主义在肯定人民群众是历史创造者的同时，也承认个人在历史上的作用。这里所讲的个人是相对于群体而言的，它泛指现实的一切个体。一方面，任何个人，都是历史过程的参与者，都对历史的形成发生着一定的影响作用，这种作用作为各不相同的“分力”，都融合在群体的作用和历史的“合力”之中。另一方面，个人作用虽然表现为种种历史偶然性，但同时，它们又都是历史必然性的表现、构成环节和补充，如同马克思所说：“如果‘偶然性’不起任何作用的话，那末世界历史就会带有非常神秘的性质。这些偶然性本身自然纳入总的发展过程中，并且为其他偶然性所补偿。但是，发展的加速和延缓在很大程度上是取决于这些'偶然性'的，其中也包括一开始就站在运动最前面的那些人物的性格这样一种'偶然情况'。"①从这个意义上说，个人作用也是不可忽视的。

不过，个人在历史上的作用是十分不同的。从量的方面看，个人的作用有大小之分。有些个人参与了某些重大的历史事件，在社会生活的某一领域发生过重要的影响，成为社会知名的历史人物。有些个人对历史的作用较小，是一些在历史上没有留下姓名的人，这是普通个人。历史人物的作用固然举足轻重，但普通个人的作用也不可完全忽略，因为无数普通个人的作用的总和形成一种伟大的力量，他们作为社会成员的绝大多数，实际上构成了人民群众的主要部分，人民群众创造历史的作用主要就是由众多普通个人的作用汇合而成的。

值得研究的问题是：为什么个人在历史上的作用会有重大差别？造成这种差别的原因是什么？

首先应该承认，这同个人的素质（知识、才能等等）及其努力程度直接相关。否则，就难以解释在大体相同的条件下，在同一群体和同一层次的个人之间，他们的作用为什么有着大小强弱之分。但是，造成个人历史作用重大差别的，主要还是社会历史条件，是随着分工而产生的人们在社会地位上的重大差别。马克思说过："'个人之间天赋才能的差异，实际上远没有我们所设想的那样大……。'（亚当·斯密的话——引者注）从根本上说，搬运夫和哲学家之间的差别要比家犬和猎犬之间的差别小得多，他们之间的鸿沟是由分工掘成的。"②这种分工和社会地位的不同，一方面，培养和造就了个人之间互不相同的素质，如职业专长、能力等等；另一方面，又使他们拥有了很不相同的影响社会的手段，包括物质资料、组织机构和宣传工具等等。例如，一个国王在历史上的作用之所以远比一个农民的作用大得多，主要因为前者掌握着庞大的国家机器，而后者则不具备这个条件。因此，人们的社会地位越不平等，个人之间历史作用的差别也越大。而随着社会历史的进步，人们之间社会地位的悬殊差别趋于消灭，个人历史作用的差别也呈现缩小的趋势，极少数个人作用特别突出的所谓"英雄时代"正在成为历史。

从性质看，个人作用有积极与消极、进步与反动之别。一般说来，个人所起的历史作用的性质，取决于其所隶属的阶级或共同体的性质。因为他们的发展总体上是由其所隶属的阶级或共同体决定的。

（二）杰出人物在历史上的作用

杰出人物即进步的历史人物，是指那些站在历史潮流的前面，对促进人类社会进步作出重要贡献的政治家、军事家、思想家、科学家、艺术家等等。

作为人民群众的代表，杰出人物对社会历史发展具有重大的积极作用。

第一，在人民群众的实践活动方面，杰出人物起着组织领导的作用。杰出政治家或革命家是这方面的代表。人民群众要发挥创造历史的作用，就必须组织起来，才能形成强大的力量，这就需要一定的个人担当组织者的角色。当群众组织起来以后，还要有明确的行动方向和目标，采取适当的行动步骤，这又需要一定的个人充当领路和向导即领导的角色。杰出人物适应这些需要，卓有成效地将人民群众分散的力量聚集起来，并且敏锐地把握时代发展的

---

① 《马克思恩格斯选集》第1版，第4卷，第393页。

② 《马克思恩格斯选集》第2版，第1卷，第157－158页。

趋势和方向，及时提出新的历史任务和行动方针，担当起组织领导的重任，这种组织领导工作使人民群众创造历史的作用得到了成倍的扩大，其作用甚为关键。

第二，在人民群众的思想认识方面，杰出人物起着引导和教育的作用。杰出思想家或学者是这方面的代表。社会发展规律和趋势深藏在扑朔迷离的历史表象背后，常常难以识别，特别是在历史转折关头，把握历史方向更为困难。杰出人物通常站得高些，看得远些，能够预见到历史的发展前景，指明未来的发展趋势，从而动员、引导和鼓舞人民群众为自己的美好明天而斗争。同时，由于旧制度的压迫和旧文化的影响，不少群众又受到某些陈旧观念的束缚，他们需要先进思想的指导，需要科学文化知识营养。杰出人物大多知识渊博，思想进步，能够传播先进的科学文化知识，批判腐朽的思想文化糟粕，提高人民群众的思想道德素质和科学文化素质，从而增强人民群众改造世界的力量。

杰出人物在上述两个方面的作用是相辅相成的。当然，它们既可以由同一些人承担，也可以由不同的人完成。

杰出人物的历史作用归结到一点，就是能够加速社会历史发展的进程。例如，假设没有资产阶级民主革命的先行者孙中山，我国的民主革命就很可能是另一番面貌，反动的封建帝制就可能继续苟延残喘。假如没有毛泽东这样的杰出领袖，我国新民主主义革命恐怕很难在1949年取得胜利，中国人民就还要在黑暗中摸索奋斗更长的时间，遭受更多的痛苦和牺牲。同样，倘若没有牛顿、爱因斯坦这些伟大的科学家，自然科学就很可能不会发展到今天这样的高度，人们改造自然的能力也不会像今天这样强大，人民的实际生活水平就会比现在低得多。所以，对杰出人物在历史上的重要作用必须给予充分肯定。

应该指出，作为杰出人物的无产阶级领袖在历史上的作用更为突出。这首先是因为，社会经济文化等等比过去有了巨大发展，这为无产阶级领袖发挥作用提供了更好的历史条件。其次是因为，这些领袖人物所代表的阶级是历史上最先进、最强大的劳动阶级，而这个阶级所担负的解放全人类的崇高历史使命，也给予其领袖人物以无比强大的动力。此外也是因为，特殊的历史条件造就了无产阶级领袖人物自身的更高的素质。因而，他们能够发挥比以往的杰出人物更重要的历史作用。

但是，对杰出人物的历史作用绝不应该夸大，因为他们必然受到各种主客观条件的制约。普列汉诺夫在《论个人在历史上的作用问题》一文中指出："生产力的发展是人类历史运动的终极的和最一般的原因，人类社会关系方面的历次变迁都是由生产力的发展决定的。除这种一般原因外，发生作用的还有一些特殊原因，即某个民族的生产力发展赖以进行的历史环境，但这种历史环境本身归根到底又是由其他民族的生产力发展，即同一个一般原因造成的。""除特殊原因的影响之外，还要加上个别原因的作用，即社会活动家的个人特点及其他'偶然性'的作用，因为有这些个别原因的作用，才使事变具有其个别的外貌。个别的原因并不能根本改变一般原因和特殊原因的作用，而且个别原因发生影响的范围和方向是受这种一般原因和特殊原因制约的。虽然如此，但如果影响历史的那些个别原因被另外一些个别原因所替代，那末历史无疑会具有另一种外貌。"普列汉诺夫还以18世纪法国在七年战争中的失败为例论证了这个观点。表面看起来，当时法国国王路易十五的宠妃彭帕杜尔夫人对庸碌无能的法军统帅苏俾兹将军的支持，是导致法国战败的原因。有人又进而将其归结为法国国王贪好女色这一生理原因。这是典型的用"小原因"来解释"大事件"。正如普列汉诺夫所指出的，在那个时代，法国军队已经十分腐败，力量日益衰弱。例如，在七年战争期间，法国军队始终都有许多妓女、商人和仆役跟随，军中辎重马匹要比乘骑马匹多两三倍；当时法军中被指定放哨的军官，往往随便离开哨所跑到邻近地方去跳舞，只有在他们认为必要和方便的时候，才肯执行上司的命令。法军情况如此恶劣，是由当时法国社会制度特别是把持一切权力的贵族阶层（他们占据着法军中所有高级职务）的衰败造成的。这个一般原因已经使法军处于不利地位，彭帕杜尔夫人只不过是加深了法军的危机。而且，彭帕杜尔夫人之所以能够起到那样大的作用，也是由她的社会地位，归根结底是由当时的社会制度决定的，假如具有这种宠爱女人的弱点的不是国王本人，而是一个厨师或者马夫，这种个人弱点以及彭帕杜尔夫人就不会发生什么历史作用了。①

（三）人民群众是杰出人物发挥历史作用的基础

社会历史条件对杰出人物的制约，其人格化的表现就是人民群众的制约。人民群众是杰出人物发挥历史作用的基础。

首先，杰出人物的出现，是人民群众的客观需要。人民群众的客观需要就是时代的需要的体现。例如，在中国革命战争年代，从普通农民甚至奴隶中造就出一大批杰出将领，革命老根据地有的一个县就出现了100多位将军，这在和平时期是不可思议的，只能用当时人民革命的客观需要来加以解释。同样，在我国社会主义现代化建设时期，在普通农民、工人中涌现出许多优秀企业家，这在革命战争年代也是绝无可能的，也只能用时代和人民的需要来给予说明。这种历史必然性，是通过历史偶然性的形式表现出来的。恰巧某个杰出人物出现于某一国家或地区，以及具体由谁来充任杰出人物的角色，这是具有偶然因素的，但是，只要时代和人民需要，这样的杰出人物迟早总会出现，则具有一定的必然性，即使没有现成的合适人选，时代和人民通常也会把他造就出来，“世无英雄，遂使竖子成名”。从根本上说，是时势呼唤英雄，时势造英雄，这里的“英雄”即杰出人物，是人民群众利益和要求的代表者，本质上是人民和时代的产儿。当然，在同样的历史条件下，为什么杰出人物由这个人充当，而不是由另一个人担任，这里也有其根据或必然因素。这主要取决于他们认识社会发展趋势和反映人民群众要求的正确程度，取决于他们的个人素质和努力程度。

其次，杰出人物的智慧和才能，主要来自人民群众。个人的知识和能力是十分有限的，单凭这些，任何人也不可能成为杰出人物。杰出人物之所以具有高于普通个人的智慧和才能，主要来自人民群众，是集体经验的总结和集体智慧的结晶。伟大的科学家牛顿说过，他之所以能够作出比前人更大的贡献，主要是因为他“站在巨人的肩膀上”，这个巨人就是牛顿以前的无数科学家。美国科学史家库恩也说，科学尽管在大多数情况下是由个人来进行的，但科学知识本质上都是集团的产物。毛泽东、邓小平这两位中国共产党的杰出代表，之所以能够在中国革命和建设中发挥巨大的作用，重要原因之一，就是他们都自觉地注意总结群众的经验，十分善于集中党和人民的智慧。

最后，杰出人物对历史的推动作用，必须通过人民群众的实践才能变成现实。没有千百万人民群众的支持拥护、共同奋斗，即使杰出人物的理论再高、计划再好，也不过是纸上谈兵而已。杰出人物确有“火种”作用，但燃成熊熊大火，烧毁旧世界、创造新世界的，还是人民群众自己的能量；杰出人物确有“向导”作用，但路还是要由人民群众自己来走的。杰出人物

---

① 普列汉诺夫：《普列汉诺夫哲学著作选集》第2卷，生活·读书·新知三联书店1961年版，第372、355－360页。

好比三军统帅，离开了三军，只是一个光杆司令，根本无法进行战争。相反，他们只有依靠广大人民群众，才能成就改天换地的宏伟事业。

(四)群众、阶级、政党、领袖之间的关系

人民群众和个人的关系突出表现为群众和领袖的关系。而在有阶级的社会中，他们之间还存在着阶级和政党两个主要的中间环节，表现为群众、阶级、政党、领袖之间的关系。

群众、阶级、政党和领袖之间的关系，是整体与部分的关系，前者是整体，后者是部分。首先，群众作为整体，在有阶级的社会中，是划分为不同的阶级的。各个阶级由于他们所处的经济以及社会地位等不同，他们在历史上所起的作用也不相同。其中，先进阶级能够更好地代表群众的整体利益和长远利益，是站在群众前列的特殊部分。其次，阶级作为整体同样包含不同组成部分。而一个阶级的政党通常由该阶级中政治上最积极的分子所组成，因而成为该阶级经济利益的集中代表者、政治上的组织者和领导者。这是一个阶级中最值得重视的部分。最后，政党作为一个政治组织，也需要有其领导者，领袖就是政党的领导核心，是政党中的关键部分。正如列宁所指出的："群众是划分为阶级的；……在通常情况下，在多数场合，至少在现代的文明国家内，阶级是由政党来领导的；政党通常是由最有威信、最有影响、最有经验、被选出担任最重要职务而称为领袖的人们所组成的比较稳定的集团来主持。"①这就是群众、阶级、政党和领袖之间的一般关系。

在国际共产主义运动中，在处理群众、阶级、政党和领袖之间关系的问题上，曾经出现过两种片面性：一是夸大部分的作用，贬低整体的作用，它突出表现为对领袖个人的崇拜以及领导集体中所谓"一把手"的个人专断；二是盲目颂扬整体的作用，抹煞部分的作用，它表现为否定革命政党和领袖必要的权威，崇拜群众自发性。这两种片面性都是违背群众观点的，都给无产阶级革命和社会主义建设造成了严重危害。

根据群众观点和历史经验，正确处理群众、阶级、政党和领袖之间关系的原则应该是：一方面，由于整体不能离开部分，并且需要其中先进部分的率领，所以，必须维护革命政党和领袖的权威。否则，先进阶级就不能形成有组织的队伍，群众就会处于自发散乱状态，人民事业就不可能取得胜利。另一方面，由于部分更不能脱离整体，所以，先进部分必须始终注意代表和服从整体。只有这样，先进部分才能获得整体的拥护和支持，取得领导资格。以上两个方面是辩证统一关系，相对地说，先进部分必须代表和服从整体是更根本的方面，因为它是整体需要先进部分率领的前提和基础。

三、党的群众观点和群众路线

(一)群众观点是马克思主义的一个根本观点

历史唯物主义科学地阐明了人民群众在历史上的作用，正确回答了谁是历史的创造者这一重大问题，为无产阶级及其政党的实践活动提供了根本的理论指导。群众观点是马克思主义的一个根本观点。共产党员和党的干部如何对待群众，不是一个一般的方法或作风问题，而是根本的立场问题、世界观问题、党性问题。

群众观点的基本内容，就是历史唯物主义关于人民群众和个人在历史上的作用的基本原

① 《列宁选集》第3版，第4卷，第151页。

理，即关于人民群众是历史创造者的原理，关于个人在历史上的作用的原理，关于群众、阶级、政党和领袖相互关系的原理。根据这些基本原理，结合中国革命和建设的实际，党的七大、八大对群众观点都作出了一些新的概括。在此基础上，党的十三届六中全会通过的《中共中央关于加强党同人民群众联系的决定》，将群众观点进一步具体化为六个方面的内容：

第一，人民群众是历史创造者的观点。这是群众观点的根本之点，群众观点的其他内容都是对这一观点的展开及补充。

第二，向人民群众学习的观点。一切真知都是发源于实践的，而人民群众正是社会实践最广大的主体，他们在实践中积累了丰富的经验，孕育着极大的智慧。因此，共产党人必须满腔热忱、真心实意地向人民群众学习。

第三，全心全意为人民服务的观点。马克思和恩格斯所从事的一切，说到底都是为了占人口绝大多数的无产阶级和劳动者的解放，为了全人类的解放。他们的最高理想，是建立这样一个联合体，“在那里，每个人的自由发展是一切人的自由发展的条件。”①这集中表现了他们的立场和价值取向。这是由人民群众在历史上的作用和无产阶级政党的性质决定的。人民群众是社会的主人，共产党人只是人民的公仆，全心全意为人民服务是无产阶级政党先进性的集中表现。

第四，干部的权力是人民赋予的观点。我们党和国家的一切干部都是适应人民群众的需要而担负各种领导、管理责任的，都是为人民的利益而工作的。干部权力、权威的基础是人民群众。一切干部只有真心实意地为人民谋利益，才能得到群众的拥护，成为合格的人民公仆。

第五，对党负责与对人民负责相一致的观点。党的干部必须对党负责，但是，党又是人民的工具，党所做的一切都是为人民谋利益的，党的决定和指示是人民利益的体现，所以，对党负责与对人民负责在根本上是统一的，统一到对人民负责。

第六，党要依靠群众又要引导群众前进的观点。这是由党的无产阶级先锋队性质、全心全意为人民服务的宗旨和人民群众的复杂结构所决定的。人民群众是历史的创造者，他们拥有无穷无尽的智慧和力量，党要实现解放无产阶级和全人类的伟大历史任务，必须充分相信群众，紧紧依靠群众。同时，人民群众总是包含着不同组成部分，存在着先进、中间和落后之分，在阶级社会中更是有着不同阶级、阶层和社会集团的区别，他们的意见和行动并不完全一致，因而不能说这些意见和行动都是“天然合理”和正确的。即使是作为整体的人民群众，也有一个不断提高自己的科学文化和思想道德素质的问题。因此，我们党作为无产阶级的先锋队，必须根据群众的不同觉悟程度，按照人民群众根本利益和社会发展规律的要求，教育和引导群众前进。这是我们党的一项重要责任。

（二）群众路线是党的根本工作路线

以毛泽东为主要代表的中国共产党人，将马克思主义群众观点的基本原理，创造性地运用于党的全部活动中，形成了完整的群众路线，即“一切为了群众，一切依靠群众，从群众中来，到群众中去”。这里被省略的主语是“我们党”。群众路线的中心是正确处理无产阶级政党同人民群众的关系。正如刘少奇所指出的：“所谓密切联系人民群众的路线，就是党的群众路线，毛泽东同志的群众路线，就是要使我们党与人民群众中建立正确关系的路线，就是要

---

① 《马克思恩格斯选集》第2版，第1卷，第294页。

使我们党用正确的态度与正确的方法去领导人民群众的路线，就是要使我们党的领导机关和领导人与被领导的群众建立正确关系的路线。”①

“一切为了群众”是我们党的根本宗旨，是党的全部工作的根本出发点和最终归宿。毛泽东指出：“共产党人的一切言论行动，必须以合乎最广大人民群众的最大利益，为最广大人民群众所拥护为最高标准。”②

“一切为了群众”，是由人民群众的历史地位和我们党的性质决定的。人民群众是历史的创造者，他们是社会最广大的主体，代表着生产力的发展要求，体现着社会发展的趋势。任何个人、政党和阶级，要成为进步的社会力量，在客观上都必须站在人民一边，为人民谋利益，而不管他们在主观上是否自觉意识到这一点。我们党作为以马克思主义为指导的无产阶级的先锋队，能够认清这个历史的大趋势，自觉地反映人民群众的利益和要求，不谋取任何特殊利益，把一切为了群众当作自己的立党之本。这是我们党的先进性的集中表现，是我们党同其他一切政党的根本区别，是我们党能够赢得广大人民群众的衷心拥护，从而成为中国人民的领导核心的根本原因所在。

“一切为了群众”的基本要求，就是全心全意地为人民服务，完全彻底地为人民谋利益，扎扎实实地为群众办好事、办实事，包括正确处理群众的整体利益和局部利益、长远利益和眼前利益的关系；把对党负责和对人民负责、对上级负责和对群众负责统一起来；摆正党员干部个人利益同群众利益的关系，同以权谋私、贪污受贿等等一切损害群众利益的消极腐败行为进行坚决的斗争。

“一切依靠群众”是我们党的力量源泉，是“一切为了群众”的根本保证。

“一切依靠群众”的基本根据仍然是人民群众是历史的创造者以及我们党所从事的事业的伟大性质。人民群众蕴藏着无穷的智慧和力量，同人民群众相比，任何个人、政党、集团的智慧和力量总是弱小的。因此，谁依靠人民，谁就会拥有无比强大的力量，就能在实践中无往而不胜；谁脱离群众，谁就会势孤力单，就会在实践中遭受挫折和失败。特别是我们党是“一切为了群众”的，以解放全人类为己任，如此伟大的事业，更不可能只靠少数人去代替群众包打天下，而必须充分动员和组织群众，依靠广大人民群众的力量，才能取得成功。

“一切依靠群众”的基本要求，就是密切联系群众，遇事同群众商量，虚心向群众学习，从群众中汲取智慧和力量；就是组织和团结广大群众，为做好各项工作、实现群众利益而斗争。它是同各种脱离群众的官僚主义、形式主义、命令主义、尾巴主义等不良倾向根本对立的。

“从群众中来，到群众中去”，是我们党实行正确领导的根本方法，是“一切为了群众”和“一切依靠群众”在党的领导方法和工作方法方面的具体体现。

“从群众中来，到群众中去”，是马克思主义认识论和群众观点在我们党的工作方法中的生动体现。一方面，从群众中来，到群众中去，是一个在群众实践的基础上，由实践到认识，由感性认识上升到理性认识，然后再由认识到实践，通过群众实践检验真理和发展真理的过程。这完整地体现了马克思主义的认识论。另一方面，从群众中来，到群众中去，又是一个以实践的主体——群众为基础的，由群众到领导，然后再由领导到群众，实现群众和领导有机结合的过程。这充分体现了历史唯物主义的群众观点。由此可见，群众路线的领导方法，

---

① 《刘少奇选集》上卷，人民出版社 1981 年版，第 348 页。

② 《毛泽东选集》第 2 版，第 3 卷，第 1096 页。

把马克思主义认识论和群众观点贯通起来，熔为一炉，实现了它们的有机统一。

毛泽东概括了“从群众中来，到群众中去”的基本内容和要求，他说：“在我党的一切实际工作中，凡属正确的领导，必须是从群众中来，到群众中去。这就是说，将群众的意见（分散的无系统的意见）集中起来（经过研究，化为集中的系统的意见），又到群众中去作宣传解释，化为群众的意见，使群众坚持下去，见之于行动，并在群众行动中考验这些意见是否正确。然后再从群众中集中起来，再到群众中坚持下去。如此无限循环，一次比一次地更正确、更生动、更丰富。这就是马克思主义的认识论。”①

群众路线是我们党的优良传统和政治优势所在。在长期艰苦卓绝的革命斗争中，我们党形成了一整套具有中国共产党人特色的优良传统和作风，这主要是理论联系实际、密切联系群众、批评和自我批评三大作风。群众路线正是党的优良传统和作风之一。我们党之所以能够由小到大、由弱变强，克服无数艰难险阻，战胜国内外各种敌人，群众路线是我们的一件根本法宝。

群众路线贯穿于毛泽东思想、邓小平理论的各个组成部分，体现着它们的基本立场、观点和方法，它是毛泽东思想活的灵魂的一个基本方面，也是邓小平理论精髓的一个基本方面。

群众路线是实现我们党的思想路线、政治路线和组织路线的根本工作路线。

我们党的思想路线是“一切从实际出发，理论联系实际，实事求是，在实践中检验真理和发展真理”。而从实际出发，不仅包括从国内外客观条件出发，而且包括从社会的主体——人民群众的需要和利益出发。而“求是”即探索规律，绝不只是少数人的事情，更主要的是广大人民群众的事业，只有充分依靠千百万最有实践经验的群众，才能真正把握革命和建设的规律。也只有在广大人民群众的实践中，才能不断检验和发展真理。可见，贯彻党的思想路线要求实行党的群众路线，只有实行党的群众路线，才能真正贯彻党的思想路线。

党的政治路线是党在一定历史时期的总路线，它规定着党在该时期所要完成的基本任务以及相应的基本方针和基本政策，其实质是对该时期人民群众根本利益及其实现途径的反映。正确的政治路线的形成，必须经过“从群众中来，到群众中去”的多次反复。而在政治路线确定之后，只有取得群众的支持和拥护，充分依靠群众的力量，才能将它贯彻落实。所以，只有坚持党的群众路线，才能深刻理解、正确执行并且不断完善党的政治路线。

党的组织路线，就是通过领导骨干和先进分子将人民群众广泛而紧密地团结起来的路线，它是群众路线在党的组织工作方面的实施和体现。而且，党的根本组织原则——民主集中制也是群众路线在党的组织生活中的运用：实行民主基础上的集中，也是从群众中来的过程；实行集中指导下的民主，也是到群众中去的过程。

（三）执政党要更加自觉地坚持党的群众路线

群众路线对于无产阶级执政党具有特别重要的意义。执政党的地位，既为党联系群众、更好地为人民服务提供了有利条件，又有可能带来脱离群众甚至腐败变质的危险。因此，无产阶级政党在执政以后，能否继续坚持贯彻群众路线，保持同人民群众的血肉联系，是关系到党和国家的前途和命运的重大问题。

在新的历史时期，我们正在建设有中国特色的社会主义这一前无古人的事业，正在努力

---

① 《毛泽东选集》第2版，第3卷，第899页。

实现中国社会主义现代化这个宏伟目标，正在进行改革开放特别是建立社会主义市场经济的伟大试验。为了始终保持党的无产阶级先锋队性质，将关系到人民群众整体利益和长远利益的社会主义事业胜利地推向前进，无产阶级政党必须更加自觉地坚持党的群众路线，坚持以人为本、执政为民，始终保持党同人民群众的血肉联系。

首先，要深入持久地进行群众观点和群众路线的学习和教育，使全党牢牢把握历史唯物主义的这一根本观点和根本方法。共产党员特别是领导干部，要牢记我们党一切为了群众、全心全意为人民服务的根本宗旨，深刻认识人民群众是社会主义事业蓬勃发展的力量源泉，学会“从群众中来，到群众中去”的工作方法，摆正个人和集体、个人和群众的关系，树立科学的世界观、价值观和人生观，廉洁奉公，遵纪守法，严格自律，自觉抵制拜金主义、极端个人主义和腐朽生活方式的侵蚀。

其次，要努力保证党的决策和决策的执行符合人民群众的根本利益。我们党是执政党，在整个国家和社会生活中居于领导地位。党的每一项决策的制定和执行，都同人民群众的根本利益息息相关。党的决策和决策的执行正确与否，是党能否保持同人民群众密切联系的首要问题。党的十一届三中全会以来，尽管我们党内存在着这样或那样的问题，但我们党始终能够得到广大人民群众的拥护和支持，究其根本原因，就是我们党制定和执行了符合人民群众根本利益的基本路线、基本方针和一系列基本政策。我们要以这一基本经验为指导，在决策和决策的执行过程中，时刻关注广大人民群众的根本利益和要求，把人民拥护不拥护、人民赞成不赞成、人民高兴不高兴、人民答应不答应，作为制定各项方针政策的根本出发点和最终归宿。

再次，要将群众路线制度化、法制化。制度建设带有根本性、全局性、稳定性和长期性。我们党和国家生活中的民主集中制，就是把群众路线制度化的重要表现。民主集中制是我们党的根本组织制度和领导制度，也是我国国家机构的根本组织原则。民主集中制是以广大群众包括广大党员的民主为基础的集中，同以党和国家领导机关和领导干部的集中指导下的民主相结合的制度。它有利于汇聚广大群众的意见和智慧，有利于体现人民群众的利益和要求，有利于各项路线方针政策的制定和执行，也有利于及时和有效地纠正工作中发生的失误。民主集中制是贯彻党的群众路线的重要制度保证。必须提高全党特别是领导干部实行民主集中制的自觉性，进一步健全和完善民主集中制的一系列具体规范，用具有强制性的制度规定来指导和约束人们特别是领导干部的行为，反对违背和否定这一制度的个人专断和极端民主化等各种错误倾向。党的十八大指出，要完善党员干部直接联系群众制度。坚持问政于民、问需于民、问计于民，从人民伟大实践中汲取智慧和力量。

最后，要改进领导作风，加强廉政建设，反对各种消极腐败现象。党的十八大郑重指出：“反对腐败、建设廉洁政治，是党一贯坚持的鲜明政治立场，是人民关注的重大政治问题。这个问题解决不好，就会对党造成致命伤害，甚至亡党亡国。”①各级领导干部要面向基层，面向群众，面向实际，加强调查研究，认真廉洁自律，反对和纠正主观主义、官僚主义、形式主义、以权谋私等等各种消极腐败现象。这些消极腐败现象，严重地破坏了党同人民群众的血肉联系，损害了党的形象和声誉，腐蚀了患有这些病症的党员和干部，贻误我国社会主义现代化和改革开放事业，是党和人民的大敌。我们党是不能被外部的敌人打倒的，这已经得到

---

① 胡锦涛:《坚定不移沿着中国特色社会主义道路前进，为全面建成小康社会而奋斗》，人民出版社 2012 年版。

了历史的证明，但是，堡垒最容易从内部攻破，如果听任腐败现象蔓延，党就有走向自我毁灭的危险。所以，加强廉政建设，反对消极腐败现象，是关系到党的生死存亡的一个战略性问题，必须引起全党的高度重视。消极腐败现象的滋生和蔓延，同少数党员干部的意志薄弱、个人主义、享乐主义、投机取巧等不良思想抬头直接相关。因此，要加强党员特别是领导干部的思想教育和自我改造，建立起比较坚固的思想道德防线，自觉抵制金钱美色的诱惑和腐朽思想的腐蚀，时刻警惕蜕变成人民的罪人。同时，消极腐败现象的久禁不止，也与党和国家的制度建设不够完善，监督制约机制不够健全，对腐败行为和腐败分子查处打击不力有重要关系。因此，在我国社会主义现代化建设、改革开放特别是建立社会主义市场经济过程中，必须努力建立和健全强而有力的监督制约机制，进一步完善党内监督与党外监督、自上而下的监督与自下而上的监督等各种制度，依靠党内外广大群众的力量，通过具有强制性和规范化的制度和法制的形式，严密防范和严厉惩处各种消极腐败行为。

只要无产阶级执政党真正自觉坚持群众路线，“始终代表中国先进生产力的发展要求，代表中国先进文化的前进方向，代表中国最广大人民的根本利益”，①增强宗旨意识，相信群众，依靠群众，始终把人民放在心中最高位置，增强使命意识，求真务实，艰苦奋斗，始终保持共产党人的政治本色，②始终保持和加强党和人民的血肉联系，我们党就能够永远立于不败之地，社会主义建设事业就会不断蓬勃发展，中华民族的伟大复兴和中国人民的共同富裕就会早日实现。

思考题：

1. 如何理解生产力是人类社会发展的最终决定力量？
2. 如何理解上层建筑一定要适应经济基础状况的规律及其现实意义？
3. 如何理解阶级斗争是阶级社会发展的直接动力？
4. 如何理解科学技术的社会作用？
5. 如何理解人民群众是历史的创造者？

① 江泽民：《在庆祝中国共产党成立八十周年大会上的讲话》，人民出版社2001年版，第12页。

② 胡锦涛：《坚定不移沿着中国特色社会主义道路前进，为全面建成小康社会而奋斗》，人民出版社2012年版。

参考文献

1. 胡锦涛:《坚定不移沿着中国特色社会主义道路前进，为全面建成小康社会而奋斗》,人民出版社 2012 年版。

2. 中共中央文献研究室:《十六大以来重要文献选编》,中央文献出版社 2008 年版。

3. 陈先达,杨耕:《马克思主义哲学原理》第 3 版,人民大学出版社 2010.

4. 葛恒云，乔佩科:《毛泽东思想、邓小平理论和“三个代表”重要思想概论》,中国市场出版社 2007 年版。

5. 陶德麟，石云霞:《马克思主义基本原理概论》,武汉大学出版社，2006.

6. 上海市高校马克思主义哲学基本原理编写组:《马克思主义哲学基本原理》,第 10 版，上海人民出版社 2008 年版。

7. 于占元，洪晓楠:《马克思主义基本原理》,辽宁大学出版社 2006 年版。

8. 顾海良，顾钰民:《马克思主义政治经济学原理》,高等教育出版社 2003 年版。

9. 杨春贵，张绪文，侯才:《马克思主义哲学原理》第二版,中共中央党校出版社 2002 年版。

10. 刘书林，葛恒云:《马克思主义基本原理》,中国广播电视出版社 2007 年版。

11. 赵绍鸿:《马克思主义哲学原理》第 2 版,中国财政经济出版社 2011 年版。

12. 周向军,张代芹:《马克思主义哲学原理》,山东大学出版社 2002 年版。

13. 黄梦洲:《马克思主义基本原理导读》,四川大学出版社 2006 年版。

14. 葛恒云:《马克思主义哲学原理概论》,南京大学出版社 2009 年版。

15. 叶敦平:《马克思主义哲学原理》,高等教育出版社 2003 年版。

16. 宋志明，葛恒云:《马克思主义哲学原理》第二版,中国统计出版社 2006 年版。

17. 陶德麟，汪信砚:《马克思主义哲学原理》,人民出版社 2010 年版。

18. 张雷声:《马克思主义政治经济学原理》,中国人民大学出版社 2003 年版。

读者反馈意见

亲爱的读者：

感谢您对《马克思主义哲学原理》的学习和热爱！为了今后能给您提供更优质的服务，请您抽出宝贵时间填写下面意见反馈表，以便我们更好地对本教材做进一步的改进。同时如果您在使用本教材的过程中遇到了什么问题，或者有什么好的建议，也请您来信、来电告诉我们。

地址：北京市丰台区科学城南极星大厦108室

电话：010－83794590／83794403

电子邮箱：caikai6223@263.net　QQ：649319527　1694299827

网址：WWW.KFHWH.CN

教材名称：《马克思主义哲学原理》

个人资料：

姓名：__________ 年龄：__________ 所在院校/专业__________

文化程度：__________ 通讯地址：__________

联系电话：__________ 电子信箱：__________

您使用本书是作为：□指定教材、□选用教材、□辅导教材

您对封面设计的满意度：

□很满意、□满意、□一般、□不满意　改进建议__________

您对本书印刷质量的满意度：

□很满意、□满意、□一般、□不满意　改进建议__________

您对本书的总体满意度：

从语言质量角度看：□很满意、□满意、□一般、□不满意

从科技含量角度看：□很满意、□满意、□一般、□不满意

本书最令您满意的是：

□指导明确 □内容充实 □讲解详尽 □实例丰富

您认为本书在哪些地方应进行修改？（可附页）

____

____

您希望本书在哪些方面需进行改进？（可附页）

____

____